단양팔경 가는 길

이 창 식

● 저자 소개

이창식(李昌植)

현재 세명대학교 미디어문학부 한국어문학과 교수, 충북학연구소 편집위원, 강원민요조사위원, 충청북도문화재 전문위원, 한국향토협의회 전문위원, 세명대학교 지역문화연구소 소장. 저서로 『동강민속을 찾아서』 『온달문화의 설화성과 역사성』 『민속학이란 무엇인가』 『한국의 유희민요』 『제천의병의 종합적 이해』 『새로 읽는 鄕歌文學』 『호랑이띠의 민속과 상징』 『문학공학과 민속학』 『마을축제 오티별신제』 『한국의 보부상』 『民俗文化의 正體性 硏究』 『충북의 민속문화』 외 다수가 있음.

세명대학교지역문화읽기시리즈 ①
단양팔경 가는 길

2002년 3월 20일 1판 1쇄 인쇄
2002년 3월 25일 1판 1쇄 발행

지은이 • 이 창 식
펴낸이 • 한 봉 숙
편집인 • 김 현 정
펴낸곳 • 푸른사상사
기획한곳 • 세명대학교 지역문화연구소
등록 제2-2876호
서울시 중구 을지로2가 148-37 삼오B/D 302호
대표전화 02) 2268-8706(7) 팩시밀리 02) 2268-8708
메일 prun21c@yahoo.co.kr / prun21c@hanmail.net
홈페이지 //www.prun21c.com

ⓒ 2002, 이창식

값 16,000원

* 인지는 저자와의 합의에 의해 생략함

지역문화읽기시리즈 ①

단양팔경 가는 길

이창식

푸른사상

책머리에 | 단양팔경 가는 길

  산과 물이 어울려 만든 자연의 신비, 남한강과 소백산이 만들어낸 단양팔경, 찾은 이에게 신선처럼 기쁨을 주는 대상물이다. 절경과 권위가 절묘하게 어울려 사람을 살리는 산수山水인 셈이다. 단양팔경은 마음속의 영원한 자연 유산이다. 선인들은 이 점에 감동하여 무수한 시·서·가·무·악의 예술을 이곳과 관련하여 남겼다. 단양팔경 자체가 전통적인 자연예술사박물관이다.

  단양팔경은 매포를 기준으로 남한강 위쪽 두 군데 석문과 도담삼봉을 통합하고 청풍 쪽 옥순봉, 구담봉 그리고 단양천 골짜기 사인암, 하선암, 중선암, 상선암을 어울러 부르는 이름이다. 이름대로 돌의 미학으로 하늘무지개를 연출한 석문石門, 물에 띄어져 흐르는 것 같은 도담삼봉 둘 다 신선풍이다. 죽순 모양으로 솟아있다고 해서 붙인 옥순봉, 거북처럼 웅장하게 버틴 구담봉, 선암의 삼형제 같은 하·중·상선암, 바둑판처럼 세로로 솟은 사인암 모두 축복받은 조물주의 진품이다.

  단양팔경은 관동팔경과 더불어 세상에서 널리 인정받는 경승지다. 소백산맥 줄기와 남한강 그리고 그와 관련된 지류가 엮어내는 단양의 풍광은 산과 물이 자연스럽게 어울려 보기 드물게 빼어나다. 충주댐으로 인해 일부가 찾아가는 데가 달라졌지만 여전히 멋진 자연경관을 자랑하고 있다. 살아있는 신품神品이다.

단양팔경의 핵심은 자연의 활인성活人性과 정화의 미학성美學性이 아닌가 한다. 끝간데 없이 풀어내는 물과 바위가 어울려 품격을 높이는 경물이다. 시인과 묵객이 찾아와 압도당한 경물에 여섯 쪽 마늘의 힘과 황토 고추의 맛이 배어있다. 그곳에는 그 아름다움에 걸맞게 팔경을 사랑하는 주인공이 있다. 그 인물은 때로는 신화의 주인공이고 때로는 현실주의자이고 간혹 지나친 이상주의사 그리고 기인들도 허다하였다. 참으로 오묘하다.

단양팔경의 성격은 관동팔경과는 달리 연단조양鍊丹朝陽이다. 고봉준령이 쏟아 내린 골짜기, 여기에 어깨하여 키를 세운 바위들, 사이를 흘러내리는 파란 물 모두 그림이다. 어찌 도담에 먹을 갈아 사인암에 붓을 들지 않으랴. 붓 가는 대로 신운神韻이 감도는 동네, 멋과 맛의 절정이다. 그래서 '먹' 중에 가장 좋은 먹을 단산오옥이다[最良號爲丹山烏玉]라고 부르는지도 모른다. 그렇다. 서정적 풍류의 대명사라고 불러도 좋다.

단양팔경에 판각된 글씨는 글의 전시관이다. 이곳에는 예인藝人과 선비의 풍모가 배어 있다. 『신증동국여지승람』의 단양군조에 말하는 회양목, 석이버섯, 먹, 칠, 복령, 당귀, 청석 등의 토산물이 난다는 것을 떠올리면 그러한 맛이 글의 멋으로 승화되어 있다. 또 『여지도서』 단양군조에 백목, 지초, 질갱이, 백옥, 영양뿔, 누치, 쏘가리, 자라 등이 보태져 더욱 맛과 멋의 고장을 연상시킨다. 이러한 단양팔경의 풍류와 생산물이 어울리는 것은 단양이 약속의 땅임을 증명하는 셈이다. 삶의 에너지를 주는 활인산수活人山水의 본고장인 셈이다.

물전쟁시대에 물이 만들어내는 미학의 본고장, 이곳에 단양팔경이 문화의 상징처럼 버티고 있다. 노천박물관처럼 끊임없이 대화하며 삶의 고단함을 풀어 주는 영원한 안식처, 명산의 즐거운 샘터라고 부르고 싶다. 단양팔경은 세계문화유산에 등록되어야 할 정도로 값어치가 있다. 문화생태론의 입장뿐만 아니라 전통예술론의 시각에서 보존과 창조를 지속적으로 요구하는 게 단양팔경의 현주소다. 어찌 남한강 선사유적이 일찍 자리잡은 것이 우연이겠는가. 사람을 살리는 명당이기에 단양팔경 주변에 까마득한 날부터 모둠살이의 흔적이 있는 것이다. 어떻게 조선시대 선비가 찾아온 곳 중 금강산 다음으로 정신문화의 순례지가 되었을까. 그만큼 단양팔경이 그들에게 준 마음의 선물은 컸던 것이다. 마음으로 품을 수 있는 만큼 준 단양팔경, 삶의 아름다운 거울이었다.

　신라적성비新羅赤城碑에 나오는 적성 사람 야이차也尒次처럼 땅을 지키는 사람들, 화전火田을 일구던 단양인은 참 좋은 사람들이었다. 단양팔경을 오래도록 바라보고 쓰다듬어 보면 느낄 수 있다. 온달산성을 지키던 온달처럼 죽어서도 돌이 되고 풀이 된 단양 사람들의 숨결을 느낀다. 두향처럼 유언까지 남기며 단양의 절경과 하나가 된 꿈을 본다. 윷놀이, 공기놀이, 매포아라리 부르기, 다자구노래 부르기 등에서 단양팔경의 맥박을 듣는다. 그래서 선경仙境이다. 우탁, 정도전, 이황, 이지번, 김창흡, 김정희, 정선, 김홍도, 이방운 등이 반한 선경, 농담濃淡의 미학이 살아있는 곳이다.

　단양팔경의 매력은 어느 한쪽으로 볼 수 없다는 데 있

다. 그만큼 다양한 얼굴을 지녔다. 보는 사람, 만나는 사람, 읽는 사람에 따라 천 갈래 만 갈래의 맛과 멋을 선사해준다. 단양 사람들도 이러한 울타리에서 살아온 것이다. 단양팔경과 대화하면서 마음속에 새긴 선인들의 발자취와 목소리를 따라가 보면 삶의 핍진성 또는 예술의 숭고성 그리고 학문의 상고성尙古性과 문학의 혁신성을 만날 수 있다. 그래서 눈이 행복하고 귀가 즐거우며 마음이 환해진다.

　단양팔경은 산자수려의 깊은 곳에 펼쳐 놓은 예술유산이다. 그래서 열심히 씨름하고 글쓰기로 내기를 하였다. 참으로 감동적으로 만났다. 그러나 훼손된 부분을 만날 때 아픈 경험도 많았다. 치유의 길이 있을 듯 싶다. 그럼에도 불구하고 단양팔경의 현재성 못지 않게 글 속에, 그림 속에, 글씨 속에 살아있는 전통성도 중시해야 한다. 이 부분을 잃어버린 것 같아 이 책을 통해 복원하고 싶었고, 지역문화의 정체성正體性 확인과 새로운 활성화에 또다른 처방전이 되기를 희망한다. 시간이 없는 독자에게는 이 책의 '단양팔경의 미학성과 활인성'만이라도 읽기를 권한다. 필자는 단양팔경의 정신적 만병통치약이 모두에게 희망의 약발로 통하기를 바란다. 21세기 또다른 새로운 단양팔경으로 거듭 태어났으면 좋겠다.

　단양팔경에 대한 짝사랑은 일찍부터 있었다. 단양 전역을 민속학적으로 읽어내는 길, 이것이 지역문화를 활성화하는 길이라고 믿는다. 그곳에는 역사와 철학과 문학, 그리고 삶이 어울려 살아있는 산수관을 보여준다. 한쪽의 치우침이 없이 전통적인 문사철의 시각과 문화산업

론까지 고려하여 읽고자 하였다.

『단양팔경 가는 길』은 책제목처럼 산자수명한 지역문화를 찾아가는 길잡이인 셈이다. 지역 사랑에 남다른 단양문화원 조정환 원장님의 배려에 힘입어 세상에 선보이게 되었다. 또 함께 답사하고 자료를 읽어준 안상경, 최명환, 이영우, 송진규 등 젊은 세명대학교 도반들에게 고마운 말을 전한다. 미진한 부분은 지속적으로 보충하고 다시 깁고 새로 의미를 부여해 나갈 것이다. 『남한강 문물』(국립청주박물관) 도록처럼 총체적인 '단양팔경백서' 간행을 기대한다. 끝으로 이중환의 『택리지』한 대목을 옮겨놓는다. 팔경에 대한 깊은 생각에 부합되어 좋다.

    사람이 자라처럼 모래 속에 살지 못하고 지렁이처럼 흙을 먹지 못하는데 한갓 산수(山水)만 취해서 삶을 영위할 수는 없다. 따라서 기름진 땅과 넓은 들에 지세가 아름다운 곳을 가려 집을 짓고 사는 것이 좋다. 십리 밖 혹은 반나절 되는 거리에 경치가 아름다운 산수가 있어 매양 생각이 날 때마다 그곳에 가서 시름을 풀고 유숙한 다음 돌아올 수 있는 곳을 장만해 둔다면 이것은 자손 대대로 이어 나갈 만한 길이다.

2002. 3. 의림산방에서
세명대학교 지역문화연구소장 이 창 식

차례 | 단양팔경 가는 길

책머리에 · 3

단양문화의 정체성과 단양팔경　　11

단양팔경과 역사적 인물　　31
　1 도담삼봉과 정도전　32
　2 석문과 마고할미　65
　3 구담봉과 옥소 권섭　75
　4 옥순봉과 명기 두향　99
　5 상선암과 권상하　117
　6 중선암과 김수증　130
　7 하선암과 이황　138
　8 사인암과 역동 우탁　149

신단양팔경의 민속과 문화　　173
　1 다리안산　175
　2 죽령폭포　182
　3 칠성암　195
　4 구봉팔문　200
　5 북벽　205
　6 온달산성과 온달　211
　7 금수산　228
　8 일광굴　233

단양팔경의 활용과 단양의 미래　　　　　　　　　　239
　　1 소백산과 죽령의 관광명소화　242
　　2 단양팔경과 남한강 가꾸기　246
　　3 온달 관련 유적의 활성화　251
　　4 이벤트성 축제의 연계와 답사명소화　255
　　5 미래지향의 단양팔경 미학　259

단양팔경의 미학성과 활인성　　　　　　　　　　　267
　　1 사람을 살리는 고향 단양팔경　269
　　2 마음을 씻어 주는 거울 단양팔경　273
　　3 놀이의 현장 단양팔경　280
　　4 신선이 사는 가거지의 상징 단양팔경　283
　　5 그림, 글씨, 시가 생산되는 창작실 단양팔경　291
　　6 조선적 진경문화眞景文化가 갈무리된 단양팔경　296

　　● 참고문헌　300
　　● 부록 「단양산수속기후록丹陽山水續記後錄」・「단구일기丹丘日記」　303

단양문화의 정체성과 단양팔경

못 가운데 세 봉우리 높고 험하게 솟았으니
천공의 손으로 이루어낸 재주로다.
날 저문 강가 하늘에 배를 돌이켜 가니
집을 떠나서는 도리어 이사평이 부끄럽구나.

① 도담삼봉 ② 석문 ③ 구담봉 ④ 옥순봉
⑤ 사인암 ⑥ 하선암 ⑦ 중선암 ⑧ 상선암

▲ 단양팔경 찾아가기

단양의 진면목을 구체적으로 알기 위해서는 단양팔경을 읽어야 한다. 단양팔경의 모습은 단양지역 향토문화와 여러 측면에서 연계되어 있기 때문이다. 단양팔경은 단순히 경승지만이 아니라 지역민의 삶과 다채롭게 얽히어 있다. 단양팔경의 서경성敍景性과 지역성은 단양 역사의 폭과 넓이를 다층적으로 보여준다. 이런 점에서 단양팔경은 단양지역의 대표적인 이미지인 것이다.

단양군은 원래 고구려의 적산현 또는 적성현이다. 신라에 와서는 내제군의 속현이 되었다. 고려 초에는 단산으로 고치고, 현종 9년(1080)에 원주에 속해 있다가 고종 때 있었던 합단의 난에 고을 사람들이 적을 물리친 공을 치하하여 비로소 감무를 두었다. 충숙왕 5년(1318)에 지단양군사가 되었다가, 조선 태종 13년(1413)에 단양군이 되어 읍내면·동면·남면·서면·조산촌면·소야촌면·북면의 7개 면을 관할하였다. 그 뒤 동면을 내동면과 외동면, 서면을 내서면과 외서면으로 나누었다가 다시 동면과 서면을 합치고, 북면을 북일면과

▲ 단양의 심벌마크

* 단양문화원, 『단양문화재총람』, 1999.

북이면으로 나누었다. 고종 32년(1895)에는 충주부에 속해 있다가 1914년 군면 폐합에 따라 영춘군을 병합하여 단양군으로 하였다. 1931년에 영춘면 항산리를 가곡면으로 이관하였으며, 1978년에 단양면이 단양읍으로 1980년에 매포면이 매포읍으로 승격되었다. 1986년 6월 충주댐 수몰로 인하여 현재의 신단양으로 단양읍이 새로이 생겼으며, 1992년 구단양이 출장소에서 단성면으로 승격되어 현재 단양군은 단양읍·매포읍·대강면·가곡면·어상천면·적성면·단성면 등 2읍 6개 면으로 148개 리에 664개 반과 395개의 자연마을이 있다.*

이러한 역사를 가진 단양의 문화는 충북 북부지역과 소백산 죽령을 경계로 경북북부의 접점대 지역성을 지닌다. 단양문화의 정체성은 결절지로서 지역의 역사적 연속성과 집단성으로부터 정통성과 권위를 인정받는 실체인데, 이를 통해 지역문화에 지역주민의 동일시가 이루어지고, 향토애와 자긍심을 느끼는 집합적 정서를 뜻한다. 지역민 및 지역사회의 성립 근거와 전개 방향은 이런 문화정체성文化正體性에서 비롯된다.

또한 단양문화의 정체성은 지역의 다양한 역사적 환경의 영향 아래에서 오랜 기간에 걸쳐 형성되어 온 것이므로, 단양문화의 정체성을 구성하는 요소들은 매우 다양하다. 단양의 역사적 요인과 지리적 요인, 언어적 요인과 함께 종교, 성, 교육수준, 문화간 상호교류 등 많은 요소들이 결합되어 있다. 자연발생적으로 일상문화를 통해 역사적으로 전승되고 또 그것을 해석하는 과정에서 단양문화의 정체성은 세대간의 연속성, 역사적 사건이나 인물에 대한 공통된 기억, 단양지역민의 공통적인 운명의식으로 구성된다고 볼 수 있다.[*]

지역간 문화교류가 확대되고 세계화와 지방화의 심화는 여느 문화에 대한 교류 및 이해 증진이 절실하다. 이에 따라 새로운 형태의 문화교류 확대방안을 강구하고 단양을 대표하는 국제적, 전국적 예술행사 및 축제 개발 등을 통해 단양의 고유한 문화정체성을 유구한 문화전통 속에서 재확립해야 한다. 또한 미래지향적인 문화예술 창작활성화를 가져올 수 있는 단양의 고유한 문화정체성 확립의 중요성을 거론하여야 한다.

충북 북부에 자리한 단양은 조선시대 사군四郡의 하나로 중부지역의 대동맥인 남한강이 감싸고 있는 지역이다.[**] 사군은 단양, 영춘, 제천, 청풍을 말한다. 중선암에 새겨진 '사군산수四郡山水'도 여기서 비롯된 것이다. 남한강 줄기는 태백산맥의 준령인 오대산 상원사 계곡 우통수 혹은 제당궁샘에서 발원한다. 정선군 북면 나전리에서 조양강과 송천을 합류하고, 가수리에서 동남천과 만난다. 정선을 지나 영월 읍내 합수머리에 이르고 다시 동남류하는 평창강을 합류한다. 이어 충북 단양군 영춘면에 접어들고, 단양읍에 이르러서는 북서류하여 청풍을 거쳤는데 충주댐으로 인하여 수로적水路的 개념을 바꾸었다.[***]

[*] 충청북도, 『21세기, 문화가 충북을 바꾼다』, 1999.

[**] '사군'이라는 용어는 18세기 한진호의 『도담행정기』에서 처음 쓴 흔적을 찾을 수 있다.

[***] 『단양군지』, 1991.

▲ 단양군을 그린 해동지도

남한강은 충주 부근에서 북류하는 달천과 합류한 뒤 목계를 거쳐 경기도 장호원 근처에서 청미천을, 여주에서 복화천과 양화천을, 양평 이포에서 흑천을 더한다. 실제로 달천과 합류한 남한강은 한강의 본류가 되면서 차령산맥을 끊고 횡곡으로 흘러서 양평 양수리에서 북한강과 합류한다. 따라서 단양은 남한강의 첫번째 고을이고 사군문화의 상징적인 고장으로 팔경산수를 인식해온 것이다.

　남한강은 유로流路 성격이나 유역의 토지이용도에 있어서 상류와 중·하류의 위치에 따른 현격한 차이를 보이는 것이 특징이다. 상류는 내륙의 고랭지에 속하는 곳이므로 옥수수, 메밀, 감자, 약초, 채소 등의 화전이나 밭농사가 위주인데 반하여, 하류는 넓은 평야에다 기온이 온난하여 벼농사가 성하고 채소, 사과 등 원예 농사가 발달되어 있다. 또 상류 일대는 근대화 이후에 매장량이 풍부한 석회암을 원료로 시멘트 산업이 크게 발달되어 있다. 따라서 물길은 상류에서 하류로 내려가면서 주변 땅의 활용방식을 변화시켰다.* 단양은 남한강 상류로 소백산 지류와 남한강 본류를 통해 산간의 화전과 강 주변의 논밭을 통해 삶을 영위해 왔다.

　남한강의 물길은 근대 이후 내륙 교통이 발달하기 이전 짐배와 뗏목을 이용하여 곡식과 소금, 새우젓 등을 운반하는 중부지역의 교역로 구실을 하여 왔다. 나루는 남한강 민속의 핵심지 역할을 하였다. 남한강에는 용진

* 이창식, 「남한강 유역의 민속과 신앙」, 『한강 유역사 연구』, 전국향토사협의회, 2000.

나루를 비롯 상진, 북진, 청풍, 목계 등 수많은 나루터가 있다. 뗏목의 본격적인 출발지는 영월 동강과 서강이다. 단양군 영춘면에서 출발한 뗏목은 물길이 좋을 때는 일주일, 물길이 나쁠 때는 보름이 걸려 서울 뚝섬 등지까지 도착하였다. 용진나루에는 한번에 뗏매기꾼과 뗏꾼, 동발꾼 등 2백여 명이 모여들어 뗏목을 매고 노를 저어 트럭 수십 대 분의 각종 곡식과 땔감을 서울 등지로 날랐던 것이다. 짐배에는 한강 하류 쪽에서 소금 등 생활용품을 싣고 거슬러 올라왔다. 단양의 하진, 상진 등 남한강변의 나루터는 그래서 항상 뗏매기꾼과 뗏꾼들로 북적대고 선술집이 흥청댔다고 한다.

그곳에는 임시장이 섰다. 물길은 물산을 이동시키고, 물산의 교류를 통하여 문화적 공감대를 만들었다. 뗏목과 짐배는 문화교류의 핵심 수단이었고 교역민속에 영향을 미친 대상물이었다.[*] 단양에는 뗏목아리랑과 도담삼봉 등 팔경과 관련된 소리문화가 전승되고 있다.

남한강에 충주댐을 건설하면서 문화적 흐름은 그후에 많은 변모를 보였다. 충주댐은 남한강의 기능을 바꾸어놓았다. 댐의 다목적 기능은 새로운 변화를 초래하였다.[**] 충주댐이 건설되기 전에는 교역의 수로 기능이 주목되었으나, 건설 이후에 고유의 문화유산이 또다른 기능으로 바뀌어 볼거리로 남고 그렇지 못한 것은 고스란히 사라졌다. 충주댐 이전의 물길을 염두에 두고 본류와 지류의 주변문화를 살펴볼 때 단양팔경 등 자연유

[*] 서울시사편찬위원회, 『한강사』, 서울특별시, 1985, 「사적과 민속」편과 서울시사편찬위원회, 『서울육백년사』, 1997, 참조.

[**] 이창식, 「남한강 유역의 민속과 신앙」, 『한강 유역사 연구』, 전국향토사협의회, 2000.

산을 찾아가는 길이 많이 바뀌었다.

단양지역의 남한강변에 세계적인 선사 유적지 수양개와 금굴 유적이 있다. 이미 단양군의 「수양개와 그 이웃들」이라는 학술논의-김재호 회장 주도-에서 드러났듯이 수양개 유적은 1982~1985년까지 충북대 박물관 조사단이 충주댐 수몰지역 발굴조사를 하다 발견한 유적지다. 10만 년 전의 중기 구석기 유물 이만여 점을 수습하였으며, 석기 제작소까지 찾아냈다.* 주먹도끼를 비롯하여 국내에서 처음 보는 아떼리안식 찌르개, 판암으로 만든 화살촉 그리고 수많은 토기 파편도 찾아냈다. 발굴한 면적으로 보아 한국은 물론 아시아에서 가

* 단양향토문화연구회 (회장 김재호), 『수양개유적 발굴 15주년 기념 학술발표 요지』, 충북대박물관, 1998.

▼ 남한강 뗏목은 단양의 또다른 문화유산이다.

장 넓고 특히 집터도 있었다는 점이 주목된다.

　남한강 강변에는 대체로 구석기·신석기·청동기·철기로 이어지는 유적이 중첩되어 있다. 그만큼 남한강 민속층위는 통시적으로 기층에서 가층加層되었을 뿐만 아니라 한강유역 문화의 특징을 이해하는 잣대가 될 수 있다. 따라서 이러한 선사유적과 이후의 생활문화사와 연계성을 찾아야 할 것이다. 그런데 남한강 선사유적의 발굴조사는 고고학에 비중을 둔 나머지 생활사 혹은 정신문화 재구에는 한계를 드러내었다. 남한강 고대민속은 수렵시대의 생활과 농경시대의 생활이 연결되어 이른바 '뗀돌' 민속의 자취가 곳곳에 나타난다. 단양팔경 바위에도 바위그늘과 같은 선사유적의 자취가 배어 있음을 알아야 한다.

　일찍부터 단양팔경은 남한강 상류 물길이 만들어 낸 '청풍명월'과 산자수려의 절경이었다. 도담삼봉의 화폭 같은 친근한 아름다움은 한강 근방의 사람들을 끌어들였고, 더구나 찾아온 탐방객은 구담봉과 옥순봉이 단양 장회리에서 짧은 거리를 두고 다투듯 하늘 높이 솟아올라 있는 절경을 유람하였다. 이런 단양팔경의 유람적 자연물은 수도권의 향유층에게 물길을 따라 찾아오도록 하는 구실을 하였다.

　조선 인조 때 백의재상이었던 이지번은 벼슬을 버리고 이곳에 은거하였다. 그는 새끼줄로 계곡과 계곡 사이를 매어 왕래하며 풍류를 즐겼는데, 그래서 후대 사람들이 그를 가리켜 신선神仙이라 했다는 것이다. 또 우륵, 우탁, 정도전, 이황, 두향, 권상하, 권섭 등의 인물전설을 남겼다. 영조 때 시문의 대가인 석북 신광수가 이곳을 지나며 「단산별곡」을 지었다. 이외에도 단양팔경 관련 제영시題詠詩가 많다. 단양팔경을 포함한 단양 곳곳에는 남한강의 물길이 만들어낸 산자수명한 풍치의 맛이 있다. 이처럼 남한강 유역의 산수문화에는 수로문화적 특성과 산악문화적 특성을 통합하여 공통성을 띠고 있다.

남한강 상류 유역에서 사군문화는 물 속으로 사라진 것이나 다름없다. 또 영춘도 단양으로 흡수되어 옛 고을의 모습이 사라졌다. 이제는 영월 일부와 단양, 제천 일부로 사군문화의 명맥을 유지하고 있을 뿐이다. 사군문화의 바탕은 산간문화 또는 산악문화인데 내륙의 고랭지·화전 중심의 생업활동이 중심을 이루었다. 사군문화는 남한강 상류에 자리하고 있어 먼 옛날 한강을 따라 들어온 고대인들이 남긴 선사유적이 다양하게 남아 있다. 이들은 신석기 시대를 전후하여 마을을 이루고 지역성을 반영하는 정착문화를 남긴 것이다. 삼국시대에는 한강을 따라 남하한 고구려가 이곳에 내토군奈吐郡 등을 설치함으로써 고구려 유적의 편린을 찾을 수 있다. 영춘의 온달산성이 대표격이다. 분명 단양지역은 고대로부터 힘겨루기가 이루어졌던 역사적 경합지였고 문화의 소통지역임에는 틀림없다. 그런 경합의 가시적 증거로 성곽과 고분을 들 수 있다. 남한강은 상류지역

▲ 소백산철쭉제의 죽령산신제

의 문화와 한강 일대 하류지역의 문화를 이어주던 교역로다. 이런 실상은 상층문화에서도 드러나지만 단양지역의 전승문화(傳承文化)에 두루 확인된다.

단양지역의 민속신앙은 마을신앙・집단신앙을 중심으로 살펴볼 수 있는데, 이들은 대체로 금기와 신심을 엄격하게 지키는 폐쇄형의 모습을 띤다. 마을신앙은 서낭제와 별신제 등이 있었으나 대체로 서낭제 위주가 많다. 서낭제는 남한강 하류 쪽과는 달리 단양지역에서는 산신제와 결합되어 나타난다. 단양지역의 당제는 서낭제로 여성성의 신격이 강하다. 다만 개인신앙은 터주,

조왕, 안택 등 충북 북부지역 가신신앙의 형태를 띤다.
 김영진은 이를 북방계의 동제가 잔존한 것이라고 주장하였다.* 죽령산신제는 유교식 동제로 계승되었다. 죽령산신제는 설화 속의 신격으로 보다 북방계 여성신의 흔적을 찾을 수 있다.** 소백산신제도 인격신으로 금성대군을 신격화하였으나 본래 산신제와 천제天祭의 혼합형을 지니고 있다.
 단양지역의 마을신앙은 산신제와 서낭제가 공존되어 신목, 암석 등 자연물 자체에 밀착된 신앙행위임을 알 수 있다. 행위전승 중 제의는 산성山城과 같은 가시적인 문화유산만큼 폐쇄성이 강하다. 산간지역에서 지내는 공동제의는 대체로 산신에 대한 기원의례로 나타난다. 고대로부터 계승된 제의적 전통으로서 기원양식이나 대상의 변천은 있었으나 그 원형은 지속적으로 전승되었다.
 사군문화의 제의 중 원형성이 강한 것은 서낭신에게 지내는 별신제別神祭다. 별신제의 고형古形은 단양 대강면 갈천리별신제라고 할 수 있다. 지역민은 여느 마을처럼 산신제와 서낭제를 지내지만, 별신이 드는 해에는 대보름 전날은 산신제를 지내고 대보름날은 별신제를 지낸다. 별신제는 풍농굿이면서 대동굿으로서 축제의 성격이 강하다. 제의성과 대동성은 별신굿이라는 마을굿을 통해 구체화된 모습이다. 농악과 민요, 놀이의 전승도 이와 관련이 깊다. 별신제는 오늘날 마을축제의

* 김영진, 「중원 문화의 위상정립과 발전방향」, 충청북도·충북대 호서문화연구소, 1995.

** 김영진, 『단양군 민속조사 보고서』, 단양문화원, 1992, 12~24쪽.

▲ 온달윷과 놀이판

* 김택규, 「추석권과 단오권」, 『한국 농경 세시의 연구』, 영남대 출판부, 1985.

** 이창식, 「충청북도의 세시풍속」, 『한국의 세시풍속』I, 국립민속박물관, 1997, 287~340쪽.

성격이 짙다.

기우제는 신격의 신성지역을 더럽히는 부정화不淨化 방식으로 강우를 기원하는 대항주술형이다. 장발리 선돌기우제는 산신제의 성격을 지닌다. 두안산 소금무지제는 정월대보름에 지내는데 소금과 강물을 각각 한 항아리씩 묻는 제의다. 적성이라는 화기火氣를 다스린다는 뜻이 담겨 있다. 따라서 단양지역의 제의양상은 신력을 위하는 측면도 있으나 대체로 신격의 권위를 활용하는 측면이 보인다.

단양지역은 단오·백중이 중시된다.* 그러나 정월 대보름 관행이 나타나며 많은 세시의례가 대보름에 편중되어 있다.** 세시풍속의 관행은 영남권이나 호남권과 달리 논농사 관련 의례와 밭농사 관련 의례가 강을 따라 교차하면서, 조금씩 달라진 모습을 보인다. 정월 새해 세배 후 가족끼리 윷놀이·덕담 나누기를 하고 대보름에는 부스럼깨물기·더위팔기·오곡찰밥제사지내기·별신놀이와 같은 풍물놀이를 마을 단위로 행한다. 마을마다 공동체 제의가 전승되었다. 좀생이날의 행위와 영등제는 농사의 풍년을 기원한다. 삼월 삼짇날 산맥이, 사월 초파일 절에 치성드리기를 한다. 오월 단오에 마을 단위의 단오굿이 있었고, 칠월 칠석에는 정한수를 떠놓고 건강 기원과 절에 가서 무병장수를 기원한다. 칠월 백중에는 호미씻이가 있었다. 추석에는 성묘하기, 시월 상달에는 안택굿과 시제를 지낸다. 동짓날 팥죽 쑤기, 섣달 그믐날 국을 올리는 제사 등을 행한다. 이러한 남한강 유역 단양의 세시풍속은 대체로 중부 이북의 북방계 성향을 띤다.*

단양지역에서 밭농사와 논농사를 병행하는 큰마을에서는 마을계를 통해 마을공동체 형태가 보이지만, 밭농사 또는 화전 생업 중심의 작은마을에서는 두레와 같은 조직관행을 별반 찾을 수 없다. 마을에 따라 초상이 났을 때를 대비하여 향두계가 발견되나, '품앗이'의 조직은 집성촌集姓村 중심으로 뚜렷하게 나타난다. 화전 중심의 산촌에서는 마을계에 상부상조하는 지연성이 있을 뿐이다. 마을계의 바탕에는 농사 일손 돕기가 우선하지만, 동제 지내기와 장례 치르기와 같은 '큰일'을 위해 주민의 친목도모와 화합단결을 필요로 하는 데서 나왔다. 나루터가 있었던 마을에는 수로와 관련된 마을관청이 있었다.

단양지역의 생업활동은 크게 농사위주형, 반농반어형 半農半漁型, 반농반상형半農半商型 등으로 분포되어 이루어지는데, 이는 물길과 산길의 자연환경에 적응하는 힘과

* 이창식, 앞의 「충청북도의 세시풍속」 참조.

* 최영준, 『국토와 민족생활사』, 민음사, 1997, 138~166쪽.

▼ 소금무지제를 위한 소금독과 강물독 준비

밀접한 관계를 가지고 있다.* 단양지역의 생업활동은 산에 의존하는 경우가 큰 만큼 숯 굽기, 약초 캐기, 소 키우기, 사냥, 화전 일구기, 옹기 굽기 등이었다. 화전농사는 윤작을 주로 하고 첫해에 서숙(조)과 감자를 심고 이듬해에 콩, 팥, 옥수수 등을 심는다. 물길의 핵심지에는 나루터를 중심으로 장시, 오일장, 임시시장인 갯벌장이 서 상업활동이 이루어진다. 물길 가까운 마을에는 민물고기를 그물과 투망, 낚시로 잡는다. 선박 수송을 통해 수산물과 농산물의 상거래가 활발하였다. 조선 후기에는 한양의 상인들이 편리한 수로를 이용하여 단양 상류의 영춘·영월까지 서해안의 소금을 공급하였다. 거간꾼 집단은 수로와 선박을 통해 영리를 취하고 조운의 이익도 치부하는 데 이용하였다.

상업민속은 단양지역의 생업활동에서 주목되는 것이다. 교류 과정에서 소금배는 나루터를 중심으로 교역민속交易民俗을 보여준다. 소금과 젓갈은 콩·팥·쌀·잡곡·담배 등과 물물교환되었는데, 교환비율은 수송거리나 수로조건과

밀접한 관계가 있다. 장사꾼의 배와 떼꾼의 떼는 나루터 장시를 형성하였다. 그 곳에는 썩쟁이와 노름방이 있었다. 서울의 유흥문화가 올라오고 산간의 생산물이 만나는 곳이다. 그들은 이른바 강통문화江通文化를 유지하였다. 교역은 소금을 비롯하여 뗏목, 연료공급, 도자기·옹기류까지 다양하였기에, 생산과 공급 과정에서 다양한 교역민속 또는 상업민속을 만들어냈던 것이다.

단양지역은 지역마다 줄다리기, 농악놀이를 정월 대보름 전후로 행하였다. 줄다리기의 궁극적 목적은 대동성大同性에 있으나, 지역의 상황에 따라 생산적 기능이 보태져 다르게 나타난다. 단양지역의 집단놀이는 풍요다산을 기원하는 의미가 강하다. 소금무지제나 갈천별신제처럼 제의 후 농악 등 민속예능을 화합 차원에서 연행하였다. 이러한 예술양상이 단양지역에서 자연친화적 풍류로 나타났다고 볼 수 있다.

단양지역의 구비전승과 자료에는 여느 수계水系보다 지역성 또는 향토성과 지역적 권위성이 잘 드러난다. 그러면서 옛길과 물길을 따라 상호영향 관계의 유동성도 간접적으로 시사하여 보여준다. 설화에는 역사인물 전설이 탄생지와 성장지, 대표유명지 등과 얽혀 다채롭게 보존되어 나타난다. 지명전설에는 신화소神話素를 찾아볼 수 없고, 전설의 물적 증거가 전쟁 상황을 보여주는 등 구체적이다. 단양지역의 전설은 신화성을 띤 인물전설이 많은데 다자구·온달·정도전·우탁·이황·

두향 등이 이를 입증한다.

민요는 남한강 위쪽 동강·서강의 아라리권 영향을 받으면서 뗏목, 짐배 등의 물길 교류 때문에 상류 쪽에서 하류 쪽으로 이행하면서 아라리계에서 경기도 선소리계의 성향으로 변화하며 드러난다. 곧 아라리계 사설이 지속적으로 나타나고 짐배소리와 같은 뗏목꾼과 관련된 유흥민요가 전승되고 있다. 강원도 민요권에서 크게 벗어나지 않는데 충북의 동북민요권이라고 설정한다면, 아라리계와 메나리계가 결합하여 이른바 남한강 아라리의 부드러운 가락이 형성되었다고 본다.[*] 산간지역의 「소모는 소리」도 강원도적 '겨리소리'는 별반 보이지 않으나 '밭가는 소리' 유형이 전승된다. 남한강을 유흥민요의 본고장이라고 한다면, 남한강의 교류에서 나온 현상이라고 해도 틀린 말이 아니다. 조선후기 강변을 중심으로 형성된 시장이 그 연행의 주무대이기 때문이다. 선질꾼, 장돌뱅이, 썩쟁이 등 유통자들이 주도한 면이 보인다.

단양지역의 문화적 성격은 일면성보다 다면성과 복합성을 드러낸다. 단양지역의 문화가 남한강문화로서 정체성을 보여주는 것은 물길의 흐름에 따라 자연친화적 문화요소, 융합적 문화요소, 주변적 문화요소를 담지하면서 중부지역의 남북 교류문화를 공유하고 있다는 사실이다.[**] 이처럼 단양지역의 민속은 고구려·백제·신라적 문화 요소가 층위별로 나타날 뿐만 아니라 고

[*] 이창식, 「충청북도편」, 『한국구연민요』(연구편), 집문당, 1997, 116~122쪽.

[**] 이창식, 『충북의 민속문화』, 충북학연구소, 2001.

려·조선시대에도 중부지역 문화의 집결지로서 민속소 民俗素의 독자성과 고유성을 드러내는 것이다. 이 지역을 선택하여 찾아온 선비와 태백산·소백산·단양팔경 등을 유람한 답사객은 한결같이 이곳이 옛날부터 전통성이 강한 땅이라고 하였다. 꼬장하면서 순연한 모습이 있었다.

　단양팔경에는 단양 사람들의 생각이 남아 있다. 찾아오는 사람들을 대접하는 문화가 있다. 다만 상류계층의 시문에는 지역민의 생활상이 구체적으로 남아있지 않다. 신선의 땅이라 가난하였지만 단양팔경의 아름다움만큼이나 아름다운 내음치로 살았고 찾아온 이를 접대한 듯하다. 이황이나 김창흡 등의 글에는 풍치의 멋과 단양사람의 정이 묻어 있다. 두향 등의 지역적 예술적 감흥과 우탁 등의 역학적 신비 등이 그것이다.

　단양팔경 주변에는 사람이 사는 마을이 있다. 이중환은 산수가 좋다는 것을 말할 때 그것 자체의 아름다움에도 있지만, 적당한 거리에서 즐길 수 있는 터전이 있는 자연이야말로 최고라고 하였다. 단양팔경 주변의 마을은 문화마을이고, 산수가 어울리는 낙원마을이다. 그런데 이곳을 살리지 못해 단순 관광지 정도에 머물러 있다. 안타까운 일이다. 단양팔경마다 고유의 마을문화를 이미지화하고, 머물고, 쉬고 '탁오'와 '복도'할 수 있도록 해야 한다. 일경一景마다 마을문화의 참신성과 예술성을 보이도록 활용도를 높여야 한다. 단양팔경이 살

▶ 상선암 설경(김순희)

아날 때 단양의 땅기운이 살아나는 것이고 단양문화가 활성화되는 것이다. 단양의 생기는 전통적 유산을 살리되 산수의 생태환경을 지혜롭게 활용하는 데 있다.

단양팔경과 역사적 인물

사해밖에 삼신산이 있다고 다만 들어왔는데
어느 곳에서 날아와 검푸른 빛을 본떴는가.
품격과 운치를 인간에 빗대면 신선의 기품이며
중산이 티끌 세상에 있는 것과 꼭 같네

1
도담삼봉과 정도전

단양팔경 중에서 가장 찾아가기 쉬운 곳이 도담삼봉嶋潭三峰이다. 제천에서 가면 매포와 신단양 사이에 있다. 반대로 단양시내에서 제천방향으로 3킬로미터 정도 가다 보면 남한강 맑은 물이 굽이치는 강 한복판에 봉우리 세 개가 우뚝 솟아 있는 것이 바로 도담삼봉이다. 도담삼봉 중에서 가장 높은 가운데 봉우리는 중봉으로서 높이 약 6미터이며, 장군처럼 늠름한 기상을 보인다. 중봉 곁에 교태를 머금은 듯 서 있는 남봉은 첩봉 또는 딸봉이라 하며, 이를 외면하고 얌전히 있는 듯한 북봉을 처봉 또는 아들봉이라 부른다.

중봉에는 삼도정三嶋亭이라는 육각정자가 자리잡고 있다. 1766년(영조 42)에 단양군수 조정세趙靖世가 창건한 능영정凌瀛亭이 있던 자리였으나, 민폐가 있다고 하여 훼철하였다가 1900년대 김도성金道成이 목조 사각 정자를 건립하였다. 그러나 1972년 8월 대홍수 때 다시 유실되었다. 그리고 1976년 성신양회 김성수가 신축하여 단양군에 기증하고 삼도정이라 하였다.

도담삼봉의 빼어난 절경에는 반하지 않을 사람이 없다. 예로부터 이곳을 찾아와 그 경치를 글로 찬양한 선비가 수없이 많았는데 거기에는 예술적 감흥과 지역에 대한 애정이 배어 있다. 일찍이 이황李滉도 저녁노을 지는 도담삼봉을 바라보며 시 한 수를 남겼다.

산은 단풍으로 물들고 강은 모래벌로 빛나는데
삼봉은 석양을 이끌며 저녁놀을 드리우네.
신선은 배를 대고 길게 뻗은 푸른 절벽에 올라
별빛 달빛으로 너울대는 금빛 물결 보려 기다리네.

山明楓葉水明沙　　山導斜陽帶晚霞.
爲泊仙磋橫翠壁　　待看星月湧金波.

♣ 이 황(李滉 : 1501~1570)

본관은 진보(眞寶), 호는 퇴계(退溪)·도옹(陶翁)·퇴도(退陶)·청량산인(淸凉山人). 경북 예안(禮安) 출생으로 부정자·박사·호조좌랑 등을 거치고 양관대제학을 지내고 이듬해 은퇴, 학문과 교육에 전심하였다. 그의 학풍은 뒤에 그의 문하생인 유성룡(柳成龍)·김성일(金誠一)·정구(鄭逑) 등에게 계승되어 영남학파(嶺南學派)를 이루었다. 그의 학설은 임진왜란 후 일본에 소개되어 그곳 유학계에 큰 영향을 끼쳤다. 스스로 도산서원(陶山書院)을 창설, 후진 양성과 학문 연구에 힘썼고 현실생활과 학문의 세계를 구분하여 끝까지 학자의 태도로 일관하였다. 중종·명종·선조의 지극한 존경을 받았으며 시문은 물론 글씨에도 뛰어났다. 영의정에 추종되고 문묘 및 선조의 묘정에 배향되었으며 단양의 단암서원(丹巖書院), 괴산의 화암서원(華巖書院), 예안의 도산서원 등 전국의 수십 개 서원에 배향되었다. 저서에 『퇴계전서(退溪全書)』가 있고, 작품으로 시조에 「도산십이곡(陶山十二曲)」, 글씨에 「퇴계필적(退溪筆迹)」이 있다.

* 이은상, 『가을을 안고』, 아인각, 1966.

　가을 단풍이 한창일 무렵 푸른 절벽에 올라 달빛에 비친 도담삼봉을 바라보고 이황은 도담삼봉을 신선이 세 봉우리로 갈라놓은 돌섬이라고 표현하면서 다른 시 한 수를 지었다.*

　　그 어느 해 신선이 번개 일으켜
　　강 가운데 거석을 갈라 절경을 이루었나.
　　만고의 시간 동안 물결 따라 흐르지 않고
　　우뚝 서 내가 오기를 기다렸던가.
　　작은 배 노 하나로 저어 푸른 물결에 내맡겨
　　세 섬을 비껴 뚫고 지나가니 고요한 물빛 차갑구나.
　　물 거슬러 올라 서쪽 벼랑 빼어난 경치 다하고자 하면
　　동쪽가의 벽옥 같은 물굽이 곁에 끼어야겠네.

　　何年神物動雲雷　絶景中間巨石開.
　　萬古不隨波浪去　巍然如待使君來.
　　一棹扁舟放碧瀾　橫穿三島鏡光寒.
　　泝洄欲盡西涯勝　須傍東邊白玉灣.

　이황은 빼어난 경치 때문에 자청해서 단양군수로 부임을 하였다. 그러나 쉽사리 산수를 즐길 여가가 없었다. 어느 정도 군을 안정시킨 뒤에 여가를 틈타 명승을 둘러볼 수 있었다. 군내에는 특이한 명승지가 많았는데 특히 도담삼봉이 제일 아름다웠다고 한다. 나루를 건너 북으로 가서 하여동으로 흘러 들어가면 큰 돌이 비스듬하게 물 가운데 솟은 것이 이른바 도담삼봉이다.

♣ **황준량**(黃俊良 : 1517~1563)

황준량은 이현보의 아들인 이문량의 사위이다. 그래서 17년 맏인 퇴계를 스승으로 모시게 되는데, 퇴계를 만나면서 비로소 「심경」, 「근사록」 등 여러 성리학의 글을 접하게 되고 주자의 글을 읽게 된다. 그는 고을 다스림에 있어서도 밝은 지혜와 청렴한 자세로 한결같은 지척을 거두었다. 단양군수로 부임하였을 때, 거의 쓰러진 상태의 고을을 다시 일으키고자 임금에게 진폐소를 올렸는데, 4천8백여 자의 명문장으로 임금을 감동시켰다고 한다.

이황의 문하생인 금계 황준량黃俊良도 단양군수로 재임하고 있을 때 도담삼봉을 찾아 시 한 수를 지었다. 그는 도담삼봉을 가리켜 천공天工의 손으로 이루어낸 재주라고 극찬을 하고 있다. 그의 시에서 하늘이 내린 도담삼봉의 힘찬 기상이 느껴진다.

　　못 가운데 세 봉우리 높고 험하게 솟았으니
　　천공의 손으로 이루어낸 재주로다.
　　날 저문 강가 하늘에 배를 돌이켜 가니
　　집을 떠나서는 도리어 이사평이 부끄럽구나.

　　潭心三朶湧峥嶸　　伎倆天工信手成.
　　日暮江天回掉去　　移家還愧李司評.

황준량과 마찬가지로 이황의 문하생이었던 황응규黃應奎도 저물어 가는 도담삼봉을 마음으로 느끼며 시를 남겼다.

　　신선은 한 번 가서 돌아올 줄 모르고

♣ **황응규**(黃應奎 ; 1518～1598)

본관은 창원(昌原). 호는 송간(松澗)·송촌(松村). 주세붕, 이황의 문하생. 1543년(중종 38) 사마시에 합격, 성균관에 입학하여 수차 과거에 응시하였으나 실패하였다. 후에 성균관의 천거로 전한사별제가 되었다. 장흥고직장을 지낸 뒤 1569년(선조 2) 알성문과에 병과로 급제, 여러 벼슬을 역임했다. 1588년 고향에 은거, 1592년 임진왜란 때 많은 양곡을 군량으로 바쳐 그 공으로 절충장군에 오르고, 1594년 돈령부동지사가 되었다. 다시 향병대장으로 추대되어 장정·군량 등을 모집하여 출전준비 중 병사하였다. 저서에는 『송간고(松澗稿)』가 있다.

황학도 오지 아니한데 강에는 달빛이 밝아오네.
홀로 마고가 있어서 왕사를 말하니
산도 푸르고 물도 푸른 이사평이더라.

* 쟁영(崢嶸) : 세월이 오래도록 쌓임.

神仙一去歲崢嶸*　黃鶴不來江月明.
獨有麻姑談往事　山靑水綠李司評.

또 임진왜란 때 예조참의로서 왕을 받들고 청주목사를 지냈으며 『모당유고慕堂遺稿』라는 저서를 남긴 홍이상洪履祥은 도담삼봉을 찾아 다음과 같은 시 한 수를 남겼다. 홍이상은 안개 걷혀 보이는 도담삼봉의 신비로움 속에 신선이 된 듯한 착각에 빠져 헤어나질 못하고 있다.

세 봉우리에 바람과 안개 걷혀 앞이 훤히 열리니
흐드러진 풀과 접한 신령스런 곳임을 금방 알겠네.
새 봄의 도화빛 물결을 이제 가히 기억하겠는데
전에 떠나간 저 한량 또 홀로 돌아오네.
돌아와선 매양 붉은 절벽길을 찾아 헤매니
어느 때나 함께 신선주를 나눌까.

달 밝은 강 위, 앞에서 낚시 드리워 술잔 기울이니
취한 채 신선에 기대 돌아올 줄 모르네.

三島風烟望裏開　早知靈境接蓬萊.
新春桃浪今猶記　前渡劉郞又獨來.
歸夢每尋丹壁路　何時共把紫霞盃.
月明潭上酬前釣　醉挾飛仙去不迴.

달빛 가득 찬 도담삼봉에 도취되어 신선이 된 우복 정경세鄭經世도 시 한 수를 남겼다.

강 위에 떼지은 산이 도리어 세 봉우리 솟게 했는데
규벽*을 깎아 이룬 듯, 청람을 깔아 놓은 듯.
하늘이 승경으로 단장하여 맑은 구름 새로이 드리웠네
달은 초경에 떠 홀연히 못에 가득 찼는데.
홀로 배 저어 가 신선을 불러내어
서로 만나 옷깃을 맞대고 구름 속 불단에서 잠이 드네.
노을에 서성거리고 평생 원을 물에 농하였더니
누가 기인을 위하여 초암에 머무를까.

* 규벽 : 제후가 천자를 알현할 때 지니던 옥.

湖上郡山却有三　削成奎壁籍靑藍.
天粧勝景新晴雪　月出初更忽滿潭.
獨去刺舟招羽客　相逢連袂宿雲龕.
樓霞弄水平生願　誰爲畸人着草庵.

♣ **홍이상**(洪履祥 : 1549~1615)
본관은 풍산(豊山), 호는 모당(慕堂). 1579년(선조 12) 식년문과에 장원, 예조와 호조의 좌랑과 정언을 거쳐 이조참의에 올랐다. 임진왜란 때 예조참의로 왕을 서경(西京)까지 호종하여 병조참의가 되었으며, 성절사로 명나라에 다녀온 뒤 대사성을 거쳐 대사헌에 이르렀다. 당시 정인홍(鄭仁弘)의 사주를 받은 영남의 유생 문경호(文景虎)가 상소하여 배척하는 성혼(成渾)을 변호하다가 안동부사로 파천되고, 이어 청주목사가 되었다. 광해군 초에 대간에 소명(召命)되고, 도헌(都憲)·부제학을 거쳐 개성유수에 올랐다.

♣ **정경세(鄭經世 : 1563~1633)**

본관은 진주(晉州), 호는 우복(愚伏)·일묵(一默)·하거(荷渠) 등. 경북 상주 출생으로 유성룡(柳成龍)의 문인. 1582년(선조 15) 진사를 거쳐 86년 알성문과에 급제, 승문원 부정자로 등용된 뒤 검열·봉교를 거쳐 1629년 이조판서 겸 대제학에 이르렀다. 이듬해 겸 춘추관지사로서『광해군일기(光海君日記)』편찬을 담당하였다. 성리학에 밝았고 이기설에서 이황(李滉)의 학설에 반대, 이이(李珥)에 동조하였으며 특히 예론에 밝아서 김장생(金長生) 등과 함께 예학파로 불렸다. 시문과 서예에도 뛰어났다. 찬성에 추증되고 상주의 도남서원(道南書院), 대구의 연경서원(硏經書院), 강릉의 퇴곡서원(退谷書院) 등에 배향되었다. 저서에『우복집(愚伏集)』『상례참고(喪體參考)』『주문작해(朱文酌解)』등이 있다.

또한 여러 차례 벼슬에 임명되었으나 차라리 자연에 묻혀 조용히 학문을 닦으며 살고자 했던 김창협(金昌協)은 도담삼봉을 찾아 시 한 수를 남겼다. 저녁노을 속에 도담삼봉은 눈이 밝도록 비친다.

> 강 빛이 어둑어둑하니 저녁놀이 일어나고
> 삼봉은 눈이 밝도록 비치었었네.
> 어렴풋한 구름은 이는데 치솟을 땅은 없고
> 기러기 줄지어 나는 듯 세 봉우리 하늘로부터 비롯되었네.
> 소나무 가지 끝의 늙은 매는 배를 향해 일어나고
> 물 아래 깊이 잠긴 용은 피리소리 응하여 포효하네.
> 나무꾼의 도끼자루 빌어 신선의 길을 묻고자 했더니
> (어느덧) 석문에 깊이 들어 바둑 소리 들리네.

* 운근(雲根) : 구름은 돌에 닿아서 생긴다는 시어.

** 차(差) : 들쭉날쭉한 모양. 여기서 기러기의 나는 모습과 빗대고 있다.

江光黯黯晩霞生　鵠首三峯照眼明.
成削雲根無地勇*　參差鴈序自天成.**
松梢老鷗衝舡起　泓下潛龍應笛鳴.
欲借樵柯問仙路　石門深入聽棊聲.

도담삼봉의 모습은 이중환李重煥의 『택리지擇里志』에서도 확인할 수 있다. 뾰족한 바위가 기이하고 교묘하지만 낮고 작아서 높다란 절벽이 없는 것이 한스럽다고 하였다.

도담은 영춘 경계에 있는데 강의 흐름이 돌아 멈추는 깊고 넓은 물 속에 세 개의 돌 봉우리가 솟아 있고 각각 쌍으로 서 있는 한 줄이 마치 거문고의 줄과 같고 뾰족한 바위가 기이하고 교묘하여 마치 인가의 석가산과 같다. 다만 낮고 작아서 높다란 절벽의 모습이 없는 것이 한스럽다.
島潭在永春境江流匯淳深潤水中聳三石峯而各雙立一行如絃直巉巖奇巧如人家之石假山但低小無嵬峩絶壁之容.

도담삼봉은 빼어난 절경으로 유명하여 많은 선인들이 다녀갔으며 그 아름다움을 기록하거나 노래하였다.

♣ **김창협**(金昌協 : 1651~1708)

본관은 안동, 호는 농암(農巖)·삼주(三洲). 과천(果川) 출생으로 영의정 수항(壽恒)의 아들이다. 집의·헌납·대사간·동부승지·대사성 등을 역임하였다. 청풍부사(淸風府使)로 있을 때인 1689년 기사환국(己巳換局)이 일어나 아버지 수항이 진도(珍島)에 유배된 뒤 사사(賜死)되자 영평(永平)의 산중에 은거하였다. 1694년 갑술옥사가 일어나자 아버지의 죄가 풀리고 그는 호조참의에 임명되었으나 관직을 받지 않았으며, 그후에도 대제학·예조판서·돈령부지사 등 여러 차례 관직이 제수되었으나 모두 사양하였다. 그는 벼슬보다 문학과 유학의 대가로서 이름이 높았고, 당대의 문장가이며 서예에도 뛰어났다. 문집에 『농암집』, 저서에 『농암잡지(農巖雜識)』『주자대전차의문목(朱子大全箚疑問目)』, 편서에 『강도충렬록(江都忠烈錄)』, 『문곡연보(文谷年譜)』, 작품으로 글씨에 「문정공이단상비(文貞公李端相碑)」, 「감사이만웅비(監司李萬雄碑)」, 「김숭겸표(金崇謙表)」, 「김명원신도비(金命元神道碑)」의 전액 등이 있다.

도담삼봉

♣ **이중환(李重煥 : 1690~?)**

본관은 여주, 호는 청담(淸潭)·청화산인(靑華山人). 1713년(숙종 39) 증광문과에 병과로 급제, 1717년 김천도찰방이 되었다. 평소부터 목호룡(睦虎龍)과 친하게 지내던 중 1722년(경종 2) 신임사화(辛壬士禍) 때 말을 빌려주어 병조좌랑이 되었다. 1724년 영조가 즉위하자 목호룡의 일당으로 구금되어 이듬해 절도(絶島)로 귀양갔다가 1727년 풀려났다. 이익(李瀷)의 실사구시(實事求是)의 학풍을 이어받아 1730년까지 전국을 방랑하면서 지리·사회·경제를 연구하여 실학사상 큰 공적을 남겼다. 대표적인 저서로 『택리지(擇里志 : 八域志)』가 있다.

호서의 중도사람이 썼을 것으로 추측되는 『금강산金剛山·사군유산기四郡遊山記』[*]에서도 도담삼봉에 관한 기록이 보인다.

도담에 이르니 세 봉우리가 강 가운데 늘어서 있었다. 가운데 서 있는 것이 가장 높고 좌우의 것은 다음인데, 수 걸음을 분배하여 1자나 1촌도 어긋나지 않

* 이 책의 작자는 37일에 걸쳐 관동팔경과 금강산, 설악산 등을 두루 여행하였다. 그리고 다시 5일 동안 지금의 사군(영춘, 단양, 제천, 청풍) 일대를 관람하고 이를 기록하여 시조와 가사, 한시를 다수 담고 있다. 박종익 발굴자료이다. 『금강산 사군유산기 역주 연구』 참조.

** 홍주삼(洪柱三, 1631~1682)은 조선 후기의 문신이다. 좌부승지, 광주목사, 전라도 관찰사 등을 지냈다.

았다. 그 형세가 엄정하고 맑은 못과 물결이 거울에 비친 것 같았다. 과연 조화의 완벽함을 보았다. 일찍이 자연암에서 놀았을 때에 많이 이것으로써 그 우열을 다투었는데, 능히 한 마디 말도 하지 못한 것은 이것을 보지 못했기 때문이었다. 이제 이 승경을 보니 삼도가 열거해 서 있는 것이 의연하여 교졸이 판이하고 기이함과 장함이 현격하게 다르니, 그 본 바가 대개 그 적론임을 알지 못하겠다. 가운데 봉오리에는 이름을 써넣은 것이 있으니 금강의 예를 따라 일행의 이름을 걸었다. 그 위에 또한 하나의 빈 정자가 있었다. 홍주삼^{**}이 점유한 바였는데 많이 무너져 가히 애석하였다.

門矣 又下至島潭 三峰列於江中 中立者最高 左右者次之 分排步數 不錯尺寸 其形旣嚴且正 澄潭明波 如觸鏡面 果見造化之備具也 曾遊紫淵岩時 多以此爭其優劣 而不能措一辭者 未見此也 今見此勝 三島之列立 不無依然而巧拙辨異 奇壯顯殊 其所見 蓋不知其之論也 中峯亦多曾有題名者 又效金剛例揭一行名焉 其上又有一空亭 洪公柱三之所占 而多有傾頹 可惜 又

▲ 도담삼봉의 겨울(김순희)

위의 글에서 도담삼봉의 절경은 우열優劣 논쟁의 대상이 되기도 하였다는 것을 알 수 있다. 글쓴이같이 도담삼봉을 보지 못한 사람에게는 논란의 자리에 끼일 수도 없었다고 한다. 그리고 도담삼봉을 처음 본 감회를 같은 책에 수록되어 있는 「사군별곡四郡別曲」에서 적고 있다. 우열 논쟁에 끼일 수도 없었던 글쓴이에게 도담삼봉에 대한 감회는 남다르다.

〔島〕潭* ᄀ존 고디 ᄒ마어이 다ᄃᆺ거니
드런지 하 오라니 반갑기 ᄀ이업다.
가온데 셧는 峯은 혼자 어이 놉푼게고
三台의 形狀인가 七星峯는 호인가.
어와 造化翁이 고이도 ᄒ나이나
그 우희 뷘 亭子는 머나마 잇고지고.
— 「사군별곡」 중에서

신광수申光洙가 영월부사로 있었을 때 지었을 것으로 생각되는 「단산별곡丹山別曲」**에서도 도담삼봉이 보인

* 훼손되어 알 수 없으나 '島'자를 넣었다. 배경상 도담을 기록하였을 것으로 추정된다.

** 「단산별곡」은 1984년 김일근이 소개하였다. 이 작품의 작자는 석북 신광수가 영월부사에 부임한 연도인 1772년 가을에 지은 것이라 추정하여 발표되었다.

♣ **신광수**(申光洙 : 1712~1775)

본관은 고령(高靈), 호는 석북(石北)·오악산인(五嶽山人). 음보로 참봉에 등용되고, 1764년(영조 40) 의금부도사로 탐라(耽羅)에 건너가서 그곳의 풍토·지리·해운 등 상황을 조사,『부해록(浮海錄)』을 지었다. 그후 연천현감을 지냈으며, 1772년 기로정시에 장원하여 돈령부도정에 오르고, 1775년 승지에 이르렀다. 효성은 지극하였으나 오랜 관직생활에도 노모(老母)를 모실 집이 없는 사실이 알려져 왕으로부터 집과 노비를 하사받았다. 서화, 특히 과시에 능했고 그 중 『관산융마(關山戎馬)』는 대표작으로 널리 애송되었다. 문집에 『석북집(石北集)』이 있다.

다. 상진나루에서 배를 타고 도담삼봉에 이르고 있다.
그가 본 도담삼봉은 물위에 떠있는 보통의 바위산이 아
니다. 삼신산三神山이고 동해의 지주砥柱인 것이다.

> 상진에 돛을달아 도담에 연회하니
> 육오배 삼신산이 어느해에 떠왔던고
> 청천 반락하니 노주의 삼산이오
> 중류 불퇴하니 동해의 지주로다
>
> 上津의 돗츨다라 島潭의 沿洄ᄒ니
> 六鰲背 三神山이 어느히여 써왓던고
> 靑天 半落ᄒ니 鷺州의 三山이오
> 中流 不頹ᄒ니 東海의 砥柱로다
>
> ―「단산별곡」 중에서

단양 사랑하기가 끔찍했던 단능 이윤영李胤永의 기행
문에서도 도담삼봉의 모습이 확인된다. 그는 단양丹陽의
절경에 빠져 장차 이곳에 정착하려고 스스로 호를 단릉
산인丹陵山人이라 하였다. 그의 기행문에서 도담삼봉의

♣ **이윤영**(李胤永 : 1714~1759)

본관은 한산(韓山), 호는 단릉(丹陵)·담화재(澹華齋). 일찍이 과거를 단념하고 자연에 묻혀 문
묵(文墨)으로 세상을 즐기려 하였으나 음보로 벼슬이 부사에 이르렀다. 문장이 뛰어났고 글씨
또한 정묘하여 전서·예서에 능하였으며 화법에도 통하여 산수와 인물묘사에 뛰어났다. 평소
고서와 화기를 수집하고 시주(詩酒)를 즐겼으며, 단양(丹陽)의 경관을 사랑하여 장차 이곳에 정
착하려고 스스로 호를 단릉산인(丹陵山人)이라 하였다. 저서에『단릉유집(丹陵遺集)』3권,『산수
기(山水記)』등이 있다.

▲ 도담삼봉(이방운).
도담삼봉이 춤을 추는 듯하고 석문을 따로 뽑아 올려 뱃놀이하는 모습과 조화를 이루었다.

모습을 비교적 구체적으로 그리고 있다.

　강쪽은 암애(岩崖)가 척단(陟斷)하고 그 동쪽은 물가로 나와서 백사의 더미를 이루었다. 강은 넓어서 힘껏 활을 당겨야 화살이 건너편에 닿을 만하고 삼도가 강중(江中)에 우뚝 솟아서 강물이 고인 바 되어 도명(島名)을 도담(嶋潭)이라 했다. 가운데 섬이 제일 높아서 높이가 20척이요, 널은 돌로 되었고 돌 빛은 심회색이며 석피는 심하게 주름살이 잡히고 돌이 깎인 형상은 꼽추와도 같아서 옹종한 지중의 쟁반과 같으며, 괴석의 봉 위에는 작은 돌이 뾰죽 뾰죽 늘어서서 전각 위의 철수(鐵獸)와 같고 또 그린 창이 상교하는 것 같으니 삼삼히 그 물건에 닿을 것 같다. 북도는 쓰러져 머리를 들고 중봉을 돌아다보는데 선인이 수록하는 것 같고 사람 앞에서 고개를 돌리고 뜻이 있어 교태를 짓는 것 같이 물위에 4, 5장(丈) 나와 있다. 그 남쪽에 있는 것은 북도보다 2, 3척 높아서 중봉에 거의 가깝고 그 형상이 이끼 낀 것 같고 황색을 나타낸다. 대저 중도는 서 있는 것 같고 하도는 앉아 있는 것 같다. 멀리 바라다보면 참으로 사람이 유희하는 것 같고 또 부용이 거꾸로 물에 그림자를 이루어서 가히 볼만한 광경이다.
　한강수 서쪽 언덕을 끼고서 남쪽 수십 보 지점에 석벽이 있으니 강을 면하고 내려 깎여서 삼도봉을 향하고 있어 이름을 석두애(石頭崖)라고 한다. 석두애 위에 큰산이 있어 나래를 펴고 춤을 추며 강을 바라보면 고래등과 같고 붕조가 날개를 벌리고 향하는 것 같다. 백사는 눈썹과 같이 밝게 비추어 중봉에서 시작하여 하봉까지 뻗쳐있다. 모래 위에 언덕은 누에가 잠자는 것 같고 청송은 직물 같으며 언덕 밖에 원봉은 합쳤다 떨어졌다 업드렸다 일어났다 하여 그림과 같고 교내산 그 위를 대압(大壓)하니 병풍을 둘러친 것 같아서 휘둘러 한 백 리 가량은 웅장한 기운이 쌓이고 쌓인 것 같다.

江之西岩崖陟斷 其東則洲諸出而 自沙成推 江之廣可盡一箭之力 三島特立中江 遂淳潚此所以 以島名潭者也 據中之島最高 高可二十丈 島以石成 石色深黛 石皮皺裂皴 折石之狀屢屢而擁腫如盆池中 怪石峯之嶺小石嘴尖羅立 如殿角上鐵獸 又如畵戟交 森森欲觸物 北島堰而頭擧 顧向中峯 如仙人馴鹿 在意作嬌媚而 其出水可四, 五丈 其在南者 高於北島二, 三丈 稍近於中峯 其形乍俯苔蘚 着雄黃色 盖中島如立 上島如臥 下島如坐 遠而望之 怳若眞人在虛遊戱 復如碧芙蓉 倒水演漾 赤可謂奇觀矣 水之西崖抱江而南 南行數十步有石壁 入江削面 還向三島 此名石頭崖也 石頭之上有大山 翔舞而赴江 如解露背 如鵬無翼而向 所謂白沙惟者 淸映如眉 起於中峰之中而 展於下峰之下 沙江小邱蠶臥 靑松如織 邱外遠峰 合缺伏立曲有盡意 橋內山大壁其上 如展屛障 彌亘百里之外 雄深積氣.

추사 김정희金正喜도 도담삼봉을 유람하고 시 한 수를 남겼다. 그의 눈에 도담삼봉의 품격과 운치는 신선 그

♣ **김정희**(金正喜 : 1786~1856)
본관은 경주, 호는 완당(阮堂)·추사(秋史)·예당(禮堂)·시암(詩庵)·과파(果坡)·노과(老果). 충남 예산 출생으로 1819년(순조 19) 문파에 급제하여 세자시강원설서·충청우도암행어사·성균관대사성·이조참판 등을 역임하였다. 학문에서는 실사구시(實事求是)를 주장하였고, 서예에서는 독특한 추사체(秋史體)를 대성시켰으며, 특히 예서·행서에 새 경지를 이룩하였다. 70세에는 과천 관악산 기슭에 있는 선고묘(先考墓) 옆에 가옥을 지어 수도에 힘쓰고 이듬해에 광주(廣州) 봉은사(奉恩寺)에서 구족계(具足戒)를 받은 다음 귀가하여 세상을 떴다. 문집에 『완당집(阮堂集)』, 저서에 『금석과안록(金石過眼錄)』 『완당척독(阮堂尺牘)』 등이 있고, 작품에 「묵죽도(墨竹圖)」 「묵란도(墨蘭圖)」 등이 있다.

자체다.* 다만 아쉬운 것은 김정희가 그린 도담삼봉의 그림을 찾을 수 없다는 것이다.

> 사해밖에 삼신산이 있다고 다만 들어왔는데
> 어느 곳에서 날아와 검푸른 빛을 본떴는가.
> 품격과 운치를 인간에 빗대면 신선의 기품이며
> 중산**이 티끌 세상에 있는 것과 꼭 같네.

> 徒聞海外有三山　何處飛來學佛鬢.
> 格韻比人仙骨在　恰如中散住塵寰.

19세기 남한강을 여행하였던 한진호(韓鎭戽 : 1792~1844)는 『도담행정기島潭行程記』***에서 도담삼봉을 그리고 있다.

> 뱃사공이 빈배를 끌고 다시 건너 왔기에 우리들은 이 배를 타고 세 개의 봉우리 밑에 이르러 배에서 내려 봉우리 마루턱에 올라가 두루 살펴보니 한 개의 봉우리는 곧 한 개의 돌이요, 세 개의 봉우리는 곧 세 개의 돌이니 참으로 천하의 큰돌이다. 돌이 이어진 틈에는 조금 흙이 있는 곳에 소나무가 나서, 조그만 것이 넝쿨이 뻗고 엉키어 무성한데 이끼가 끼어 추한 하나의 괴이한 돌로 보인다. 오래 앉아 있노라니 하나의 어리석은 생각이 나서 말하기를, "어찌하면 산을 뽑는 힘을 얻어서 이 세 개의 돌 봉우리를 옮겨다가 내가 사는 곳에 두어둘 수 있을까?" 하고 다시 생각하지만 결코 되지 않을 것이다.
> 子刺空船而復渡來余輩乘之至三箇峯下下船而登峰頂徧視之

* 이 구절은 「이상은(李商隱), 마외시(馬嵬詩)」의 '徒聞海外更九州'를 석 자만 바꾸어 그대로 인용하였다.

** 중산 : 유구(瑠球)의 별칭.

*** 대유(大迪) 한진호가 31세 되던 순조 23년(1823) 4월 12일부터 5월 13일까지 만 1개월간에 걸쳐서 여러 친지들과 같이 주행(舟行)으로 남한강을 여행하며 도중의 명소도 두루 살피면서 단양팔경의 기승경관(奇勝景觀)을 탐방하고 돌아온 행정일기(行程日記). 여기에는 필자 자신이 남긴 시문이 다수 수록되어 있다.

一箇峯乃一箇石三箇峰乃三箇石也眞天下之巨石石之縫罅略有上虞松生而矮蔓縈而茂苔髮徧而醜一怪石觀也久坐生一癡想曰安得拔山之力移此三箇石峯置我居變思之決不可得也.

그는 도담삼봉을 옮겨 자신이 사는 곳에 두고 싶어할 정도로 도담삼봉에 매료되었다. 그리고 그와 같은 느낌을 도담시島潭詩를 지어 나타내고 있다. 그는 도담삼봉을 그림에 옮겼다. 그러나 그가 그린 그림에서는 도담삼봉의 겉모습만 보일 뿐이다. 도담삼봉의 실경을 어찌 화폭에 담을 수 있을 것인가.

* 삼신산 : 신선이 산다는 세 산, 곧 봉래(蓬萊)·방장(方丈)·영주(瀛州)를 말하는 것이다.

** 연병 : 먹이 튀는 것을 막기 위하여 벼루 머리에 놓는 작은 병풍.

굽은 물줄기 가운데에 석수장이가
기이한 봉우리 세워놓은 것 삼신산*과 닮았네.
연병**에 한 물굽이를 본떠 그리려 했더니
겉모습만 본뜬 것 같아 오히려 근심스럽네.
몇 날 몇 일 산을 보고 그림을 감상하다가
언뜻 와 마주하니 다시 정신이 나네.
세 봉우리 강 가운데 반쯤 떨어져 비치는데
지나는 뱃머리마다 그 면모 드리우네.

宛水中央石丈人　　奇峰位置仿三神.
硯屛一曲欲摹畫　　髣髴還愁寫境眞.
幾日看山讀畫人　　瞥然來對更精神.
三峰半落江中影　　舟過頭頭石面眞.

근대에 와서는 이은상李殷相의 기행문『가을을 안고』에

서 도담삼봉의 모습을 찾아볼 수 있다.

> ♣ 이은상(李殷相 : 1903~1982)
> 호는 노산(鷺山). 경남 마산(馬山) 출생으로 1931년 이화여자전문학교 교수가 되고, 1945년 호남신문사의 사장을 지냈으며, 1950년 이후 청구대학(靑丘大學)·서울대학교 문리과대학·영남대학 등에서 교수를 역임하였다. 가곡으로 작곡되어 널리 불리고 있는「가고파」,「성불사의 밤」,「옛 동산에 올라」등 많은 시조가 있다. 저서로는 『노산사화집』,『노산시조집』,『노산시문집』,『이충무공일대기』,『난중일기해의(亂中日記解義)』,『나의 인생관』, 『민족의 향기』 등이 있다.

강 복판에 세 봉우리의 돌 섬이 솟아 있어, 이름을 도담삼봉이라 일컫게 된 것인데, 가운데 봉우리가 가장 높고, 좌우의 두 봉우리는 그 보다 낮은 것들인데, 그 위에 바위의 생김새가 가운데 있는 큰 봉우리는 점잖을 따름이요. 좌우에 있는 두 봉우리 중에 하나는 얌전하게 생겼는데, 다른 하나는 봉우리 위에 작은 돌이 올라앉아 가운데 있는 큰 것을 향해서 머리를 갸우뚱거리는 것 같다고 해서 가운데 것은 영감님이요 좌우의 두 봉우리 중에 얌전한 것은 본처요, 애교 부리는 건 첩이라고 부른 다고 전한다. 어떻게나 불유쾌한 표현인지 모른다. 구태여 왜 처첩관계의 못된 풍속도를 여기까지 가지고 와서 비교하던고.

조부손 3대도 좋을 것이요. 3형제, 3남매, 3동지, 오히려 어느 의미에서는 삼신산의 모형도라고 해도 좋지 않으리. 구태여 처봉입네, 첩봉입네 하는 따위는 입에 걸지 않았으면 좋겠다. 깨끗한 자연, 아름다운 자연, 평화로운 자연을 상치는 이야길랑 아예 입 밖에 내지를 말자.*

* 이은상,『가을을 안고』, 아인각, 1966.

그는 위의 글에서 도담삼봉을 처첩간의 관계가 아닌 형제나 남매의 관계로 보아야 깨끗한 자연, 평화로운 자연이 될 수 있다고 하였다. 그리고 배를 띄워 도담삼봉을 바라보며 시 한 수를 읊었다.

여기는 물새의 영토
나도 오늘은 그네의 권속
날을 듯 뱃머리에 앉아
손으로 물 차는 소리
휘파람 제가 불면서
물샌가 여겨 돌아본다.*

* 이은상, 『가을을 안고』, 아인각, 1966.

도담삼봉 사랑하기는 옛사람만이 아니다. 근래의 문인들도 도담삼봉을 노래한다. 단양 출신 조남두 원로시인이 도담삼봉을 노래한 시 한 편을 소개한다.

강심(江心)에 부봉(夫峯) 애 연봉(愛 戀峯)
마주 보며 멀리 보며
한사코 세속(世俗) 얼룩 씻는구나
태백산 이슬 물빛
삼봉(三峯)선생 경국(經國) 대지(大志)여
이 산수(山水)의
정화(情話)여

― 조남두 「도담삼봉(嶋潭三峯)」**

** 조남두는 1930년 단양 출신의 시인으로 시집 『향가』 외 다수가 있다.

도담삼봉의 절경은 이곳을 지나가는 옛사람이나 현대인들에게 그냥 지나치게 하지 않는다. 시로서 그 아름다움을 노래하게 하였다. 도담삼봉은 특히 조선 개국 공신이었던 정도전鄭道傳과 깊은 관련이 있다. 정도전은 도담삼봉에 은거하여 이곳의 경치를 즐겼고, 자신의 호를 삼봉三峰이라 하였다.

정선의 향사 『내고장 전통 가꾸기』에는 정선군 삼봉산이 떠내려가서 도담삼봉이 생겼다고 한다. 정선읍 봉양 7리 속칭 적거리(덕거리) 부락인데 현재는 초가가 없고 상수도 수원지 주택개량지이다. 옛부터 산수 경관이 좋아서 살기 좋았고 또 삼봉산이 물을 끼고 있어 유명한 명산이라 하였다.

당시는 이 산중턱에 향교가 위치해 있고 조양강물이 굽이쳐 흘러 보는 사람마다 명산임을 감탄했다. 대홍수 때에 홍수에 밀려 떠내려가 자취를 감추었다. 홍수가 줄어들자 마을 사람들은 명산이며 주민의 마음의 안식처였던 삼봉을 찾아보자는 데 의견을 모으고 힘센 장사 다섯 사람으로 하여 삼봉을 찾아오도록 하였다. 보름째 되던 날 현 단양 매포에서 동

♣ **정도전(鄭道傳 : 1337~1398)**

정도전은 고려 충숙왕 6년 1337년경 단양 매포읍 도전 출생설과 봉화 출생설이 있다. 어린 시절 도전, 별곡에서 조용히 유학을 공부하고 지낼 때 도담삼봉에서 자연과 벗삼아 그의 사상을 굳혀서 스스로 삼봉이란 호를 지었다. 학문을 좋아하고 유학에 힘썼으며 많은 서적을 읽어 예악, 제도, 음양, 병력, 의학에 이르기까지 재주가 다양한 자로서 이색의 문하에서 정몽주, 이숭인, 권근, 이종오 등과 친하여 경서, 사기에 대한 토론 지식을 넓혔고 특히 문장에 능하며 성리학에 밝아 따를 자가 없었다. 이성계에게 자기이념 이상을 실현시켜 주기를 희망했고 1384(우왕 10년) 전교부영으로 정몽주와 명나라를 다녀왔다. 대사성이 되어 이성계를 도왔고 위화도회군으로 최영이 죽고 이성계가 정권을 잡자 우군총제사가 되어 친원파를 몰아내고 조선개국의 기틀을 마련했다. 1394(태조 2년) 서울을 한양으로 옮길 것을 주장하여 이루었고 『조선 경국전』, 『고려사』 37권을 지었으며 명나라가 조선을 너무 얕잡아 보자 명나라를 칠 것을 주장하고 군사훈련과 군량미 비축에 힘을 기울이다가 태자 방석과 방원의 왕위계승을 위한 세력다툼에 휩쓸려 방원을 죽이려 한다는 억울한 누명을 쓰고 방원의 습격으로 억울하게 인생을 마감하였다.

이 틀 무렵 삼봉을 확인하니 큰산이 흙은 다 씻고 돌만이 남았으니 산세로 보아 삼봉이 틀림없다고 확인한다.

『충청북도 전설지』·『단양군지』·『신단양 건설지』에는 고려중엽 큰 장마 때 강원도 정선 땅에 있던 세 개의 봉우리가 영월 영춘을 거처 삼봉나루 지금 자리에 와서야 물이 빠져 더이상 떠내려가지 못하고 강 가운데 정착하게 되었다는 설이 있다. 둘 다 강원도에서 떠내려온 것은 같다. 하나는 고려중엽 하나는 조선 선조로 확실한 연대를 가지고 있다. 강원도 정선 땅의 것이므로 단양 매포 사람들은 서로가 명산이고 떠내려온 것을 확인하고 인정하게 되어 매년 가을 세금을 강원도 정선에 내야 했다.

몇십 년은 강원도 세리에게 세금을 아무 말 없이 바쳤으나 마을 사람들이 아무리 명산이라도 세금을 정선에 낸다는 것은 억울하다며 대책을 논의하게 된다. 그러나 마을 사람들은 묘안이 없어 다음날로 회의를 미루고 다시 세금을 억울하게 내야 하는데 대한 불평만 하면서 폐회하는 과정에서 오늘의 집회내용과 세금 이야기를 듣고 삼봉 정도전이 그것은 어린 저에게 맡겨 주시면 내일 강원도 정선군 세리와 내가 결정할 터이니 꼭 불러 달라하여 회의는 완전 파하고 돌아갔다.

다음날 마을에 강원도에서 세금을 받으러 온 세리가 세금을 내라고 독촉한다. 이 때 육·칠 세의 어린 소년이 어른 틈에서 나와 "어제 우리 마을에서 회의를 했는데 올해부터는 지세를 내지 않기로 했습니다." 하자 마을 주민과 세리가 놀라서 소리를 지르고 주민들도 조용히 하고 어린 소년과 세리의 입만을 쳐다보고 있을 때 강원도 세리 책임자가 그러면 세금을 내지 않는 이유를 대어 보라고 하자, "예, 삼봉이 강원도에서 떠내려와 이곳에 머문 것은 이곳에 오라고 한 것도 아니요 제멋대로 온 것이니 이곳에서는 아무 소용없는 봉우리에 세금을 낼 이유가 없고 삼봉이 그렇게 소중한 것이면 강원도 정선으로 도로 가져가면 될 것이 아니오. 또 강원도로 가져가면 번거롭게 세금 받으러 올 필요도 없고 도리에도 맞을 것입니다." 했는데 강원도 세리가 아무 말도 못하고 돌아갔고 그후부터는 이 동네 사람들은 삼봉에 대한 세금을 내지 않게 되었다. 지금의 삼봉자리에는 봉양초등학교와 정선역이 자리잡고 있어 상전벽해라 할 수 있다.

위의 설화에서도 정도전과 도담삼봉과의 밀접한 관련을 알 수 있다.* 부래형浮來型 설화인데 슬기로운 아이가 문제를 해결한 지혜담이다. 정도전도 도담삼봉과 관련하여 시 한 수를 남겼다. 도담삼봉 마루에 올라 떠오르는 복잡한 세상일을 던져 버리려고 한다.

* "옛날 어느 선비가 장가를 들었으나 아들을 낳지 못하고 딸만 셋을 낳았다. 그래서 선비는 아들을 얻기 위해서 첩을 두게 되었는데 첩은 아들을 잉태했고, 선비와 첩이 너무나 가깝게 지내자 본부인은 시샘이 나서 딸을 품에 안고 남쪽을 돌아서게 되었다"는 전설도 있다.

고요히 앉았자니 먼 생각 일어,	端居興遠思
저 삼봉의 마루에 오르게 하네.	陟彼三峰頭.
송악산 서북쪽 바로보니,	松山西北望
높고 높게 검은 구름 무심히 떴네.	峨峨玄雲浮.
벗님네 집이 그 밑에 있어,	故人在其下
낮과 저녁 어울려 서로 노누나.	日夕相追遊.
나는 새 구름 뚫고 들어가니,	飛鳥入雲去
내 생각 끝끝내 유유하네.	我思終悠悠.
캐는 지초 한 줌도 차지 않아,	採芝不盈匊
저기 저 한길 가에 내버려졌네.	寘彼道之周.
한 번 가기 어려움도 아니건마는,	一往諒非難
어째서 이다지 머뭇거리는지.	胡爲此淹留.
도성 안이 즐거운 곳 아니리요마는,	城闕豈不樂

깊숙이 바윗골이 사랑스러운걸.	亦愛巖壅幽.
계수나무 가지 부여잡고 노래부르며,	浩歌攀桂枝
세월아 가거라 실컷 노니니.	卒歲以優遊.*

* 단양문화원, 「도담삼봉과정도전은」, 『단양문화』 제7호, 2001. 이 시는 삼봉에 올라 경도의 옛 친구를 추억하면서 지은 작품이다(登三峯憶京都故舊).

도담삼봉은 시와 전설 외에도 많은 민요들이 구비전승되고 있다. 남한강 줄기 따라 오르고 내리던 소금배와 뗏꾼들이 즐겨 부르던 민요 각편이 많이 나타나고 있는 것이다. 다음에 소개하는 각편들은 이를 단적으로 보여준다.

> 천하절경 도담삼봉 청룡황룡 놀아난다
> 사시장춘 단양팔경 조선팔도 명승지라
> 열렸다가 닫쳐진다 육중한동 석문일세
> 사시장춘 단양팔경 조선팔도 명승지라
> 천척만척 층층대에 옥순봉은 그림같다
> 사시장춘 단양팔경 조선팔도 명승지라
> 한강수를 굽어조는 높은벼랑 구담봉아
> 사시장춘 단양팔경 조선팔도 명승지라
> 물위에다 깎아세워 사인암이 우뚝섰다
> 사시장춘 단양팔경 조선팔도 명승지라
> 넓적바우 편편해서 하선암이 놀기좋다
> 사시장춘 단양팔경 조선팔도 명승지라
> 맑은물에 깊은계욕 중선암에 미역감자
> 사시장춘 단양팔경 조선팔도 명승지라
> 바우좋고 물좋은곳 상선암이 제일강산
> 사시장춘 단양팔경 조선팔도 명승지라
> ―「단양팔경가」

단양팔경을 「한양가」처럼 읊은 것이다. 단양팔경의 특징을 열거하며 화자의 인정이 묻어 있다. 전형적인 가사의 형태를 취하고 있다.

해동조선국 충청북도
단양군 매포면 도담리
앞강 물에 거하시는 용왕님전 노구메다
정성 드리올제 상탕에는 메를짓고
중탕에는 목욕하고 향노향합 불갖추고
양초한쌍 불켜놓고 소지삼장 드린후에
시루덧번 바를적에

일등미를 골라다가
한번씨러 하생미요
두번씨러 중생미요 세번씨러 삼생미요
스물한번 씨른후에 여섯구멍 동시루요
여덟구멍 중시루고 열두구멍 대시루에
시루덧번 발라놓고 정화수를 드릴적어
은하수를 길러가니

선녀들이 목욕한물 부정하다 제쳐놓고
동해수를 길러가니 흑용들이 놀다간물
부정하다 제쳐놓고 남해수를 길러가니
황용들이 놀다간물 부정하다 제쳐놓고
서해수를 길러가니 청용들이 놀다간물

부정하다 제쳐놓고 길을곳이 바이없이

용궁속에 옥조수요 흘러가는 비껴수를
열손으로 길러다가 일월같이 받쳐놓고
하느님전 빌자하니 구만리요 장천이라
멀리계셔 못빌고서 터주님전 빌자하니
삼천리라 이강산에 찾을곳이 바이없고

서해용왕 빌자하니
육로길로 천리되고 수로길로 만리되니
가야할길 너무멀어 이곳명당 한강수라
도담삼봉 앞강물에 거하시는 용왕님전
노굼에정성 드리오니 소례로서 드린정성
대례로서 받으시고 대례로서 받은정성
빛으로서 흠앙받아 고맙다고 하옵시고

일년이면 열에두달 과년이면 열석달에
한달이면 서른하고 반달이면 보름이라
하루하면 열두시를 두리둥실 우리선원
수로천리 한양길을 무사하게 왕래토록
제발점지 하옵소서
　　　　　　　　—「삼봉용왕제소리」

「삼봉용왕제소리」는 고사풀이로 교술성과 주술성이 강한 남한강의 치성가로 박정석이 불렀다. 한양의 뱃사람들이 경관이 빼어난 남한강의 상류 도담삼봉에 당도하여 한해의 뱃길이 무사하기를 비는 '삼봉용왕제'의 굿판노래이다.

영월에 영춘에 흐르고 나리는 물은
도담삼봉 안고돌고 도담삼봉 흐르는 물은
만학천봉 안고돌고 만학천봉 흐르는 물은
옥순봉을 안고돌고 옥순봉에 흐르는 물은
흘러흘러 잘도가네 얼시구좋다 절시구좋아
술렁술렁 잘내려가네
닺줄하나 클러놓니 부지거치 떠나가네
인제가면 언제오나 기약없이 떠나가네
잘가시오 한양손님 머나먼길 이별일세
잘있고라 도담삼봉 변치말고 잘있거라
명년삼월 돌아오면 다시한번 만나보세
어이가나 한양뱃길 비틀비틀 소금배야
서러워서 못가겠네
영월에 영춘에 흐르고 내리는 물은
도담삼봉 안고돌고 앞편강에 떠우는배는
임을실은 꽃배인데 뒷편강에 떠우는배는
노래하는 놀배인데 얼시구좋다 절시구좋다
술렁술렁 잘내려가네

—「짐배노래」

이 사설은 남한강에 뗏목이 실려 내려가고 소금배가 올라오면서 전승된 소리다. 나루터와 장시를 중심으로 오가는 뱃사공과 썩쟁이 등이 주모들이 주고받던 애틋한 애정행각이 담겨 있고 해학적인 내용으로 엮어진 토속의 민요다.

남들은 자식키워 호의호식 하건만은

▲ 민속예술경연대회에 재현된 남한강 소금배놀이

요내신세 어이하다 술장사가 웬말이냐
오동통통 젊어서는 이놈저놈 좋다더니
주름지고 이빠지니 술장사도 못하겠네
저기가는 뱃놈들아 삼봉주모 잊었느냐
소백대백 산나물에 맑은술을 걸러놨다
올라가다 내려가다 삼봉주막 들르더니
옛날일을 잊었느냐 무심한 뱃놈들아
— 「삼봉주모」

   뱃사람을 상대로 술을 걸러 팔던 삼봉주모의 한탄의 소리다. 옛날 소금배가 올라오던 시절, 도담삼봉 주변에는 여러 곳의 주막이 있었고 그곳에는 잘생긴 썩쟁이 '갈보'가 주모를 도와 술을 팔았다. 장마가 지고 나면 강물이 불고 한양서 소금배가 올라와 영월까지 치닫는다. 소금배가 오르내리는 동안에 뱃사람들은 삼봉주막을 찾고 썩쟁이나 주모와 눈이 맞아 정을 나누고 헤어지면서 다시 만날 약속을 하였다. 젊어서는 인기가 좋던 그들이 늙어가면서 시들어지는데 세월에 대한 덧없음을 한탄하는 노래다.

 못믿을건 한양손님 올라왔소 소금배가
 도담삼봉 양반들아 금년에도 철석철석
 소금배가 당도했소 기다리던 한양손님
 어서나와 반기시오 강물따라 머나먼길
 돛대달고 올라왔소 어서어서 불어주게
 동남풍에 닻을달고 영월영춘 올라가네
 도담삼봉 꽃님네들 술걸러서 가져오게
 목이말라 못가겠네 수리술렁 내려올제
 다시한번 노다가세 도담삼봉 나루에 춘삼월
 다시 찾아온 소금배 올라가면 반긴다
 내려올땐 오래오래 묵어가소

 올라왔소 소금배가 도담삼봉 양반들아
 금년에도 철석철석 소금배가 당도했네
 기다리던 양반손님 어서나와 반기시오
 강물따라 머나먼길 돛대달고 올라왔소
 어서어서 불어주게 동남풍아 불어주게
 영월영춘 올라가네 도담삼봉 갈보들아

> 술걸러서 가져오게 목이말라 못사겠네
> 수리술렁 내려올제 다시한번 놀다가세
> 못믿을건 한양손님 닻줄하나 클러놓니
> 부지거처 떠나가네 인제가면 언제오나
> 기약없이 떠나가네 잘가시오 한양손님
> 머나먼길 이별일세
> 잘있거라 갈보들아 변치말고 잘있으면
> 명년삼월 돌아와서 다시한번 만나보세
> 어이가나 한양뱃길 비틀비틀 소금배야
> 서러워서 못가겠네
> ―「띠뱃노래」

 이 사설은 짐배노래와 맥을 같이하는 뱃노래로서 띠뱃노래라고 한다. 소금배를 타고 올라온 한양뱃사람들과 도담삼봉나루 주모와의 사랑을 그린 솔직한 사설내용이 흥미 있는 노래다.

> 어느물에 용아니놀고 어느물에 새아니노랴
> 큰물에는 용앉아놀고 작은물에 새앉아논다
> 한강수라도담삼봉에 앞편강물 짚은속에는
> 청룡황룡 노는물이고 뒷편강물 여울목에는
> 황새들이 노는물이고 처의방을 가마이보니
> 용인 듯이 엎드려 논다.
>
> 도담삼봉 백모새밭 금자라가 굼실굼실
> 너냥나냥 도담삼봉 굼실굼실 잘도논다
> 황새수탉 노던자리 깃이빠져 퍼적이고

청룡황룡 노던자리 비늘빠져 퍼적이네
　　얼시구나　절시구나　두리둥실 잘도논다
　　　　　　　　　　　　　　　　— 「뱃노래」

　　소백산에 나리는물은 나뭇잎이 썩을물이고
　　산골짜기 나리는물은 사슴노루 미역감은물
　　이내우로 나리는물은 일천간장 썩은물이여
　　도담삼봉 나리는물은 청룡황룡 노던물이고
　　하늘우로 나리는물은 선녀들이 미역감은물
　　이내우로 나리는물은 일천간장 썩은물이여
　　　　　　　　　　　　　　　　— 「자연요」

　현재 도담삼봉은 단양팔경의 으뜸가는 절경으로 주변 정리를 통해 관광객들에게 다가가려 한다. 더욱 깨끗하고 아늑한 공간 조성을 위해 주변에 공원을 조성하는가 하면 주변의 지저분했던 무허가건물을 철거하고 깔끔한 상가건물을 지어 주변의 경관을 정리하였다. 또한 1998년부터 노래방식 음악분수시설을 설치하여 운영하고 있다. 음악분수는 최첨단 컴퓨터 프로그램 방식으로 노래를 부르면 음정에 따라 서른 여섯 가지의 다양한 모양으로 분수를 분출, 환상적인 분위기를 연출토록 시설되어 관광객의 음악참여와 볼거리를 제공한다. 앞으로 이곳을 관광명소로 만들기 위해서는 강 건너편의 도담리를 민속마을로 조성하는 노력과 또 오래 전의 그 맑은 물을 다시금 복원하는 노력이 필요하다.
　신중현 등을 활용하여 예술인 마을과 연계해도 된다.

▲ 소백산철쭉제의 행사로 신중현음악제가 있었다.

정도전 또는 단양팔경 전시관도 건립하고 이곳에는 남한강 뗏목 체험장도 마련하여 사계절 관광의 중심이 되도록 해야 한다. 신단양에서 덕천리로 새로 도로가 날 때 유적과 자연이 훼손되지 않는 범위에서 도담리의 민속마을 건립이 필요하고 이곳에서 하루 머물면서 단양팔경에 대한 명상 공부와 산수의 '복도'를 느낄 수 있도록 해야 한다.

2 석문과 마고할미

　석문石門 가는 길은 도담삼봉 분수대에서 산길을 넘어서 가는 방법과 배로 은주암 가는 중간으로 가는 방법이 있다. 도담삼봉 상류 남한강변 좌측에 수백 척 되는 2개의 석주가 떠받쳤는데 그 굽어진 형태가 마치 무지개 모양을 이루고 있는 곳이 석문이다. 석문의 좌측 하단에 작은 굴이 있고 그 굴속에 깔린 암석은 수십 개의 구획이 진데다가 물이 담겨서 수전水田과 같다. 그래서 이를 선인의 옥전玉田이라 전한다. 석문 부근에는 측백나무들과 바위손이 절벽 바위에 자생하며 강을 향해 기울어져 있다. 석문을 가는데 정자가 있어 삼봉과 도담리가 잘 보이고 도담삼봉을 지나 소로를 따라 산을 올라가는 길이 한적해서 좋다. 배를 이용하여 강을 거슬러 올라가면 뱃놀이 맛을 즐길 수 있다.

　석문에 관한 기록은 『신증동국여지승람』에서 확인할 수 있다. 석문을 문틈으로 바라보면 동천洞天과 같다고 하였다. 동천은 신선이 사는 곳이다. 석문의 신비감이 강조된 것이다.

　도담은 단양군 북쪽 24리에 있는데 세 바위가 우뚝 서 있다. 못으로부터 거슬러서 수백 걸음쯤 가면 만 길이 되는 푸른 바위벽에 회양목과 측백나무가 돌 틈과 바위 구멍에서 거꾸로 나있어서 문틈으로 바라보면 또 다른 하나의 동천(洞天)과 같다.
　島潭在丹陽郡北二十四里有三巖矗立潭心自潭泝流數百步許蒼壁萬尋黃楊側柏倒生石罅巖穴如門望之若別一洞天.

『금강산・사군유산기』에서는 석문을 하늘이 만든 문이라고 하였다. 영동지역의 해문海門보다도 기이하다고 하면서 「사군별곡」에 감회를 서술해 놓았다. 석문의 뚫어진 멋이 우화등선의 신선풍神仙風을 자아낸다는 것이다.

　또 내려와 10여 리에 이르니 석문이 있었다. 하나의 큰 암석이 위로 이어져 있고, 아래는 갈라졌으며 높기가 가히 수십 장丈이었다. 좌우가 8~9아름인데 참으로 하늘이 만든 문인 것이다. 영동 해문보다 기이하다.
　此 又下十餘里 有石門 一大岩 石上連下拆 高可數十丈 左右可八九把 眞天作門戶也 奇於嶺東海.

隱舟岩 너른궁긔 잠간안자 쉬오리라.
石門은 무스일노 다들주를 모르는다.
　　　　　　　　　　—「사군별곡」중에서

▲ 무지개 모양을 하고 있는 석문

신광수가 지은 「단산별곡」에서도 석문을 보고 느낀 감회가 나타나 있다.

> 능영대 밝은달에 옥적을 띄었으니
> 후산생학이 반공에 나리난 듯
> 취안 잠간들어 석문을 바로보니
> 놀랍다 저 봉만은 어이하여 뚤렸난고
> 용문산 따린 도채 수문을 내였난가
> 거령의 큰손바닥 산창을 밀쳤난가
> 만고에 동개하여 닫을줄 몰랐도다
>
> 凌瀛坮 발근달의 玉笛을 띄엿시니
> 猴山 笙鶴이 半空의 나리는 듯
> 醉眼 잠간드러 石門을 바라보니
> 놀납다 져 峰巒은 어이ᄒ여 쑬넛는고
> 龍門山 ᄯ린도치 水門을 버엿ᄂ가
> 巨靈의 큰손바닥 山窓을 밀쳣ᄂ가
> 萬古에 洞開ᄒ여 다들줄 몰낫도다
>
> ― 「단산별곡」 중에서

단릉 이윤영의 기행문에서도 석문의 모습이 보인다. 석문에 이끌려 들어가면 마음의 평안을 찾을 수 있다. 세상고뇌를 던져 버릴 수 있는 곳이다.

> 석문은 사람으로 하여금 들어가고 싶은 뜻을 자아내는 듯 하며 들어가면 끝이 없고 한곳에 서 있으면 마음이 화평함을 느끼네.

令人欲去人無窮　有守一處和之想.

　그만큼 석문은 남한강 석회암이 만들어 낸 명물이다. 석문의 웅장함은 남한강을 찾아온 사람들에게 도담삼봉과 함께 산자수려한 상징물로 받아들여졌다. 일찍이 추사 김정희는 석문의 빼어난 절경을 보고 시 한 수를 지었다. 석문으로 오르는 길은 순탄하지가 않다. 차마車馬가 오르는 것을 허락치 않는다. 인간이 아니라 신이 만든 조형물이라 그 신비함을 맛보기 위해서 어쩔 수 없이 감수해야 한다.

　　백 척의 돌무지개가 물굽이를 열었으니
　　신이 빚은 천불*에 오르는 길 아득하네.
　　차마가 오가는 발자취를 허락하지 않으니
　　다만 연기와 안개만이 오갈 뿐이네.

　　百尺石霓開曲灣　神工千佛杳難攀.
　　不敎車馬通來跡　只有煙霞自往還.

* 천불 : 과거, 현재, 미래의 삼겁(三劫)에 각각 일천불이 존재하는데, 천불은 현겁, 즉 현겁의 천불로서 석가는 제4불이다. 여기서 석문이 천불에 빗대어지고 있다.

　한진호의 『도담행정기』에 보이는 석문시石門詩에서는 석문의 모습을 마치 신이 뚫어 놓은 것 같다고 하였다.

　　돌은 오묘한 빗장이 되고 구름은 문이 되었는데
　　천색이 조그맣게 열려 석양의 빛이 배어나네.
　　자세히 보니, 둥근 규문**은 신이 뚫은 것 같네
　　이어 등나무 덩굴에 가리운 채 새파란 산 기운이 떨어지네.

** 규문 : 담이나 벽을 뚫어 만든 출입구.

▲ 여름의 석문(김순희)

石作窓局雲作扉　小開天色漏斜暉.
細看圓竇如神鑿　更羃藤蔓滴翠微.

　석문의 절경을 현대인이라고 그냥 지나칠 수 없다. 근래의 문인들도 시로써 석문의 절경을 노래하고 있다.

네모꼴 하늘보며
칡넝쿨을 잡아라
바닥바위 선녀(仙女) 옥전(玉田)
손바닥에 천지(天地)담아
강에 풍덩 영욕(榮辱) 버리고
선유경(仙遊境)이
좋아라

— 조남두 「석문(石門)」[*]

* 한국문인협회단양지부, 『단양문학』 제12호, 2000.

석문 안에 있는 옥전과 관련하여 마고할미의 전설이 전한다. 마고할미 전설은 단양지명전설 중 가장 원초적인 것이다. 여기에는 여성신화女性神話의 흔적이 남아 있다.

(가) 옛날 마고할미가 석문 안에 살고 있었다. 마고할미는 석문 안에 아흔 아홉 마지기의 논을 만들어 농사를 지었다. 논두렁을 경지정리된 것처럼 정연하게 만들어 아랫논과 윗논에 물을 대주었고 가뭄이나 장마 없이 많은 수확을 내고 농사를 지었다. 이 많은 논을 어떻게 경작했을까가 의문이었다.
마을 사람들이 봄이 되어 못자리를 할 때면 어느새 마고할미의 논에도 못자리가 되어 있고, 마을 사람들이 모를 다 심고서 늙은 마고할미가 많은 논다랭이에 모를 못 심었겠지 하고 의심이 나 가보면 어느새인가 모내기한 논에 모가 뿌리를 내려 자라고 있고, 벼가 익어서 논에 물을 빼고 벼베기를 할 때쯤이면 마고 할미 논에도 저절로 물이 빠졌다. 마고 할미는 긴 담뱃대를 물고 있으며 술을 좋아하고 잘 마시고 놀아도 저절로 농사가 잘 되었다. 그래서 마을 사람들은 이곳 논을 선인들이 농사를 하는 옥전이라 했다. 그 많은 농사의 수확과 곡식을 어디에 어떻게 썼느냐가 의문점이다. 하늘나라 양식으로 썼다는 이야기가 있다. 오랫동안 마고할미는 여기서 살다가 죽어서 바위가 되었다.
지금도 석문 옆에 담뱃대를 물고 술병을 들고 있는 형상의 바위가 마고할미바위이다. 마고할미는 남한강 물에 징검다리를 놓고서 건너다녔다. 그 후 일본인들이 소백산맥의 지하자원을 캐내기 위한 철교부설 공사 때 마고할미 징검다리 위에다 철교 교각을 세우느라고 징검다리가 없어졌고 1985년 충주댐으로 인하여 교각을 없앰으로 인하여 징검다리는 다시 나타나지 아니하게 되었다.

(나) 아흔 아홉 다랭이가 마치 선인들의 수전과 같아서 옥전이라 불렀는데 마고할미의 소유였다. 마고할미가 하늘나라에서 물 길러 왔다가 비녀를 잃어버려 비녀를 찾으려고 손으로 흙을 판 것이 논이 되었고 비녀를 찾지 못한 논다랭이에서 혹시나 하는 마음으로 비녀를 찾을 때까지 기다리며 농사를 지었는데 그 논이 옥전이라 한다.

물을 길러온 마고할미가 비녀를 찾지 못하고 일생을 이곳에서 보내다가 하늘나라에 들어가지 못하고 돌이 되어 이곳에 있다고 한다. 또 하늘나라보다 주변경관과 경치가 좋아서 이곳에 머물러 농사를 지으려고 일부러 비녀를 잊어 버려서 비녀 찾는다는 평계로 머물렀다는 이야기도 있다.

(가)와 (나)의 각편은 비슷하다. (가)는 곡식과 관련된 마고전설이고 (나)도 같은 유형인데 설명전설이 뚜렷하다. 마고할미는 죽령 다자구할미와 함께 고대 대모신의 모습이다. 소백산 신격과 남한강의 신격이 성격상 동일한 것이다. 지역신이면서 농경신이고 수신水神임을 알 수 있다. 마고할미의 전설은 단양 곳곳에 남아 있는데 마고할미가 피해를 준 것보다는 마을 사람들을 이롭게 한 경우가 많다.

석문은 강과 접해 있는 절벽이라 관광객이 쉽게 접근할 수 없다. 지금은 산을 올라갈 수 있도록 계단을 설치하여 도보로 접근할 수 있기는 하지만 석문 아래에

◀ 석문에서 내려다 본 남한강과 그물

있는 굴에까지 가기는 쉽지가 않다. 굴로 내려갈 수 있는 작은 길이 나 있지만 절벽이 가파르고 바위로 되어 있어 위험하다. 내려갔더라도 올라오기가 어렵기 때문에 석문 아래에 접근하려면 배를 이용하는 수밖에 없다. 그러므로 도보로 접근할 수 있는 길을 모색하는 것이 시급하다고 하겠다. 석문 가는 산길에 단양팔경 관련 시와 그림을 중간 중간마다 게시하면 좋겠다.

 석문을 지나 강을 따라 상류로 거슬러 올라가다 보면 거센 물살로 파인 바위굴이 있는데 그 넓이가 배를 숨길 만하다고 해서 은주암隱舟巖이라 하고 일명 공암孔岩이라고도 한다. 이곳은 높이가 백여 척이나 되며 사람이 엎드려 양쪽 발을 서로 합친 모양과 흡사하다. 그리고 굴 벽에 있는 틈으로 햇빛이 새어 들어서 물을 엷게 뿜을 때 나타나는 듯한 색채를 이루기 때문에 성난 짐승이 입을 벌린 형상 같기도 하다. 앞서 말한 석문과 마찬가지로 이곳을 보기 위해서는 도담삼봉 앞에서 유람선을 타야만 한다. 석문과 은주암에 대한 유래 설명문을 도담삼봉 광장에 소개해야 한다. 석문 가는 길에서 남한강의 빛과 도담리 마을 풍경을 아름답게 볼 수 있다. 남한강 풍경을 감동적으로 만날 수 있는 곳이다. 남한강 옥빛의 눈부심과 굽이치는 물, 그것을 여기에서 만날 수 있다.

3
구담봉과 옥소 권섭

嶺東嶺南 슬ㅈ돌고 匹馬를 채쳐모라
죽령(竹嶺) 너무드라 羽化橋 건너티니
細雨中 馬上殘夢의 春興게워 ㅎ노라
— 권섭의「丹丘途中」*

* 소금정공원 권섭의 시비에 새겨져 있다.

 구담봉龜潭峰은 단양과 청풍의 경계를 이루는 장회리에 있다. 장회나루는 남한강 중에서도 물살이 세어 사공들이 배를 젓는데 애를 태우던 곳이다. 지금도 그곳에는 장회유람선착장이 있고 물이 빠지면 강선대가 보인다. 건너편에는 두향의 묘가 있다. 구담봉은 1548년에 단양군수로 부임한 이황이 지은 이름이다. 구담봉은 깎아지른 기암절벽의 암형이 거북을 닮아 구봉이며 물 속의 바위에 거북무늬가 있다 하여 구담이라 한다.
 조선 인종 때 백의재상이라 불리던 이지번이 명종 때에 가평을 지내다가 벼슬을 버리고 이곳에 은거하였다. 청우를 타고 강산을 청유하며 칡넝쿨로 큰 줄을 만들어 구담의 양안에 매고 날아다니는 학을 만들어 타고 왕래하여 사람들이 그를 신선이라 불렀다고 한다. 이지함의

▲ 정선이 그린 구담이다. 깎아지른 기암절벽의 암형이 거북을 닮아 있다.

이야기도 함께 전해진다. 이황은 「단양산수기」에서 구담봉을 다음과 같이 거울에 견주어 아름답게 묘사하고 있다.

　　내매담 위에 이르러 쑥을 뽑고 바라보니 물이 두 골짜기 사이에서 나와 높은 곳으로부터 바로 내려와서 여러 돌에 떨어져 노한 형세가 세차니 구름 같은 물결과 눈 같은 물결이 용솟음 치고 서로 부딪치는 것은 화탄(花灘)이다. 봉우리들이 그림과 같은데 협문이 마주 보고 열려 있고 물은 그 속에 쌓였는데 깊고 넓은 것이 몹시 푸르러 마치 새로 간 거울이 하늘에서 비추는 것이 구담이다.
　　迺邁潭之上搴蓬而望之則水出于兩峽之間從高而直下礧擊于衆石怒勢奔放雲濤雪浪洶湧而澎湃者花灘也峰巒如畫峽門對坼水積其中而渟泓凝碧如鏡新磨如在空中者龜潭.

　　구담 북쪽 언덕 적석산의 줄기가 남쪽으로 달리다가 가파르게 끊어져 있다. 큰 봉우리 셋이 물에 임하여 힘있게 솟았다. 층층으로 된 멧부리와 쌓여 있는 돌이 마치 귀신이 새기고 신이 깎은 것 같아서 형용할 수가 없다. 이때 산의 비가 처음 개이고 골짜기의 기운이 새로워 경치가 고운데, 현학*이 가운데 봉우리에서 날아 와서 두어 바퀴를 돌다가 구름 위로 들어간다. 배에서 술을 마시고 시를 읊어 찬바람을 타고 노는 것 같아 그 봉우리의 아래에 있는 것을 채운이라 하고 그 가운데의 것을 현학이라 했다. 그 위에 있는 것을 오로(五老)라 했으니 이는 그 모양에 의한 것이다. 물아래의 장회탄은 서쪽으로 구봉의 언덕을 스치고 돌아서 구담의 머리가 되며, 북쪽으로 돌고 서쪽으로 꺾이어 구담의 경치가 되

* 학이 천년이 되면 빛이 푸르게 변하고, 이 천년이 되면 검게 변하는데 이것을 현학이라 한다.

었는데, 담(潭)의 꼬리는 채운봉의 터에서 그친다.

潭之北厓卽赤城山一支南鶩而陡斷者也其峯之大有三皆臨水峭拔而中峰爲最層巒競秀矗石爭挐如鬼刻神剜奇奇怪怪不可具狀焉于時山雨初霽峽氣如新雲物淸姸適有玄鶴自中峯飛出盤迴數市入於雲霄之表余於舟中取酒吟詩超然有御泠風之意因以名其峰之在下者曰彩雲其中者曰玄鶴以其所見也其上者曰五老以其形也五老峯之東又有一大峰与丹丘峽相接實地誌所謂加隱嚴山而可隱城在焉水下長會灘西觸于龜峰之厓匯而爲龜潭之首又北轉西折而爲龜潭之勝而潭之尾盡於彩雲峰之趾.

구담봉은 남한강의 풍수설에서 '거북'의 이미지가 강조된 팔경이다. 그림과 시 속에 구담봉은 힘차고 늠름하게 형상화되어 있다. 남성적인 이미지에다가 인근 산과의 조화를 통해 강한 서경적인 맛을 준다. 구담봉을 노래한 선인들은 많다. 이황은 구담봉의 모습을 보고 그 여유로움을 표현하였다. 새벽 일찍이 이곳을 지나가면서 구담봉을 바라보며 시를 읊었다. 이 시는 구담봉에 집을 짓고 거하던 은자隱者 이이성李而盛을 생각하며 지은 시라고 알려져 있다.

* 주인(主人) : 구담의 주인을 일컬음인데, 조물주로 여겨진다. 한편 전체적인 흐름으로 보아서는 또한 구담의 주인을 달로 볼 수도 있다.

새벽이 지나 구담을 비추던 달이 산 속으로 들어가니
구담은 높이 앉아 달의 여부만 미루어 짐작하네.
주인*은 이제 다른 산에 은거하고 있는데
학의 원망과 잔나비의 울음만이 구름 사이로 퍼지네.

曉過龜潭月在山　高居想像有無間.

主人今作他山隱　　鶴怨猿啼雲自間.

  단양군민에게 선정을 베풀기로는 황준량 이상 가는 이가 없을 것이다. 명종 조 때 단양군이 거의 파산지경에 처해 있을 때 단양군수로 부임하여 다시금 단양을 되살리는 데 노력한 목민관이다. 황준량도 시 한 수로 구담봉을 노래하였다. 늦가을 작은 배를 타고 지나가면서 느낀 감회를 나타내었다. 그가 느끼는 구담봉의 절경은 부족한 것이 전혀 없는 완벽한 모습이다.

▼ 구담봉(김순희)

* 옥병(玉屛) : 옥 같은 병풍으로, 여기서는 구담봉(龜潭峰)을 일컫는다.

** 편주(扁舟) : 거룻배—돛 없는 작은 배를 말한다.

서리 내린 붉은 벼랑엔 가을 맑은 물 고요하고
거룻배 모는 이 옥병* 안으로 들어가네.
천태만상이 화락에 쌓여 부족함이 없으니
화옹과 시선 모두 아직 일이 없어라.

霜落丹崖秋水空　　扁舟人入玉屛中.**
千般融峙無窮狀　　畵老詩仙兩未工.

　단양의 제29대 군수인 황응규는 단양군수로 있으면서 단양의 아름다운 경치를 찾아 노래한 많은 시를 남겼다. 여기에 구담봉이 빠질 수 없다. 물에 비친 구담봉의 모습은 그의 정신을 빼앗아 갔다.

누가 부용을 거울 속에 새겼던고
구름이 개어 옥병을 여네.
다시 정신을 가다듬어 곳곳을 살펴보니
날이 저문 청산에 학만이 날아드네.

誰把芙蓉鐘裏裁　　晴雲捲玉屛風開.
更有情神堪盡處　　靑山日暮鶴飛來.

　또한, 조선의 대학자로 이황과 쌍벽을 이루었던 기호학파의 거두 율곡 이이李珥도 구담봉을 다녀가 시를 한 수 지었다.

♣ **이 이**(李珥 : 1536~1584)

본관은 덕수(德水), 호는 율곡(栗谷)·석담(石潭). 강릉 출생으로 사헌부 감찰을 지낸 원수(元秀)의 아들이고, 어머니는 사임당 신씨다. 29세 때 임명된 호조좌랑을 시작으로 관직에 진출, 예조·이조의 좌랑 등의 육조 낭관직, 사간원정언·사헌부지평 등의 대간직, 홍문관교리·부제학 등의 옥당직, 승정원우부승지 등의 승지직 등을 역임하여 중앙관서의 청요직을 두루 거쳤다. 『동호문답(東湖問答)』, 『만언봉사(萬言封事)』, 『성학집요(聖學輯要)』 등을 지어 국정 전반에 관한 개혁안을 왕에게 제시하였고, 성혼과 '이기 사단칠정 인심도심설(理氣四端七情人心道心說)'에 대해 논쟁하기도 하였다. 1576년(선조 9) 무렵 동인과 서인의 대립 갈등이 심화되면서 그의 중재 노력이 수포로 돌아가고, 더구나 건의한 개혁안이 선조에 의해 받아들여지지 않자 벼슬을 그만두고 파주 율곡리로 낙향하였다. 45세 때 대사간의 임명을 받아들여 복관하였다. 이 무렵 『기자실기(箕子實記)』와 『경연일기(經筵日記)』를 완성하였으며 왕에게 '시무육조(時務六條)'를 지어 바치는 한편 경연에서 '십만양병설'을 주장하였다. 48세 때 관직을 버리고 율곡으로 돌아왔으며, 다음해 서울의 대사동(大寺洞) 집에서 죽었다. 파주의 자운산 선영에 안장되고 문묘에 종향되었으며, 파주의 자운서원(紫雲書院)과 강릉의 송담서원(松潭書院) 등 전국 20여 개 서원에 배향되었다.

땅을 울리는 듯 잇단 피리 소리에 나그네 놀라 깨니
어지러이 떨어지는 가을 잎이 창을 두드리는 소란이네.
알지 못하겠구나! 밤이 새도록 찬 강에 내리는 비를
수 척이나 높은 구봉을 가벼이 넘나드니.

客夢頻驚地笛籟　打窓秋葉亂蕭騷.
不知一夜寒江雨　減却龜峰幾尺高.*

* 감각(感却) : 줄임 또는 덞. 여기서 각(却)은 조자(助字)다.

「구운몽」을 쓴 김만중도 구담봉을 여러 번 지나면서 시 한 수를 남겼다. 아무리 자주 보아도 구담봉의 절경은 그를 황홀감에 도취시킨다.

산들은 돌고 강물은 안았는데

아름다운 봉우리하나 말머리 앞에 나타나네.
바라보니 황홀도 하다 이 어인 절경인고
정신차려 생각하니 내가 전에 왔던 데로고.

青山回合擁江流　忽見瑤岑出馬頭.
擧目怳然連絶境　凝神方始記曾遊.

이중환의 『택리지』에서도 구담봉의 모습을 확인할 수 있다. 구담봉을 단양으로 들어가는 '문호門戶'라고 하였다. 구담봉 옆에 있는 강선대降仙臺의 모습도 보인다.

구담은 청풍의 경계에 있는데, 두 언덕의 석벽이 하늘에 닿았고 강물이 그 사이로 쏟아져 흐르는데, 돌 골짜기가 겹겹이 서로 가려서 마치 문호(門戶)와 같다. 좌우로 강선대·채운봉·옥순봉이 있는데, 대(臺)는 강에 임해 있고 높은 바위가 떨어져 서서 말안장과 같은 것이 그 위에 가히 백 명이

♣ **김만중**(金萬重 : 1637∼1692)
본관은 광산(光山), 호는 서포(西浦). 1665년(현종 6) 정시문과(庭試文科)에 장원, 정언·지평·수찬·교리를 거쳐 동부승지가 되었으나, 1674년 인선왕후가 작고하여 자의대비의 복상문제로 서인이 패하자, 관직을 삭탈당하였다. 그후 다시 등용되어 1679년(숙종 5) 예조참의, 1683년(숙종 9) 공조판서, 이어 대사헌이 되었으나 조지겸(趙持謙) 등의 탄핵으로 전직되었다. 1685년 홍문관대제학, 이듬해 지경연사로 있으면서 김수항(金壽恒)이 아들 창협(昌協)의 비위(非違)까지 도맡아 처벌되는 것이 부당하다고 상소했다가 선천(宣川)에 유배되었으나 1688년 방환(放還)되었다. 이듬해 박진규(朴鎭圭)·이윤수(李允修) 등의 탄핵으로 다시 남해(南海)에 유배되어 여기서 「구운몽(九雲夢)」을 집필한 뒤 병사하였다. 1698년(숙종 24) 관직이 복구되고 1706년(숙종 32) 효행에 대해 정표(旌表)가 내려졌다. 저서에 「구운몽」, 「사씨남정기(謝氏南征記)」, 「서포만필(西浦漫筆)」, 『서포집(西浦集)』, 『고시선(古詩選)』 등이 있다.

앉을 만하다.
　龜潭在淸風境於(今)丹(屬)陽兩岸石壁參天江瀉其間石峽重重 互遮如門尸而左右有降仙臺彩雲峰玉筍峰臺則臨江高巖離立盤 陀上可坐百人.

　『금강산·사군유산기』에서도 구담봉에 대해서 간략하게 소개하고 있다. 창암과 철벽의 형세가 기이하고, 맑은 강과 투명한 못이 온용하다. 그러면서도 시인 묵객들의 흔적이 여지없이 나타난다.

　　구담(龜潭)에 이르니 창암(蒼岩)과 철벽(鐵壁)의 형세가 아주 기이하고 장하였다. 맑은 강과 투명한 못이 지극히 온용(穩容)하였다. 또 바위 위에 모든 이의 이름을 썼다.
　　似 又行十里 至龜潭則蒼岩鐵壁 勢甚奇壯明潭 亦極穩容 又 書諸名於岩上.

　신광수의 「단산별곡」에서도 구담봉의 빼어난 절경을 노래하고 있다. 구담봉의 절경에서 느껴지는 황홀감은 그를 신선으로 만들고, 신선이 된 기분은 옥순봉까지도 이어진다.

　　석양에 순류하여 구담으로 나려가서
　　창벽은 삽천하고 녹수난 만지한데
　　전후봉만이 면면이 맞았나니
　　살살이 펴인부채 첩첩이 도는 병풍
　　제불이 공립한 듯 중선이 나리난 듯

이리저리 뵈난거동 황홀도 한저이고
돌로생긴 저 거북은 명구를 지키는가
오로봉 진면목은 부용이 솟았난 듯
호천대 올라앉아 전체를 영략하고
창하정 잔을들어 풍연을 희롱타가
홀연히 돌아보니 이몸이 등선할 듯
일흥을 가득실어 한구비 홀리도니
마조오는 옥순봉이 또다시 신기하다

夕陽의 順流ㅎ여 龜潭으로 나려가니
蒼壁은 挿天ㅎ고 綠水는 滿地흔대
前後峰巒이 面面이 맞았나니
살살이 펴인붓채 疊疊이 도는屛風
諸佛이 拱立ㅎ듯 衆仙이 나리는듯
이리저리 뵈는거동 恍惚도 ㅎ져이고
돌노싱긴 저거북은 名區를 직히는가
五老峰 眞面目은 芙蓉이 소사는듯
壺天坮 올나안자 全体를 領略ㅎ고
蒼霞亭 잔을드러 風烟을 戱弄타가
忽然니 도라보니 이몸이 登仙홀듯
逸興을 가득시러 흔구비 흘니도니
마죠오는 玉筍峰이 쏘다시 神奇ㅎ다
— 「단산별곡」 중에서

    단양의 산수를 사랑하여 스스로 단능산인丹陵山人이라 호를 짓고, 구담 동쪽에 창하정蒼霞亭을 세워 자연에 묻혀 글을 짓고 즐긴 이윤영의 기행문에서도 구담봉의 절경이 보인다. 구담봉의 모습은 마치 병풍을 둘러쳐서 아래 위를 잡아 메고 두 부채를 늘어뜨린 것 같다. 구담봉을 감도는 남한강은 깨끗하고 맑아 마치 거울과 같은 느낌을 준다.

그 산세는 물이 흘러들어 그 벼랑은 강물에 깎였는데 줄을 띠고 톱질을 한 것 같다 모양이 기묘하다. 구봉의 형상은 마치 병풍을 둘러쳐서 아래위를 잡아메고 두 부채를 늘어뜨린 것 같다. 배를 옮겨 벽을 끼고 가면 병풍은 점점 걷히고 바위는 두레박 모양으로 튀어나와 봉우리가 된다. 강물은 구부러져 북에서부터 문에 들어와 물 흐르는 형세가 커져서 물이 벽에 잠겨 깊게 되니 그 깊이는 밑이 보이지 아니하고 배를 타고 그 사이에 놀면 흡사 거울 속에 들어앉은 것 같다.

추사 김정희의 눈에 구담봉은 괴상한 돌거북과 황동으로 만든 잔같이 보인다.

거북이 형상의 괴이한 돌이 푸른 못으로 내려가며
뿜어대는 물결, 비가 되어 하늘을 하얗게 드리우네.
뭇 봉우리마다 모두 부용빛으로 변했는데
그저 웃으며 보니 소전*과 비슷하네.

石怪如龜下碧漣　噴波成雨白連天.
衆峯皆作芙蓉色　一笑看來似小錢.

* 소전(小錢) : 청나라 때 사용되었던 자그마한 황동잔(黃銅錢).

한진호의 『도담행정기』에서는 구담봉을 보고 그 기

▲ 병풍, 돌거북, 황동잔 등으로 묘사된 구담봉

괴함이 사랑스럽다고까지 하였다. 그리고 「과구담시過龜潭詩」에서 그러한 구담봉에 대한 감회를 토로한다. 한 폭의 그림 같은 구담봉을 만나는 기쁨이 그대로 전해지고 있다.

    봉우리가 다하니 곧 구담(龜潭)인데 아래 굽이에서 보니 석벽이 벌려 서서 하늘에 닿고 해를 가린 채 평평하게 벌려 있고, 십여리(十餘里) 굽이굽이가 다투어 빼냈고, 만 길의 석병(石屛)이 강물로 돌고있다. 조그만 배가 서서히 지나다가 한 굽이에 들어가니 때로 기괴(奇怪)함이 사랑스럽다. 겨우 한 굽이를 지나자 또 따로 볼 것이 생기는데, 모양마다 기이함을 나타내어 이내 나타났다가 이내 숨어버리니 참으로 장관이다.

　물이 돌아서 못이 되었는데 그 이름이 시담(詩潭)이다. 석벽 위에 한 바위가 있는데 모양이 거북과 같기 때문에 이름을 구담(龜潭)이라고 한다. 이때 보니 흰 구름이 멀리 석벽 위에 나오고, 외로운 소나무는 거꾸로 돌이 이어진 곳에 났는데, 소나무에는 황새와 학의 집이 많아서 새소리가 마치 하늘 위에 있는 것과 같으니 참으로 이상한 구경거리이다.

峰盡卽爲龜潭下曲見石壁列立參天翳日平鋪十餘里曲曲競秀萬丈石屛逶遠江水小舟徐過入一曲時奇怪可愛纔度一曲又生別觀面面逞奇遞發遞隱洵是壯觀一曲而爲潭卽名詩潭石壁上有一巖形如龜故名龜潭時見白雲迥出於壁上孤松倒生於石縫松多鸛鶴之巢磔磔之聲如在雲霄上眞詭異之觀

강 기운은 맑고 서늘하여 길이 가을과 같고
기이한 바위는 거듭 쌓여 거북의 머리와 닮았네.
구름 구름이 지나는 기둥엔 날던 학이 쉬어가고
물밑에 어리는 빛은 조는 갈매기에게 다가가네.
고하·우열은 명사가 시를 아끼는 것과 같고
깎아 이룬 것은 이내 조물주로 하여금 근심하게 하네.
병풍은 백 길이 넘고 난간은 천 굽이인데
벌여 놓은 것이 마치 화폭을 가지런히 한 듯 하네.

江氣淸涼長似秋　奇巖重疊倣龜頭.
雲間逈柱休過鶴　水底遠光襯睡鷗.
題品若爲名士愛*　劚成應使化工愁.**
屛風百丈欄千曲　鋪置依如畫裏收.

* 제품(題品): 고하·우열을 판정함.

** 화공(化工): 조물주, 조화의 묘, 자연의 기교 등.

◀ 구담봉(이방운)

　이은상의 기행문에서도 구담봉의 모습을 확인할 수 있다. 강물 위에 비친 구담봉의 절벽을 겨드랑이에 끼고 있다. 이는 마치 자신이 조물주가 된 듯한 기분으로까지 이어진다.

　　겨드랑에 절벽을 끼고
　　강물 위를 미끄럼쳐 간다
　　누구나 나를 보면
　　하늘서 오는 줄 아리
　　구담에 비친 그림자
　　들여다보다 나도 속았네.

　근래의 문인들도 여지없이 구담봉을 시로 노래한다.

현대인이라고 아름다운 절경에 대한 느낌이 없을 수 있겠는가.

> 구담봉(龜潭峯) 머리끝에
> 선학(仙鶴)이 푸득인다
> 천년을 물 속 도사린
> 큰 뜻이 우람쿠나
> 어느 제 하늘 갈련가
> 내 벗으로
> 예 머문 거북
>
> ― 조남두「구담봉(龜潭峯)」*

* 한국문인협회단양지부, 『단양문학』 제12호, 2000.

구담봉에는 옥소 권섭의 무덤이 있다. 그는 말년을 제천시 봉양읍 신리에서 보내고 사후에는 자신의 유언에 따라 그의 두 아내와 손자와 함께 구담봉에 묻혔다. 그는 나라에서도 알아주는 큰 시인이었으나 명성에 비해 세상에 알려진 바는 극히 미미하였다. 그도 그럴 것이 제천 지역에서 득세하고 있는 안동 권씨 집안에서는 선생의 유고집을 가문의 궤 속에 깊이 담아 둔 채로 세상에 알리지 않았기 때문이다. 뒤늦게 박요순이 이를 발굴·연구·정리하여 1993년에『옥소 권섭의 시가 연구』를 탐구당 출판사에서 출간했고, 이를 계기로 권섭의 명성이 점차 알려지게 되었다.

단양을 찾아온 많은 시인 묵객 가운데 최고의 문인은 권섭權燮이라고 해야 할 것이다. 조선의 시가문학 대가

♣ 권 섭(權燮 : 1671~1759)

본관은 안동(安東), 호는 옥소(玉所)・백월(百越). 서울 출생으로 문장가인 백부(伯父)에게서 23년간 배우고, 장인인 진위군수(振威郡守) 이세필(李世弼)에게서 경사백가(經史百家)를 배웠다. 숙종의 세자책봉 문제로 송시열(宋時烈)이 사사(賜死)되자 상소를 올려 그 억울함을 호소하였다. 과거에 낙방한 후 시주(詩酒)를 벗하여 전국을 유람하였다. 한시와 가사・시조에 능하여 567수의 한시를 지었으며, 그의 유고인 『옥소고(玉所稿)』 13권이 1938년에 간행되었다.

로는 송강 정철, 노계 박인로, 고산 윤선도를 꼽는다. 박요순은 권섭의 시가가 이들 세 거물들과 비교해서 질적인 면이나 양적인 면에서 하등 손색이 없다고 한다. 권섭의 현존하는 작품은 가사 2편, 시조 75수, 한시 567수가 있다. 문집이 삭고 헤지지만 않았다면 작품 수는 이보다 더 많았을 것이다. 그러나 애석하게도 궤 속에서 300여 년을 잠자는 동안 많은 부분이 못쓰게 되었다.

  권섭의 작품은 문학사적으로도 의의가 크다고 한다. 당시는 임진왜란과 병자호란이 끝나고 점차 사회가 안정되어 가고, 실학사상이 꿈틀대기 시작하던 무렵이었다. 문학에서도 기존의 양반 중신의 문학이 평민 중심으로 옮겨가던 때였으므로, 당시 대표적 사대부 출신인 권섭의 작품들은 그러한 변이 과정을 연구하는 데 중요한 사료가 된다. 그가 태어나던 해에 공교롭게도 고산 윤선도가 죽었다. 그러므로 윤선도의 시가문학에서 권섭에게로 이어지는 국문학사의 변이 과정은 더욱 흥미로운 것이 된다.

  권섭은 평생 벼슬을 하지 않고 탐승을 즐기며 많은 유작을 남겼다. 그가 벼슬하지 않고 전국을 유람할 수 있었던 것은 그의 가계가 모두 고관대작에 있었고, 전국 각지에서 활동하고 있었기 때문이다. 그는 89세라는 수를 누렸는데 죽기 얼마 전까지도 탐승을 멈추지 않았다고 한다. 벼슬을 하지 않은 이유에 대해서는 권섭의 당대가 가장 당쟁이 치열했던 시대로 백부의 스승인 송시열이 사사되고, 또 그의 친인척으로 당쟁의 소용돌이에 휘말려 사사된 이가 서넛 있는데, 타고난 예술가적 기질의 권섭이 어려서 이러한 정치의 생리를 간파한 후에 본능적으로 벼슬길을 좋아하지 않았을 것으로 추정한다. 과거를 통하지 않고서도 그에게는 많은 벼슬이 제수되었는데, 그때마다 사양하고 나가지 않았다.

권섭이 단양과 인연을 맺게 된 것은 권상하의 연줄 때문이다. 권상하가 낙향하여 황강에서 학문에 몰두할 때에 그를 찾아 이곳을 와서 주변의 경관을 탐승하게

◀ 단양 소금정공원에 있는 옥소 권섭의 동상과 문학비

* 필자의 「권섭의 황강구곡가 연구」(한국시조학회) 참조.

** 박요순, 『옥소 권섭의 시가연구』, 탐구당, 1993.

된다. 「황강구곡가」도 이때에 지어진 것이다.* 그들 숙질은 황강에서 수 리 떨어진 구담을 정원삼아 수시로 산책했다고 한다. 권상하는 상선암에다 수일암을 짖고 학문에 매진한 사실이 있다. 권상하·권상유 형제와 조카 권섭에게는 단양이 전혀 낯선 곳이 아니었다.** 그래서 단양 공원에는 권섭의 동상과 시가 새겨져 있다. 권섭은 자신이 묻히게 될 구담봉을 「황강구곡가」의 마지막 부분에서 노래하고 있다.

구담(「황강구곡가」 중 10번째임)
九曲은 어드메오 一閣이 귀 뉘러니
釣臺丹筆이 고금의 風致로다
져긔져 別有洞天이 千萬世ㄴ가 ᄒ노라

♣ 이지함(李之菡 : 1517〜1578)

본관은 한산(韓山), 호는 수산(水山)·토정(土亭). 『토정비결(土亭秘訣)』의 저자로 생애의 대부분을 마포 강변의 흙담 움막집에서 청빈하게 지내 토정이라는 호가 붙었다. 목은(牧隱) 이색(李穡)의 후손으로, 현령 이치(李穉)의 아들이며, 북인의 영수 이산해(李山海)의 숙부이다. 어려서 아버지를 여의고 맏형인 이지번(李之蕃)에게서 글을 배우다 서경덕(徐敬德)의 문하에 들어갔다. 경사자전(經史子傳)에 통달하였고, 서경덕의 영향을 받아 역학·의학·수학·천문·지리에도 해박하였다. 『토정비결』은 이지함이 의학과 복서에 밝다는 소문이 퍼져 사람들이 찾아와 1년의 신수를 보아 달라는 요구로 지은 책으로, 이지함과 관계없이 그의 이름을 가탁한 책이라는 주장도 있다. 이지함은 주자성리학만을 고집하지 않는 사상적 개방성을 보였으며, 이러한 까닭으로 조선시대 도가적 행적을 보인 인물들을 기록한 『해동이적(海東異蹟)』에도 소개되어 있다. 또한 이지함이 어떤 사람이냐 하는 김계휘(金繼輝)의 질문에 이이가 '진기한 새, 괴이한 돌, 이상한 풀'이라고 대답했다는 일화는 이지함의 기인적 풍모를 대변해 주고 있다. 1713년 이조판서에 추증되었으며, 아산의 인산서원(仁山書院), 보은의 화암서원(華巖書院)에 제향되었다. 문집으로 『토정유고(土亭遺稿)』가 전해진다.

구곡은 어디인가 일각이 그 누구인가
조대단필이 고금의 풍치로구나
저기 저 별유동천이 천만세인가 하노라

　권섭 외에도 구담봉에는 이지번과 이지함李之菡에 관계된 일화들이 전하고 있다. 이 두 사람은 구담봉을 몹시 사랑하였다고 한다.『조선왕조실록朝鮮王朝實錄』의 '선조수정실록'편에 전하는 이지번에 대한 이야기를 옮겨 보면 다음과 같다.

　선조 8년(1575년 12월 1일). 전 내자시정(內資侍正) 이지번이 사망하였다. 지번은 목은 이색의 후예인데, 가정 병오년 진사에 올랐다. 어릴 적부터 침착하여 장난을 좋아하지 않았으며, 어머니가 병들자 다리를 찔러 피를 받아 약에 타서 드리니 병이 나았다. 상중에 몹시 슬퍼하였고 한결같이 가례를 따라 행하였다. 일찍이 김안로의 재앙을 입어 해도에 유배되었다가, 안로가 패망하자 석방되었다.
　성균관의 추천으로 재랑이 되었으나 사은하고는 출사하지 않다가 뒤에 여러 벼슬을 거쳐 사평이 되었다. 아들 이산해는 어릴 적에 신동으로 일컬어졌는데 윤원형이 자기의 딸을 아내로 삼아 주려 하자, 지번이 즉시 벼슬을 버리고 아우 지함과 함께 단양의 구담 곁에 가 살면서 열심히 학문을 닦고 담박한 생활을 하며 만족스럽게 스스로를 즐기니, 사람들이 그를 구선(龜仙)이라 불렀다. 이황이 그와 벗하여 도학을 권면하였다. 금상 초년에 청풍 군수를 제수하여 옛날 은거하던 곳에서 가깝도록 하였는데, 이황이 강요하여 취임한 뒤 애쓰지 않고도 깨끗하게 잘 다스렸다. 떠나가자 백성들이 그를 사

모하여 비석을 세워 덕을 기리었으며, 후인들은 모두 그의 풍절을 숭상하였다.*

* 단양향토문화연구회, 『조선시대 단양의 역사와 문화』(1998).

또한 이지번은 구담과 오로봉 사이에 칡넝쿨을 가로질러 학 모양의 탈 것을 만들어 칡넝쿨에 매달아 타고 왕래하니 사람들이 신선이라 불렀다는 이야기가 전하기도 한다. 이은상의 기행문에서 이를 노래한 부분이 있어 이곳에 옮겨 본다.

구담봉의 옛 주인이
어디가 계시는고
나무학 타고 올라
바람몰고 다니더니
그날에 학 채 사람 채
구름 속으로 갔나부다.

풍수와 관련해서 전하는 이야기도 있다. 토정 이지함은 가형인 이지번에게 구담봉 부근에 명당이 많음을 말하여 가족의 무덤을 다섯 개나 이쪽을 이장 안치하였다고 한다. 그리하여 당대가 지나기도 전에 이지번의 아들 이산해는 영의정까지 오르는 경사를 이룩하였다는 이야기도 전하고 있다. 단양팔경 곳곳에 이와 비슷한 명당발복형 이야기가 전한다.

구담봉이 가장 잘 보이는 곳에 창하정이란 정자가 있었다. 정자의 실물은 이미 퇴락되어 사라진 지 오래

되고 이름만이 전할 뿐이다. 창하정은 1753년에 글씨로 이름 높은 이윤영이 세웠다. 그 후 헐어진 것을 1768년 단양군수로 있었던 조정세가 다시 세워 일최정—最亭이라 이름을 바꾸었으나 오래 되지 않아 다시 폐허가 되었다. 정조 23년, 이곳을 돌아보던 순사 이태영이 수리를 하다가 끝내지 못하고 돌아가자, 1804년 단양군수 이계원이 이것을 마무리하여 다시금 창하정이라 이름 하였는데 이후에 다시 허물어졌다. 지금은 흔적조차 남아 있지 않는데 그 이름만은 남아 구전으로 길이길이 전하고 있다.*

* 단양군, 『단양의 향기 찾아』, 미래문화사, 2000.

구담봉과 접해 있는 곳에 가은암성이 있는데, 이는 성종成宗 때의 학자 탁영 김일손金馹孫의 단양 「이요루기二樂樓記」에 다음과 같이 기록되어 있다.

강 북쪽 언덕 험난한 위로 올라가 몇 백 걸음 가니 사람이

♣ 김일손(金馹孫 : 1464~1498)

본관은 김해, 호는 탁영(濯纓). 1486년(성종 17)에 생원이 되고, 같은 해 식년문과(式年文科)에 급제하였다. 예문관에 등용된 후, 청환직을 거쳐 이조정랑이 되었다. 성종 때 춘추관의 사관으로, 전라도관찰사 이극돈(李克墩)의 비행을 직필하고, 그 뒤 헌납 때 이극돈과 성준(成俊)이 새로 붕당의 분쟁을 일으킨다고 상소하여 이극돈의 원한을 샀다. 1498년에 『성종실록』을 편찬할 때 앞서 스승 김종직이 쓴 『조의제문(弔義帝文)』을 사초에 실은 것이 이극돈을 통하여 연산군에게 알려져 사형에 처해졌고, 다른 많은 사류도 화를 입었다. 이 일을 무오사화(戊午史禍)라 한다. 이를 계기로 새로 등장한 신진 사림은 집권층인 훈구파에 의해 거세되었다. 중종반정(1506) 후 신원되고, 도승지가 추증되었다. 목천(木川)의 도동서원(道東書院), 청도의 자계서원(紫溪書院)에 배향되었다. 문집에 『탁영문집』이 있다.

숨어 살만한 성이 있는데 옛 이름이 가은암이다. 그 앞에 말을 세우니 안개는 자욱하고 길은 아득하여 그윽히 신선 생각이 일어난다. 그러나 아깝게도 이러한 절경에 이름이 없다니. 그래서 처음으로 단구협(丹丘峽)이라 일컬었다.

▼ 단사핍주(정선)

가은암은 고려 때부터 내려오는 석축으로 된 옛 성으로 『동국여지승람』에는 가은암성이라 되어 있다. 또 고려 말엽에 왜적들이 쳐들어왔을 때에 이 고을 백성들뿐 아니라 제천 청풍 사람들까지 모두 이곳 성에서 피난한 일이 있었던 것을 역시 『동국여지승람』의 기록에서 알 수 있다. 임진왜란 때에도 피란처가 되었던 곳이다.* 『조선왕조실록』의 기록을 살펴보면 다음과 같다.

* 이은상, 『가을을 안고』, 아인각, 1966.

이른바 가은암산이 있어 가은성이라 하는 이곳은 물의 아래쪽이자 장회탄 서쪽인 구담과 접하는 곳에 있다. 모여서 구담의 머리가 되고 또 북으로 구르고 서쪽으로 꺾여서 구담의 허리가 되며 구담의 꼬리가 다하는 곳이 채운봉 자리이니 가은봉은 북쪽으로 구르고 서쪽으로 꺾여서 구부러지는 곳에서 서쪽 오로봉과 상대하고 서쪽 봉우리 사이에는 마을이 있다. 가은암성은 하연하게 남쪽으로 향했으며 그윽하고 깊숙하여 인적이 항상 없다. 마을 밖에는 바위가 물에 접해 있어 집뜰과 같이 임하여 낚시를 할 만하여, 한 굽이가 다하면 절경을 이루니 고인들이 이름하여 가은이라 하였다. 내가 그래서 짚신 신고 죽장을 짚고 고적을 방문하여 생각으로만 즐기던 땅을 찾고자 선인과 약속을 했더니 병으로 인해 세 차례나 기회를 얻지 못했다.**

** 단양군, 『단양의 향기 찾아』, 미래문화사, 2000.

구담봉이 보이는 장회휴게소에 전망대를 만들고 밑에는 단양팔경 관련 자료전시관을 두어야 한다. 단성향토연구회가 조사한 단양팔경 관련 탁본과 사진을 전시해도 좋은 볼거리가 된다. 두향주杜香酒(가칭), 구담 그림

엽서 등을 만들어 지역문화를 알리도록 해야 한다. 정선의 그림, 이방운의 그림 등도 액자에 넣고 수건의 문양에 넣어 상품화하면 좋겠다. 이곳이야말로 단구丹됴의 첫인상이 시작되는 곳이 아닌가.

4

옥순봉과 명기 두향

옥순봉玉筍峰은 희고 푸른 층암 석봉 천여 척이 죽순 모양으로 우뚝 솟아오른 신묘한 형상을 하고 있다. 여러 기봉들은 조화의 묘를 다하여 금강을 방불하게 하는 기상천외한 여러 봉우리들이 늘어서서 산형의 절묘함과 산세의 기복과 굴곡이 자유분방하다. 그림과 시마다 그 멋을 형상화하고 있다.

충주댐으로 인해 남한강의 시퍼런 물이 수심 40미터 정도 차 있고 푸른 소나무와 흰빛의 죽순은 반드시 유람선을 타야만 볼 수 있는 곳으로 단양팔경의 제 일경이라고 이야기한다. 옥순대교가 건설되어 이 일대 절경을 다시 볼 수 있으나 다리에 조망대를 설치하지 못해 아쉽다. 설치하였다면 최고의 관광지가 되었을 것이다. 옥순봉의 모습은 우선 이황의 『단양산수기』에서 찾아 볼 수 있다.

구담봉에서 여울을 거슬러 나가다가 남쪽 언덕을 따라가면 절벽 아래에 이른다. 그 위에 여러 봉우리가 깎은 듯이 서 있는데 높이가 가히 천 길 백 길이 되는 죽순과 같은 바위가 높이 솟아 있어 하늘을 버티고 있다. 그 빛이 혹은 푸르고 혹은 희어 푸른 등나무 같은 고목이 아득하게 침침하여 우러러 볼 수는 있어도 만져 볼 수는 없다. 이것을 옥순봉이라 이름 지은 것은 그 모양 때문이다.

泝灘而進循南厓絶壁下其上諸峰削立如筍高可千百丈突兀撑拄其色或翠或白蒼藤古木縹緲晻靄可仰而不可攀也請名之曰玉筍峰以其形.

옥순봉은 희고 푸른 암벽이 비온 뒤에 죽순이 솟는 것과 같다고 하여 이황이 지은 이름임을 알 수 있다. 단양팔경을 만들게 된 동기는 이황이 상·중·하선암, 도담삼봉, 석문, 사인암, 구담봉을 이름 짓고서 아무리 보아도 옥순봉이 들어가야만 단양팔경이 될 것 같았다. 그래서 당시 청풍부사를 찾아가서 청풍 땅인 괴곡리를 단양에 줄 것을 청했으나 거절당했다.

이황은 돌아오면서 그냥 갈 수 없어 단구동문丹丘洞門* 이라 각명하고 군계를 정했다고 한다. 단구는 단양의 옛 이름이며 '신선이 사는 동네'라는 뜻이다. 후일 청풍부사가 남의 땅에 군계를 정한 자가 누구인가를 알기 위해 옥순봉에 다달았는데, 그 때 글씨가 살아 있고 힘차서 누구의 글씨냐고 묻자 이황의 글씨라 하여 감탄하고 옥순봉을 주었다는 일설이 있다. 이런 연유를 의식하지 않더라도 오늘날 단양팔경은 이 옥순봉을 빼고 '북벽'을 넣는 것이 좋겠다. 이황은 옥순봉의 빼어난 절

* 단구는 단양의 또다른 옛 지명이고 단구동문은 신선으로 통하는 문이라는 뜻이다.

▲ 옥순봉(윤제홍)

경을 보고 시 한 수를 지어 노래하였다. 옥순봉의 절경은 천 가지 형상을 지니고 있는데 신령스러운 느낌마저 준다.

뭇 뫼뿌리는 서에서 동으로 뾰족이 나왔는데
좁게 트인 문은 기운이 있어 비로소 가로로 통하였다.
센물결은 몇 번이나 구름 위에 무너져
겨우 맑은 못에 들어 거울 속을 씻었더라.
천 가지 형상과 신령스런 바위는 귀신이 새긴 솜씨고
신선은 만장 높은 바위 위에 학과 함께 바람속에 노닌다.
숨은 듯 음폭 패인 바위 위엔 이끼가 끼고
영경은 흡시 운선구곡동과도 같다.
바위 서쪽에 서린 기운은 씩씩하고
거울 같은 맑은 물은 환히 열려 안개를 실어가더라.
동을 갈고 눈 뿜어내듯 희부옇게 강에 맑게 달했으나
오똑하기 구슬 같아 병풍이 하늘을 찌른 것 같네.
삼도는 지금 절승의 남겼건만
일관은 옛부터 선인이 되어 올라갔더라.
오는 해에 단양에 봉직하려 했으나
골상이 원래 식만금 재목이 못되더라.
매어 달린 듯 깎아지른 절벽은 하늘에 오르려 하고
새로 갈은 장검은 경중에 꽂혔더라.
누가 달여울에 가로 앉아 시선을 부를 것이며
늦게 취하여 신공의 묘함을 알 수 있으랴.
일 많은 내 가을 얼굴을 한번 쓰다듬으니
푸른 물결 가운데 옥 같은 병풍이 높이 꽂혔네.
누가 능히 신선을 불러와서

묘하게 깎고 새긴 공을 같이 상줄 수 있으랴.

衆壑趨西出自東　峽門餘恕始橫通.
幾爭激浪崩雲上　纔入靑潭拭鏡中.
鬼刻千形山露骨　仙遊萬仞鶴盤風.
隱岩南畔苔磯石　靈境依然九曲洞.
元氣西蟠壯一邊　開悵靈境畜風烟.
磨銅噴震淸連漢　矗玉圍屛峰極天.
三島至今留勝跡　一官從右号登仙.
年來欲乞丹砂俸　骨相元非食萬錢.
懸崖峭壁欲勝空　長劍新磨揷鏡中.
誰喚詩仙橫月艇　醉拈挾免幼神工.
多事秋容一掃空　玉屛高揷碧波巾.
何人能喚神仙到　共賞神刓鬼刻工.

　김창협은 그의 뛰어난 문장력으로 옥순봉을 찾아서 시 한 수를 지었다. 단양에 이르러 세 가지 수려함을 취할 수 있다고 즐거워하고 있다. 배를 재촉하여 다다른 곳이 옥순봉이다.

　단양에 내 이미 이르렀으니
　세 가지 수려함을 좇아 취할 수 있으리.
　맑은 물은 고요한 연못에 잠기어 있고
　푸른 봉우리의 형세는 자주 바뀌어 가네.
　자욱한 그림자는 구름과 안개의 기운이며
　흐드러진 하늘은 채색한 비단이네.
　이른 아침인데 어찌하여 우두커니 지체하는가

깃을 맨 몌목은 어디에 있는가.
더디게 따라 오는 배야
노 저어 오기를 게을리 하지 마라.
길이 늘어선 오로봉이
고개를 숙이고 나와 서로 마주하는 것 같네.

丹丘我已到　三秀若可采.
綠潭靜淵淪　靑峯勢屢改.
映鬱雲霞氣　橫空如錯綵.
旱蓋倚延佇　羽旗查何在.
遲遲後來船　鼓枻來勿怠.
森然五老峰　揖我如相待.

이중환의 「산수록山水錄」에서도 옥순봉의 모습을 확인할 수 있다. 옥순봉은 마치 거인이 손을 잡고 서 있는 듯하다고 하였다.

　채운봉과 옥순봉의 이봉은 만인(萬仞)이나 되는 봉우리가 순전히 돌이며, 특히 옥순봉은 우뚝 솟아 거인이 손을 잡고 서있는 것 같다. 내가 배로 옥순봉을 지나다가 시 일련을 얻었으니 가로되, 지상의 형상이 높은 것은 단아한 선비가 서 있는 것 같고 파심(波心)에 그림자 움직이는 것은 노룡이 번득이는 것 같다. 정신이 수발(秀發)한 것은 강산의 빛이요 기세가 높이 뻗은 것은 우주의 형상이다.
　采雲玉荀二峰 萬仞純是一石而 玉荀尤挺直 如臣人拱立 餘舟過玉荀 得一聯曰 地上形高端士立 波心 影動老龍翻 精神秀發江山色 氣勢高撑宇宙形.

『금강산·사군유산기』에도 옥순봉에 관한 기록이 보인다. 옥순봉의 모습이 기이하고 사랑스러워 금강산의 억경대臆鏡臺와 견줄 만하다고 하였다. 그리고 사군의 경치 중에서 옥순봉이 제일이라고 극찬하고 있다. 「사군별곡」을 통해서 그러한 감회를 노래하고 있다.

 또 조금 내려오니 옥순봉(玉峋峯)이란 것이 있었고, 그 아래에 '단구동문(丹丘洞門)' 네 자가 있는데, 퇴옹(退翁)의 필적이었다. 소의 옥순봉이란 것은 형태가 기이하고 형상이 사랑스러웠다. 열립한 봉우리는 바로 금강산의 억경(臆鏡臺)과 같았다. 단구동문 네 자도 봉래옹(蓬萊翁)의 원화동천(元化洞天)의 뜻과 의도하지 않았음에도 같은 것이다. 기이한 형상과 아름다운 자취가 제형(兄弟)일 뿐만 아니니, 사군(四郡)의 경치 중 이것이 최고가 된다고 할 것이다.
 又少下有玉峋峯者 其下有丹丘洞門四字 乃退翁筆也 所謂玉峋峯者 形奇狀愛 列立數峯 正如金剛之億景 丹丘洞門四字 又与蓬萊翁元化洞天之義 不謀而同 奇狀勝迹不翅弟兄 則四郡之勝 此可爲最也.

 龜潭의 비을들러 玉筍峯 느려오니
 비단ㄱ치 고온물결 武陵溪와 엇더ㅎ며
 層層이 괴온바희 億景臺가 되엿느냐.
 이 얼굴 이 氣勢 人傑을 밍굴고져.
 丹丘 洞門은 뉘라셔 지어과더
 無主 江山의 境界을 졍탓말고.
 　　　　　　　─「사군별곡」 중에서

추사 김정희의 시에서도 옥순봉에 대한 감회를 느낄
수 있다.

빈 강엔 둥그런 달만이 비치고
찬 하늘에선 만 가지 바람소리 일어 들리는 듯 하네.
인간 세상의 초목은 원래 한가로이 흐드러짐인데
부용과 모란은 이를 따르지 않네.

照映空江月一丸　　如聞萬籟起蒼寒.
人間草木元閒漫　　不學芙蓉與牧丹.

어디선가 종소리 시원하게 들리는 듯
빈 강에 밝은 저 달 둥실 떴구나.
이것을 인간 세상의 보통 초목에 비유한다면
만 떨기 부용이 제각기 잘난 척할 걸세.

* 이 작품은 원래 조
희룡(趙熙龍)의 작품
이라고 알려져 있다.

無端鐘鼓發蒼寒　　宛轉空江月一丸
若比人間凡艸木　　芙蓉萬朶自珊珊.*

명필의 붓처럼 천둥 번개 몰아치듯
뛰어난 운치 그윽한 정, 먼 물가에 흩어졌구나.
천리 밖에 한 조각돌 주워 가지고
책상 위에 옮겨 놓으면 이 봉우리는 언제고 푸르리.

如人筆力走雷霆逸韻幽情散遠汀.
千里擔挑論片石齋頭移得一峯靑.

『도담행정기』에서도 옥순봉의 모습이 보인다. 옥순봉

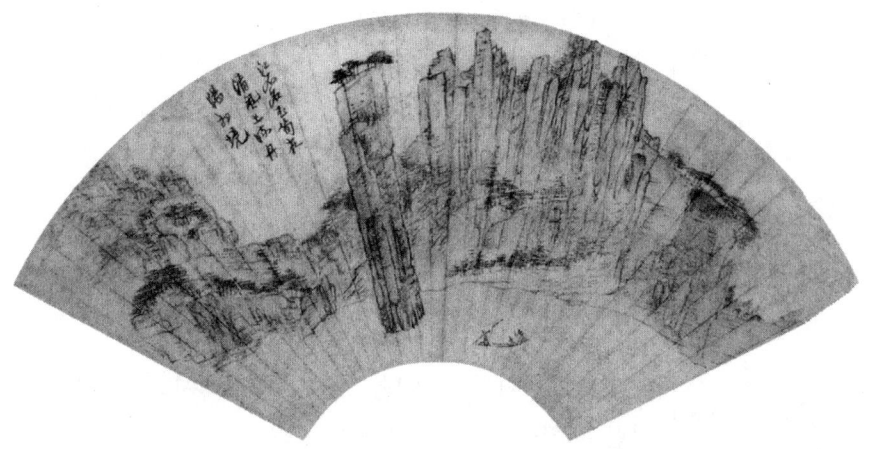

▲ 이윤영이 그린 옥순봉. 희고 푸른 층암 석봉 천여 척이 죽순 모양으로 우뚝 솟아 있다.

의 절경에 빠져 그도 모르게 봉우리 아래에 있는 돌을 가지고 같이 갔던 사람들과 함께 돌 위에 먹을 갈아서 석벽 위에 이름을 남기고 있다.

강 언덕의 석벽(石壁)이 우뚝하게 반공(半空)으로 들어가 외롭게 빼내어 홀로 서서 마치 죽순(竹筍)을 뽑아 모아 세운 것처럼 떨기를 지어 솟아 있는데 이것이 이른바 옥순봉(玉筍峰)이다. 봉우리 아래에는 아름다운 돌이 많아서 나는 같이 갔던 사람들과 함께 돌 위에 먹을 갈아서 석벽 위에 성명을 썼다. 돌을 보니 고금(古今)에 놀던 사람들의 성명이 많이 새겨져 있어 자못 한 조각도 빈틈이 없으니 원중랑(袁中郞)*이 말한 바, "흰 돌과 푸른 산이 죄 없이 자자를 받네."한 것이 바로 이를 말한 것이다. 배 안에서 옥순봉을 바라보니 더욱 기절(奇絶)하여 혹은 묶어 세워서 피리를 불게 한 것과 같고, 혹은 천 개의 부처가 책상다리를 하고 앉아 있는 것과 같아서 무엇이라 모양을 이름지을 수가 없다.

* 명(明)나라 시인 원굉도(袁宏道)의 자(字)가 중랑(中郞)이다. 그의 형 종도(宗道), 아우 중도(中道)와 함께 모두 재명(才名)이 있어, 당시에 삼원(三袁)이라고 일컬었다.

江岸石壁矗入半空孤擢特立有如抽筍攢簇叢圍戌削挺拔卽所謂玉筍峯也峰下多磐石余与同行諸人磨墨石上題姓名於壁上見石面多刻古今游人名姓殆無片隙袁中郎所云靑山白石無罪受黥者政謂此舟中望見玉筍尤爲奇絶或如束立笙簧或如趺坐千佛不可名狀.

이 얼마나 섬세한 관찰인가. 적절한 감탄과 함께 사실적 느낌을 그림처럼 그려냈다. 김홍도와 정선, 엄치욱의 그림도 이런 경지다.「관옥순봉시觀玉筍峰詩」에서 그러한 느낌을 그리고 있다.

한 굽이 바위가 열리니 한결같이 깊은 하늘이라
광사가 되어 신선으로 화하니 기쁘기 그지없네.
제각기 모두 앉아 머리에선 세상사를 잊었는데
눈엔 홍진이 어려 오히려 근심 얼굴에 가득하네.
뜻이 통하는 벗을 가히 '천장석'이라 할 수 있는
운사*들이 한 척의 돛배에 많이 타고 있네.
옥을 깎은 듯 뾰족한 형상은 죽순과 같고
부끄러워 숨는 것은 모란과 흰 연꽃이네.

一曲巖開一洞天喜爲狂士化爲仙.
頭頭皆坐忘機佛面面還愁過眼烟.
知己可稱千嶂石韻人多栽一潭船.
尖尖削玉如新筍羞殺牡丹與白蓮.**

다음의 시는 김삿갓이 친구 김남포의 집에 들렀다가 지었다고 전해지는 시다. 풍자시인 김삿갓의 눈에도 옥

* 운사(韻士) : 시(詩)·가(歌)·서(書)·화(畵) 등에 심취한 사람 또는 운치가 있는 사람.

** 살(殺) : 어조사 살, 어세(語勢)를 강하게 하는 역할의 조사.

순봉은 천하명산으로 보여 더욱 매력적이다.

천하 명산은 옥순봉이요
세상 괴한은 김삿갓이라
사각 송반 죽 한끼에
천광운영 공배회라.

이은상은 옥순봉을 보고 "자연을 다만 자연으로만 보고싶다." 하고, 또 "온 석벽에 푸르고, 붉고, 누른빛이 가을의 잔치를 베풀고 있는 이 옥순봉의 절경을 나는 나대로 보고 그것을 시로써 적어 옛 어른들에게 대답하고 싶다."* 하여 시를 남겼다.

* 이은상, 『가을을 안고』, 아인각, 1966.

옥순봉은 절로 솟아
높고 낮고 제대로를

♣ 김삿갓(金笠 : 1807~1863)

김립의 본관은 안동(安東), 본명 병연(炳淵), 호는 난고(蘭皐). 속칭 김삿갓으로 불리며, 경기 양주 출생으로 1811년(순조 11) 홍경래의 난 때 선천부사로 있던 조부 익순(益淳)이 홍경래에게 항복한 죄로 폐족이 되었다. 당시 6세였던 그는 형 병하(炳河)와 함께 종이던 김성수(金聖秀)의 구원으로 황해도 곡산(谷山)으로 피신, 그곳에서 공부를 하며 성장하였다. 뒤에 사면을 받고 고향에 돌아왔으나 폐족자에 대한 천대가 심하고 벼슬길도 막혀 20세 무렵부터 방랑생활을 시작하였다. 그는 즐겨 큰 삿갓을 쓰고 얼굴을 가리고 다녔으므로 삿갓이라는 별명도 여기서 생겼는데, 전국을 방랑하면서 도처에서 즉흥시를 남겼다. 그의 시 중에는 권력자와 부자를 풍자하고 조롱한 것이 많고, 그런 작품 가운데 뛰어난 것이 많아 민중시인으로도 불린다. 아들이 여러 차례 귀가를 권유했으나 방랑을 계속하여 전라도 동복(同福 : 전남 화순)에서 객사하였다. 작품으로 『김립시집(金笠詩集)』이 있다.

'기둥'이라 '거인'이라
말씀도 많으셔라
내 눈엔 채색붓으로 그린
화폭으로만 뵈네.

옥순봉 이 그림을
누구서 그렸는고
하느님 병풍 한 폭
자랑삼아 뵈시는데
사람을 덜 그렸기로
내가 대신 서 본다.*

* 이은상, 『가을을 안고』, 아인각, 1966.

근래의 문인들도 옥순봉의 절경을 시로 옮긴다.

층층으로 줄 이어 쌓인
옥순 석병(玉筍 石屛) 훈풍(薰風)결에
너풀너풀 풍류(風流)자락 날리며
송강(松江)을 대작할까
남한강 선경(仙境) 감돌아 휘감기는
미기(美妓) 두향(杜香)
옥 가락(曲)아.
— 조남두 「옥순봉(玉筍峯)」**

** 한국문인협회단양지부, 『단양문학』 제12호, 2000.

옥순봉 부근에는 강선대가 있다. 강을 거슬러 올라가다가 보면 왼쪽 산 중턱에 붉은 무덤이 하나 보인다. 바로 기생 두향의 묘이다. 물이 많을 때는 볼 수 없지만 충주호의 담수량이 줄어들면 그 밑에 수십 명이 앉을 수 있는 넓다란 바위가 드러난다. 이것이 바로 강선대다. 그림에도 나타난다. 원래 두향의 묘는 강선대 위쪽에 있었는데, 물이 차 오르며 현재의 위치로 이장한 것이다.

강선대에는 이황과 명기 두향과의 애틋한 사랑이야기가 남아 있다. 두향은 이황이 단양군수로 있을 때 함께 거문고를 타고 선경을 즐기며 사랑을 나눠 정을 깊이 하였다. 뒤에 이황이 임기를 마치고 단양을 떠나가자 두향은 이황을 잊지 못해 강선대 옆에 움막을 짓고 오로지 이황만을 그리워하며 살았다. 기녀인 까닭에 천대와 멸시를 받던 삶이었으나 두향은 난초와 매화만을 가꾸고 몸과 마음을 정갈히 하며 지내던 중 이황의 부음을 듣고 강선대 위에서 강물로 뛰어내려 절개를 지켰다. 숙종 때의 학자인 수촌 임방任埅이 단양 군수로 와서 두향의 무덤에서 추모시 한 수를 읊었다.

외로운 무덤 하나 두향이라네　　一點孤墳是杜秋

♣ **임 방**(任埅 : 1640~1724)
본관은 풍천(豊川), 호는 수촌(水村)·우졸옹(愚拙翁). 송시열(宋時烈)·송준길(宋浚吉)의 문인으로 진사에 이어 1671년(현종 12) 창릉참봉이 되었다. 1689년(숙종 15) 호조정랑 때 기사환국으로 송시열이 유배되고 인현왕후가 폐위되자 사직했다. 1694년 인현왕후 복위와 함께 의금부도사로 복직, 사옹원첨정 등을 지내고 1702년 알성문과에 급제, 장령이 되었다. 이어 대사성 등을 거쳐 공조판서가 되고 1721년(경종 1) 우참찬 때 신임사화로 함종(咸從)에 유배되었으며 금천(金川)으로 이배되어 배소(配所)에서 죽었다. 영조 즉위 후 신원(伸寃)되었다. 문집 『수촌집(水村集)』이 있다.

강 언덕 강선대 그 아래 있네.	降仙臺下楚江頭.
어여쁜 이 멋있게 놀던 값으로	芳魂償得風流價
경치도 좋은 곳에 묻어 주었네.	絶勝眞娘葬虎丘.

영조 때의 문인인 월암 이광려李匡呂도 시로서 두향을 추모하고 있다. 두향의 이름이 사라지면 강선대 또한 없어질 것이라고 하였다. 그만큼 두향과 강선대는 영원히 함께 존재한다.

외로운 무덤이 관도변에 있어	孤墳臨官道
거친 모래에 꽃도 붉게 피었네	頹沙暎紅萼
두향 이름이 사라질 때에	杜香明盡詩
강선대 바윗돌도 없어지리라.	仙臺石應落.

후에 사람들은 두향의 애틋한 마음을 기리기 위해 두향이 생전에 살던 강선대 옆 움막 곁에 무덤을 만들어 주고 매년 5월초에 두향을 위하여 두향제를 올려 주고

♣ **이광려(李匡呂 : 1720~1783)**

본관은 전주(全州), 호는 월암(月巖)·칠탄(七灘). 학행으로 천거되어 참봉에 임명된 적이 있을 뿐 관직에 나아가지 않았다. 개성을 존중하는 양명학을 바탕으로 하고 있었으므로 시문 역시 명분이나 격식에 구애되지 않고 자연 그대로의 성령을 발현하는 방향으로 중요한 성과를 거두었다. 또한 학문에 실용적인 성격이 강하여, 비록 성공하지는 못하였으나 각처에 고구마 종자를 수소문하여 시험재배하였다. 이 일은 조엄(趙曮)에 의해 고구마가 전파되기에 앞선 일이었으며, 강필리(姜必履)가 어느 정도 재배에 성공하고 고구마 전문서적을 편찬하는 데 직접적인 영향을 끼쳤다. 문집으로 『이참봉집』을 남겼다. 노자(老子)를 연구하여 「담로후서(談老後序)」를 저술하기도 하였다.

▶ 이황과의 애틋한 사랑이야기를 간직하고 있는 두향추모제(단성향토사연구회, 장신일 회장)

있다.* 일제 강점기까지는 이 일대 기방패가 지냈다고 알려져 있다. 이곳 장회를 지키는 우태옥은 다음 시를 남겼다.

우리들 오손도손 한마을 같이모여
기쁨도 어려움도 다함께 하였건만
고향을 떠나가자니 마음둘바 몰라라.

우리들 아기자기 함께모여 하던 의논
어느곳 같이 모여 옛이야기 하오리까
정든 땅 떠나가려니 가살곳이 어딘고.

우리들 수몰로서 나라가 잘된다면
다같이 기쁨으로 마음을 달래시고

* 단성향토사연구회 관련 자료 참조.

새터전 만만세 빌고빌며 아픈마음 달래세.

강선대와 마주보이는 강 건너편에는 이호대라는 바위가 있어 강물 소리와 어울려 지나가는 객들의 발걸음을 여지없이 끌어당겼다고 전한다. 조선조 중종대에 단양에 이른 주세붕周世鵬이 바위의 이름을 이호대라 짓고 시를 써서 이를 기념하였다는 기록이 있다. 옛날 유학자들은 좋은 바위만 보면 다소 흥분하는 기질이 있지 않나 싶으나 현재는 충주호 물 속에 잠겨 있어 볼 수가 없다. 주세붕은 한국 최초의 서원인 백운동서원을 세운 사람이다. 동년배들과 이호대에 들러 놀고 가던 중에 시를 지었다.

이호대변에 운색이 깊었는데
석주탄에 임하니 물소리는 길게 나더라.
형인가 아우인가 동년배니 분별키 어려운데

♣ **주세붕**(周世鵬 : 1495～1554)
본관은 상주(尙州), 호는 신재(愼齋)·손옹(巽翁)·남고(南皐). 경상남도 함안군 칠원(漆原)면 출생으로 주자(朱子)의 백록동학규(白鹿洞學規)를 본받아 사림자제들의 교육기관으로 백운동서원(白雲洞書院:紹修書院)을 세워 서원의 시초를 이루었다. 그리고 서원을 통하여 사림을 교육하고 또한 사림의 중심기구로 삼아 향촌의 풍속을 교화하려는 목적으로, 재정을 확보하고 서원에서 유생들과 강론(講論)하는 등 열성을 보였다. 「도동곡(道東曲)」, 「육현가(六賢歌)」, 「엄연곡(儼然曲)」, 「태평곡(太平曲)」 등 장가(長歌)와 「군자가(君子歌)」 등 단가 8수가 전한다. 청백리에 녹선되고, 예조판서에 추증되었다. 칠원의 덕연서원(德淵書院)에 배향되고, 백운동서원에도 배향되었다. 저서에 『무릉잡고(武陵雜稿)』, 편서로 『죽계지(竹溪誌)』, 『동국명신언행록(東國名臣言行錄)』, 『심도이훈(心圖彛訓)』 등이 있다.

▲ 옥순봉(엄치욱)

대도 없고 줄도 없건만 산수는 거문고 소리와 같다.
산골 바람과 열기는 어느 옛날에 열렸는고
이호대의 명칭은 천지에 이제부터 비롯된다.
인간 세계에도 단양 땅과 같은 명승지도 있는데
구태여 선경을 찾을 필요는 어디 있느냐.*

* 단양의 사상은 역동 우탁 등 성리학적 도교의 자취가 보인다.

 장회나루 휴게소에 관광대, 전시관, 이황·두향 추모관 등을 마련하여 옥순봉과 구담을 느낄 수 있도록 해야 한다. 팔경제보다는 두향제의 예전 모습을 살려 봄 시서화 축제로 자리매김해야 한다. 두향제의 가치는 인물 추모제만이 아니라 단양팔경의 조선적 예술 실태를 담을 수 있는 향토축제라는 점에서 중요하다. 이황의 흔적 중에 지역에 뿌리내려 정신적으로 승화된 지역이 이곳 이외에는 없다. 두향의 풍류적 삶은 단양팔경을 찾아오는 사람들에게 감동을 주었고 그래서 단양팔경이 널리 회자되었던 것이다.

5
상선암과 권상하

상선암上仙岩은 깊게 숨어 있었다. 기기묘묘한 암벽이 감싸져 있고 주변에 도락산의 인자한 모습이 보인다. 흐르는 물과 맞붙은 경천벽, 와룡암, 일사대, 차일암, 명경담, 학주봉, 광영담, 상금교가 있어 신선의 나라에 와 있는 듯한 느낌을 준다. 길고 넓다란 바위 위로 50여 미터를 맑은 물이 흘러가다가 명경담에 이르러 작은 폭포를 이루고 내는 소리는 보는 사람마다 감탄을 자아낸다. 주변의 산세는 풍수지리설에서 옥녀가 베틀을 놓고서 짜는 형상 곧 '옥녀직금형'으로 옛부터 많은 풍류객이 찾던 곳이다. 주변에 울창한 숲과 노송, 넓다란 흰 바위와 맑고 끊임없이 흐르는 물이 조화를 이루며 뿜어대는 운무는 밤낮없이 이곳의 공기를 맑게 해 주어 노래 공부하고 목소리를 가다듬는 곳으로 아주 적당한 곳이다.

상선암에는 상선사라는 절이 있는데 옛 이름은 선암사仙岩寺였다. 신라 의상대사가 창건하였다고 전하며, 그 후 1822년과 1857년에 각각 재건축하였다. 한일합방 시

▲ 기기묘묘한 암벽으로 감싸여있는 상선암

기에 헐려 폐허가 되었고, 6·25 전쟁 때도 불에 타는 고초를 당해야 했다. 그러한 역사가 있는 상선사에는 예부터 상선암上禪菴이라는 암자가 딸려 있었다.

상·중·하선암을 통틀어 삼선암三仙巖이라 하는데, 이황의 『단양산수기』에서 모습을 확인할 수 있다.

    남천 위에 불암이 있는데 바위는 두 산의 골짜기에 있는 절벽 밑에 있다. 흰 담요처럼 겹겹이 쌓인 바위가 세 층으로 물이 그 사이로 흘러 돌면서 세차게 폭포가 되어 아래로 떨어져서 한 웅덩이를 이룬다. 웅덩이 위에 석대가 있어 천연으로 만들어져 평탄하다. 그 동쪽에 여러 돌이 서로 의지하고 서 있는 것이 있어 마치 음식을 늘어놓은 것 같다. 바위의 사면에는 봄에는 철쭉이 피어 마치 깊은 노을과 같고, 가을에는 단풍이 비담 바위에서 불타는 것과 같아서 진실로 다른 지경 중에 뚜렷한 것이니, 임후(林侯)가 불(佛)을 선(仙)으로 고친 것은 참으로 잘 한 일이다.

南川之上有曰佛巖巖在兩山之夾丹厓之下盤礴于溪上百餘步 若白雪平鋪素氈疊積者凡三層而水流其間濚洞汨瀷落於下層之 下匯爲一泓綠淨可鑑鯈魚十數尾潑剌而游當泓之上石臺天成平 坦膩滑可坐而觀魚也其東有衆石相倚而立如衙䨱然空其下爲广 可避風雨也巖之四際春則躑躅如蒸霞秋則丹楓如爛錦巖固異境 之尤者林侯之改佛爲仙甚善.

상선암은 권상하權尙夏와 관련이 깊은 곳이다. 권상하 가 이곳에서 수도하였는데, 상선암에서 즐겨 산수와 벗 했으며 수일암을 세웠다. 특히 경천벽을 좋아했다고 한 다. 그리고 다음과 같은 시를 남겼다.

궁벽한 곳에 이르러　　　　　　　　　　行到地窮處

♣ 권상하(權尙夏 : 1641~1721)

본관은 안동, 서울 출생. 호는 수암(遂菴)·한수재(寒水齋). 1660년(현종 1) 19세로 진사(進士)가 되었으나, 송시열(宋時烈)·송준길(宋浚吉)을 스승으로 학문에 전심했으며, 송시열의 수제자가 되었다. 1675년(숙종 1) 송시열이 1659년(효종 10)에 있었던 자의대비의 복상문제로 덕원부(德源 府)에 유배되고, 남인들이 득세하자, 청풍(淸風)의 산중에서 학문에 힘쓰며 제자들을 모아 유학 을 강론하는 한편, 정·주(程朱)의 서적을 교정했다. 숙종의 총애를 받아 우의정·좌의정 등에 임명되었으나 모두 사양했다. 이이(李珥)를 조종으로 하여 송시열에게 계승된 기호학파의 지도 자로서, 이이가 주장하는 기발이승일도설(氣發理乘一途說)을 지지하였다. 글씨에도 뛰어났으며 충주의 누암서원(樓巖書院), 청풍의 황강서원(黃岡書院), 정읍의 고암서원(考巖書院), 성주(星州) 의 노강서원(老江書院), 보은의 산앙사(山仰祠), 예산의 집성사(集成祠), 송화의 영당(影堂) 등에 배향되었다. 문집에 『한수재집(寒水齋集)』『삼서집의(三書輯疑)』 등이 있다.

* 거연(居然) : 마음이 평정한 상태 또는 외물(外物)에 이끌리지 않는 상태.

천석(泉石) : 샘과 돌, 전하여 산수의 경치.

** 모동(茅棟) : 풀로 엮어 만든 마루.

구름 헤치니 길이 한층 위험하네.　　披雲路轉危.
돌이켜 천고의 비밀을 찾으니　　　還探千古祕
이내 매우 기이한 것 얻었네.　　　便得十分奇.
학이 떠나 자취를 찾을 수 없으니　鶴去尋無跡
신선이 놀던 때는 그 언제이던가.　仙遊間幾時.
외물에 이끌리지 않는 나는 자연이니　居然我泉石*
모동에서 백년을 기약하리라.　　茅棟百年期.**

　권상하의 동생인 권상유權尙遊가 후일 상선암에 들러 친형인 권상하를 추억하며 시를 한 수 읊었다. 권상유가 가형인 권상하를 생각하는 정이 각별하게 드러나 있다. 상선암의 절경 곳곳에서 권상하의 체취를 느낄 수 있다.

　선동을 몇 년 지나 이제 다시 찾으니
　수암의 자취가 계곡과 숲 속에 흩어져있네.
　경천벽의 쭈뼛함은 겹겹이 바위 형상이며
　수옥천의 맑은 물은 담담한 마음이라.

♣ **권상유**(權尙遊 : 1656~1724)

본관은 안동, 호는 구계다. 도학자인 맏형 상하(尙夏)를 스승으로 섬긴 뒤에 송시열(宋時烈)의 문하에서 수학하였다. 1694년(숙종 20) 알성문과에 병과로 급제하여 승문원에 등용되고, 사국·삼사의 벼슬을 역임하였다. 1703년 수원부사가 되어 관리들의 비행을 모두 적발하였다. 1706년 대사간, 이조·예조·공조의 참의, 전라도·평안도 관찰사 등을 거쳐 호조판서를 두 번, 예조판서·한성부판윤을 지낸 뒤 우참찬을 지냈다. 그 뒤 이조판서가 되어 숨은 인재를 많이 등용하였으나, 1721년(경종 1) 신임사화에 노론이라 하여 탄핵을 받고 삭직, 문외출송(門外黜送)되었다가 이듬해 풀려 나왔다. 성리학에 밝았으며, 『논어』와 『주역』에 관통하였다.

인사의 변화를 어찌 다 설명할 수 있겠는가
늙은이 이 곳에 이르려니 옷깃이 배나 젖는구나.
산간을 더디 좇아 계류로 나오니
걸음 걸음 더디어서 날은 이미 저물더라.

仙洞機年今得尋　　小車遺躅散擔林.
擎天壁屹岩岩像　　漱玉川明淡淡心.
人事易遷郡可說　　殘生到此倍沾襟.
山間晚逐溪流出　　步步遲回日欲況*

* 지회(遲回) : 천천히 거닒음.

윤봉조尹鳳朝는 조선시대의 문신으로 벼슬이 대제학에 이르렀으며 문장으로 이름이 높았다. 그도 상선암을 찾아 시 한 수를 남겼다.

하룻밤 조용한 산사에서 유숙하며　　一宿依禪靜
높은 데서 세상의 험함을 염려하네.　　高居念世危.
자연은 본디부터 절색이며　　　　　　山林自絶色

♣ **윤봉조**(尹鳳朝 : 1680~1761)

본관은 파평(坡平), 호는 포암(圃巖). 1705년(숙종 31) 증광문과에 병과로 급제, 지평·정언·부수찬 등을 역임하였다. 1713년 암행어사가 되고, 이조좌랑·부교리·응교(應敎)·승지(承旨)를 거쳐 대사간에 승진되고, 이어 우승지로 나갔다. 경종이 즉위하면서 소론이 집권하자 사직, 은퇴하였다. 1725년(영조 1) 승지에 재등용되어 곧 이조참의가 되고, 다시 부제학으로 실록도청당상(實錄都廳堂上)을 겸하여 『경종실록』 편찬에 참여하였으며, 이듬해 예조참판이 되었다. 1727년 정미환국으로 노론이 숙청될 때, 앞서 1725년 방만규(方萬規)가 탕평을 배척하는 상소문을 올린 일에 관련되어 파직되었다. 삭주(朔州)에 유배, 이어 정의(旌義)에 안치되었다. 1741년 공조참판에 등용되고, 1743년 부제학, 1757년 우빈객(右賓客)이 되었으며, 다음해 대제학에 올랐다. 문장에 능하여 특히 소차(疏箚)가 유명하였다. 문집에 『포암집』이 있다.

수석은 예로부터 기이하다 하네.	水石舊聞奇.
어지러운 현실을 알지 못했을 것인데	不識香昏地*
누가 신비한 것을 개척했던고.	誰聞思秘時.
길이 노래 부르니 계수나무 움직이고	長歌勤桂樹
술잔을 부여잡고 신선을 기약하네.	把酒間仙期.

* 향혼지(香昏地) : 향기로우며 어지러운 땅, 곧 현실 세계를 일컬음.

 병계 윤봉구尹鳳九는 그의 부친이 두 번이나 아내를 잃고 완산 이씨를 만나 세 번째 장가들어 얻은 아들이다. 결혼 첫날 밤 그의 모친인 이씨의 꿈에 어떤 여인이 나타나, "나는 당신 남편의 전처이다. 두 번째 들어온 여인이 나의 자식들을 학대하며 조상을 섬기지 않기에 나는 그를 죽게 하였다. 하지만 당신은 본심이 착한 사람이니 좋은 아들을 낳게 해주리라."하고 사라졌다. 그런 일이 있은 후 두 아들 봉구와 봉오를 얻었다. 이처럼 기이한 인연으로 태어난 그는 어려서부터 남달리 총명하여 열심히 정진하였다. 상선암을 찾아 그 아름다움에 도취되어 시 한 수를 남겼다. 상선암에 깊이 다가가면 갈수록 상선암이 지닌 매력에 도취되어 간다.

♣ **윤봉구**(尹鳳九 : 1681~1767)
본관은 파평(坡平), 호는 병계(屛溪)·구암(久菴). 1714년(숙종 40) 진사시에 급제, 1725년(영조 1) 청도군수, 1738년 집의를 지냈다. 1741년 주자를 송시열의 영당에 추봉하게 하여 삭직되었다가 재등용되어 자의·찬선 등을 거쳐 판서가 되었다. 한원진(韓元震)과 함께 호락논쟁(湖洛論爭)에서 호론을 주장하였다. 강문팔학사(江門八學士)의 한 사람이다. 문집에『병계집(屛溪集)』, 저서에『화양존주록(華陽尊周錄)』이 있다.

한층 한층 오를수록 경치 변해 좋으나	一層登更好
높이 오를수록 흐트러진 절벽 위험하네.	高躡散言危.
단지 중선암에 이르면	只到中巖去
상선암의 기이함 알기 어렵네.	難如上處奇.
심심*을 숨기어 스스로 아름다우니	藏深心自美
어찌 때가 없을까.	癸秘豈無時.
땅은 실상 인간으로 승하지만	地實因人勝
고담과 같이 경이로운 시기가 있을 것이다.	鈷纆賀有期.

* 심심(深心) : 묘리(妙理)와 선도(善道)를 구하는 마음, 깊이 귀의하는 마음을 말한다.

　권상하의 제자인 한원진韓元震도 상선암을 찾아 그 경치의 아름다움에 매혹되어 시 한 수를 남겼다. 가볍게 차려입고 나선 산행이지만 상선암에 오르는 길은 그리 쉽지 않다. 하지만 상선암의 절경을 보고 나서는 산에 오르는 고행이 언제 그랬냐는 듯 잊혀진다.

가벼이 차려입고 일찍이 노닐었는데	杖履曾遊處
오르고 오를수록 외길 위험하네.	登登一逕危.
선인의 인자함과 슬기로움은 크고	先生仁智大

♣ 한원진(韓元震 : 1682~1751)

본관은 청주(淸州), 호는 남당(南塘). 송시열의 학맥을 이은 서인으로 권상하(權尙夏)의 제자다. 그는 과거에 뜻을 두지 않고 학문에 전념하였다. 1717년(숙종 43) 학행으로 천거되어 영릉참봉으로 관직에 나갔다가 경종 때에 노론이 축출될 때 사직하였다. 1725년(영조 1) 경연관으로 출사하였으나 영조에게 소론을 배척하다가 삭직되었다. 그후로 장령·집의에 임명되었지만 응하지 않았으며, 이조판서가 추증되었다. 문집으로 『남당집』이 있으며, 송시열과 스승 권상하의 사업을 이어받아 50년만에 『주자언론동이고(朱子言論同異攷)』(1741)를 완성하였다. 그밖에 『역학답문(易學答問)』『의례경전통해보(儀禮經傳通解補)』 등 주역 관계의 저술들과 『장자변해(莊子辨解)』 등의 편저들을 남겼다.

절경의 산수는 기이하네.	勝地山水奇.
마을 저잣거리엔 빛이 더하고	洞府增輝日
연기는 주시를 얻네.	烟霞得主時.
다시 내를 가리켜 좋은 때를 물으니	更聞川上指
연하여 구월의 가을빛을 알려주네.	聯指九秋期.

실학자이자 『택리지』의 저술자인 이중환의 「산수록」에서도 상선암의 모습이 보인다. 상선암은 사람의 말소리조차 들리지 않는 별천지別天地로 그에게 다가왔다.

◀ 상선암도(최북)

산중의 대계(大溪)는 석동(石洞)으로부터 계저(溪底)로 흐르고 양안(兩岸)의 돌은 기암괴석이 되었으니 혹은 소봉수(小峯岫)를 이루고 혹은 상탑(床榻)이 전포(展鋪)한 것 같고 혹은 성전포(城磚鋪)와도 같다. 축대위에 고송(古松)과 노수(老樹)가 있어 혹은 쓸어지고 혹은 서로 얽혀서 계류는 길게 뻗쳐있다. 요석은 석조(石槽)에 물담은 것 같고 원형요석(圓形凹石)은 솥에 물 담은 것 같다. 수석은 서로 부디쳐 시끄러우니 옆에 있는 사람의 말도 들리지 않더라. 좌우는 좁고 긴 골짜기로 교림(喬林)은 빽빽하고 울창한데 백조는 재재거리고 실로 별유천지(別有天地)에 와 있는 것 같다.

山中大溪 自石洞流下溪底及 兩岸皆石岸上奇石 惑作小峯岫 惑如床榻展鋪 惑如城磚鋪 築上有古松老樹 惑如或墨綴 溪水到長 凹石則 如石槽貯水 到圓凹石則 如釜盛水 水石相激日夜喧豗 傍水不聞水語 左右峽脊喬林翁鬱百鳥嚘啾實非世間境界.

『택리지』에서도 상·중·하의 삼선암을 아울러 묘사한 부분이 있다. 단양군 서남쪽 골짜기에 있는데 바위의 모양은 가지각색이고, 물소리가 어찌나 큰지 옆에 있는 사람의 말소리조차 듣기 어렵다고 하였다.

삼암은 단양군 서남쪽 골짜기에 있는데, 큰 시내는 석동으로부터 흐른다. 두 언덕은 돌이요, 언덕 위에는 기이한 바위가 조그만 봉우리를 이루거나 침상과 책상을 만들어 놓았거나 성돌을 깨서 쌓은 것과 같다. 위에는 나무가 누워 있거나 흩어져 있다. 시냇물이 거꾸로 쏟아 내려 오목한 곳은 구유에 물을 담아 놓은 것 같고, 마치 가마솥에 물을 담아 놓은 것 같으며, 물과 돌이 서로 부딪쳐 밤낮으로 시끄러워 옆에서도 사람의 말을 들을 수가 없다. 좌우의 돌 등마루에는 큰 숲이 빽빽하고 새들이 지저귀니 참으로 선경이다.

  三巖在丹陽郡西南峽中大溪從石洞流下流下流底及兩岸俱石岸上奇巖或作小峯或作牀榻展布或如城磚鋪築上有古松老樹或偃仆或點綴溪水倒瀉石之長凹者如槽貯水石之圓凹者如鯿盛水水石相激日夜喧豗在傍不聞人語左右石脊喬林蓊鬱百鳥啁啾眞仙境也.

『금강산・사군유산기』에 전하는 「사군별곡」에서도 삼선암의 모습을 찾을 수 있고, 신광수 「단산별곡」을 통해 그 감회를 느낄 수 있다. 다시 못 볼 수도 있다는 조바심으로 삼선암 곳곳을 누비고 있다.

  上中 下仙岩은 쏘 언제 보리이나.
  淸溪 白石의 곳곳이 츳자가니
  시내물 녜는소리 셩내여 디답는 닷
  모든바회 셧는양은 勝負을 결ᄅ는 닷
  形容도 그지업고 体勢도 無窮ᄒ다.
        — 「사군별곡」 중에서

상선암에 올라가니	上仙岩 올나가니
와룡암 누은 폭포	臥龍岩 누은 瀑布
인갑을 떨쳣나듯	鱗甲을 썰쳣ᄂ듯
경천벽 높은 돌은	擎天壁 노픈돌은
뉘손으로 받쳤는가	뉘손으로 밧쳣ᄂ가

        — 「단산별곡」 중에서

추사 김정희도 상선암을 찾아와 시 한 수를 남겼다.

가도 가도 길은 굽어있고 봉우리는 감돌았는데
한 줄기 맑은 샘물 하늘에서 떨어지네.
비록 물길 따라 세상으로 흘러가도
이 다음 바다에 들면 또한 봉래*로 가리.

行行路轉峰廻處　一道淸泉天上來.
縱使有方能出世**　異時歸海亦蓬萊.

* 봉래(蓬萊) : 삼신산(三神山)의 하나로 발해(渤海)에 있으며 신선이 머물고 있다.

** 종사(縱使) : 비록, 가령, 설마 등이다.

한진호의 『도담행정기』에 수록되어 있는 「유상선암시游上仙巖詩」에서 상선암의 모습은 확인된다. 상선암에서의 즐거움으로 인해 돌아가야 한다는 생각도 잊는다. 산사에 있는 스님을 만나 물의 품격을 논의도 해보았지만, 돌아가는 길에는 아쉬움만 남는다.

산골의 물에서 노니니 나막신 굽에 이끼 푸르게 물들고
돌아갈 때를 싱겁게 잊어 석양을 보내네.
돌 위에서 중을 만나 물의 품격 의논하고
숲 사이 절을 찾아 산 빛을 되새기네.
그윽한 지경을 모두 적어 시낭***에 간직하니
이는 찬바람에도 흡족하여 나그네 옷자락 드날리네.
이러한데 우연이라도 신선과 더불지 못해
실망하여 돌아가는 근심, 눈에선 애가 타네.

*** 시낭(詩囊) : 시의 원고를 넣어두는 주머니를 말한다.

澗游屐齒染苔蒼　澹忘歸時度夕陽.

石上逢僧論水品　　林間尋寺記山光.
　　　盡題幽境詩囊貯　　洽受冷風客袂揚.
　　　此間未與神仙遇　　怊悵還愁過眼忙.

　이현동의 기행문에서도 상선암의 모습을 확인할 수 있다. 그 변화함이 무쌍하고, 백척이나 된다. 거기다 절에서 들려오는 종경소리로 더욱더 상선암에 빠져든다.

　상선암은 대사령하(大砂嶺下)에 있으니 한수옹(권상하)이 양암(兩岩)과 더불어 상선암이라 하였다. 상류 가처인 벌천리와 건학리에서 물이 평지에서 합쳐서 못이 되고 돌을 만나서 급류가 되며 그 변화함이 무쌍하여 백척이나 되고 경천벽에 이르러서 담이 되었으니 그리 깊지는 않다. 절을 지나 백 보도 안 되는 근처에 동풍에 종경(鐘磬)소리가 고사에서 들려온다.
　　上仙巖在大砂嶺　寒水翁得之與下兩岩滿上中下數蓋　上流佳處樊川與蹇鶴水合平地爲潭　過石爲湍凡百折　至擎天壁下復爲潭不能深　去寺不百步而近　每東風聞鍾磬群.

　또, 이현동의 아들은 상선암을 찾아 다음과 같은 시를 한 수 남겼다. 초저녁의 상선암은 그로 하여금 많은 생각이 들게 한다.

　　이미 신선의 본이 다했다 일컬으니　　己謂仙源盡
　　어찌 돌길이 통함을 알겠는가.　　　　邪知石逕通.
　　한 중 적막한 산사에 오르고　　　　　一僧寒寺裏
　　외로운 종소리 흰 구름 속에 퍼지네.　　孤磬白雲中.
　　해는 떨어져 흐르는 물 속에 잠기고　　落日臨流水

맑은 바람 맞으며 수암을 기억하네.　　　淸風憶邃翁.
홀연 검은 학의 울음소리를 들으니　　　忽聞玄鶴唳
무궁한 생각 절로 드네.　　　　　　　　使我意無窮.

여기서 근래의 문인이 삼선암의 절경을 노래한 시를 한 편 소개한다. 현대인으로서 느끼는 삼선암에 대한 감회도 옛사람에 비할 만하다.

소매 끝 도는 구름
두둥실 감기는 하늘
퇴계(退溪)선생 기침소리
유곡 산란(幽曲 山蘭) 바람소리
상 중 하 신선(神仙)바위
어깨 춤
물구비여
　　　― 조남두「상·중·하선암(上·中·下仙岩)」*

* 한국문인협회단양지부,『단양문학』제12호, 2000. 단양문학회 나문자 회장이 제공하다.

상선암은 방곡도예촌과 가깝다. 방곡도예마을과 연계한 상선암 복원이 필요하다. 도로는 반대쪽으로 옮기고 본래 상선암 일대는 예전 모습으로 살려야 한다. 도예에도 단양팔경의 시와 그림, 사진을 넣은 작품을 만들고 단양팔경을 찾아오는 이에게 단양팔경의 역사를 도예 만들기로 체험화하는 방안이 요구된다. 주요 그림을 도자기에 빚어 전시하여 단양 도예문화의 가치를 높이고 방곡도예전시관을 활성화해야 한다. 방곡도예촌에 단양팔경의 진수가 살아 숨쉬도록 하면 또다른 즐길거리가 될 것이다.

6
중선암과 김수증

중선암中仙嵒은 삼선구곡의 중심지에 있다. 흰 바위가 층층대를 이루어 맑은 시냇물과 울창한 숲이 있어 많은 관광객과 피서객이 장사진을 이루는 곳이다. 홍수와 축대 쌓기 때문에 옛 그림 속의 중선암이 훼손되었다. 복원해야 하고 '사군산수' 등의 글자에 대한 설명문이 게시되어야 한다.

조선대 효종조 문신 김수증金壽增이 명명했다고 전해지고 있다. 김수증은 조세걸을 시켜 화악산 곡운구곡도

♣ 김수증(金壽增 : 1624~1701)
본관은 안동, 호는 곡운(谷雲). 1650년(효종 1) 생원이 되고, 1652년 익위사세마가 되었다. 형조·공조의 정랑을 거쳐 각 사의 정을 지냈다. 1670년(현종 11) 강원 화천군 사내면 영당동에 복거할 땅을 마련하고 농수정사(籠水精舍)를 지었다. 1675년(숙종 1) 성천부사로 있을 때 동생 수항(壽恒)이 송시열(宋時烈)과 함께 유배되자 벼슬을 버리고 농수정사로 돌아갔다. 그때 주자의 행적을 모방하여 그곳을 곡운(谷雲)이라 하고, 곡운구곡(谷雲九曲)을 경영하면서 화가 조세걸(曺世傑)에게 「곡운구곡도」를 그리게 하였다. 1689년 기사환국으로 수항이 사사되자, 벼슬을 그만두고 화음동(華蔭洞)에 들어가 정사를 짓기 시작하였다. 1694년 갑술옥사 뒤에 다시 기용되어 한성부좌윤·공조참판 등에 임명되나 모두 취임하지 않고 은둔하였다. 당시 성리학에 심취하여 북송의 성리학자들과 주자의 성리서를 탐독하였다. 춘천의 춘수영당(春睡影堂)에 제향되었다. 문집에 『곡운집』이 있다.

를 그릴 정도로 구곡산수에 빠진 인물이다. 그의 음양소식관陰陽消息觀은 단양팔경의 산수관에 영향을 미친 듯하고 이곳을 찾아온 시인묵객에게 조경관으로 자리 잡은 듯하다.

예천 작성산에서 시작된 단양천에 흐르는 물은 거울같이 맑고 깨끗하며 바위가 첩첩으로 포개져 넓고 편편한 층계를 이룬다. 골짜기로 흐르는 맑은 "물 속에서 쌍룡이 승천하였다" 하여 '쌍용폭'이라고도 한다. 백색의 웅장한 바위가 두개 있는데 하나는 옥염대이며 또 하나는 명경대라 부른다. 옥염대 글씨는 유명하다.

도락산의 흰 바위와 노송이 느릿느릿 내려있고, 흰 바위와 푸른 이끼, 화강암석의 빛과 맑은 하늘의 구름이 중선암 물에 비침은 또한 절경이다. 옥염대 암벽에는 1717년 충청도 관찰사 윤헌주尹憲柱의 친필로 새겨진 '사군강산삼선수석四郡江山三仙水石'이라는 글씨가 있다. 이는 단양, 영춘, 제천, 청풍 사군의 아름다운 산과 삼선구곡의 맑은 물과 바위 그리고 산천을 극찬한 글로서

♣ 윤헌주(尹憲柱 : 1661~1729)

본관은 파평(坡平), 호는 이지당(二知堂). 음보로 참봉·봉사를 지내고, 1698년(숙종 24) 알성문과에 장원하여 전적·정언을 거쳐 헌납을 역임하였다. 1716년(숙종 42) 성주목사, 이듬해 충청도관찰사, 이어 형조·병조·호조참판, 도승지를 지냈다. 이듬해 함경도관찰사로 부임, 독직사건으로 용천(龍川)에 유배, 1724년 풀려 나와 한성부판윤, 형조·호조판서를 역임하고 은퇴하였다. 1728년 이인좌(李麟佐) 등의 반란 때 북도안무사로 기용, 분무원종공신에 추록, 좌찬성에 추증되었다.

청나라 연호인 숭정 90년 정유년 가을에 각서하였다. 이러한 각자들 외에도 중선암의 빼어난 경치를 시로 남긴 선인들이 많다. 다음의 시는 삼선三仙 이정의李正儀가 중선암을 찾아 노래한 시다.

붉고 푸른 석벽이 병풍같이 둘렀는데
특히 중간의 선암에 지령이 흩어있네.
누대를 거쳐 선비 이름 가득한데
특히 칠곡의 이끼 낀 바위엔 대부분 조정 인물이네.

丹靑石壁擁如屛　　中有仙岩擅地靈.
百代仙儒名字滿　　七曲苔面半朝廷.

전에는 중선암에 새겨진 이름들이 많았던 모양이다. 현재는 그리 많은 이름이 새겨져 있지는 않다. 아마도 큰물이 있을 적에 모두 지워졌을 것이다. 중선암에 이름 각자가 많았다는 것은 옛 사람의 눈에도 이곳이 다른 곳보다 훨씬 좋았다는 이야기가 된다. 「단산별곡」에서도 중선암의 감회를 느낄 수 있다.

중선암에 들어가니 수석이 요란하다
쌍룡폭 뿜난소래 백일에 뇌정이라
절벽 층대난 귀부로 깎아놓고
추수 한담은 경면을 닦아시니
운영 천광이 상하에 얼이였다.

▲ 흰 바위가 층층대를 이루어 맑은 시냇물과 울창한 숲이 있는 중선암

中仙岩에 들어가니 水石이 擾亂ㅎ다
双龍瀑 쑴눈소래 白日에 雷霆이라
絶壁 層坮는 鬼斧로 싸가노코
秋水 寒潭은 鏡面을 닷가시니
雲影 天光이 上下의 어뢰엿다.
　　　　　　　　　　— 「단산별곡」 중에서

　추사 김정희도 중선암을 노래하였다. 넓은 바위와 맑은 물을 적절하게 잘 표현한 시다. 그림 속의 시처럼 실감나게 묘사하였다.

백 궁쯤 되는 너럭바위가 책상을 포개 놓은 듯
향로와 책 상자를 늘어놓을 만하구나.
그 밖에 엉성한 소나무 그림자 얽히고 설켜
한 편의 글씨가 시냇물에 환히 비쳤구나.

百弓石作疊書床　　可置宣鑪與縹裏.
更有疎松交翠影　　一編文字寫溪光.

　한진호의 『도담행정기』에 있는 「유중선암시游中仙巖詩」에서도 중선암의 모습을 상상할 수 있다. 높이 솟은 산 아래에 각양각색의 바위들이 펼치는 절경에 대한 소문이 물길을 따라 점차 번져 나간다. 중선암의 절경은 돌아가야 할 글쓴이의 발걸음을 붙잡는다.

높이 솟은 산에 돌이 늙고 푸른 것이 많은데

보기좋은 경치와 지혜롭게 아는 것이 단양에 가득하네.
맑고 서늘한 시내 구렁은 신선의 발자취인가 의심스럽고
푸르게 빼낸 숲과 멧부리엔 불광이 보이네.
흐르는 물은 가서 응당 영경으로 샐 것이요
외로운 구름은 나가서 좋은 이름 드날리려 하네.
이제 이곳을 버리고 장차 어디로 향하랴
세속 나그네의 돌아가는 심정은 가는 곳마다 바쁘네.

偃蹇山多石老蒼　瑰觀慧識滿丹陽.
淸凉澗壑疑仙迹　潑翠林巒見佛光.
流水去應靈境泄　孤雲出欲好名揚.
今抛此地將何向　俗客歸情到處忙.

다음의 시는 이현동이 중선암을 노래한 시다. 여기서 고사 종소리라 함은 상선암 절이 아니면 광덕암이다. 광덕암이야 도락산 봉우리를 넘어 있으니 이곳까지 소리가 미칠 리 없다. 그러니 고사의 종소리는 상선암 절의 종소리가 틀림없다. 돌에 미친 우레 소리란 구절은 이곳 중선암의 낙차 큰 물이 떨어짐을 묘사한 것이니 더없이 적절하다.

개인 하늘에 쌍룡이 일어나는 것을 보니
지척간에 고사(古寺) 종소리를 분간하기 어렵더라.
쾅쾅 떨어지는 돌에 미친 우레 소리가
구름 사이에서 한두 봉우리를 드러냈더라.

時空忽見起双龍　咫尺難方古寺鐘.
轟轟落石狂雷響　排出雲間一兩峰.

이은상은 이곳 삼선암을 몸소 찾아서 그 보고 느낀 것을 다음과 같이 표현하고 시를 한 수 읊었다.

그리고 보니 이 골짜기 안에서는 돌인지 신선인지 분간할 길이 없다. 그리고 또 좌우에 둘러선 바위 떼들이 그야말로 어느 높은 스승을 따라온 어진 제자들인지 혹은 어떤 큰 장군의 호령을 기다리는 천병만마인지 다만 자연의 신비를 몸으로 느낄 따름이다. 아름다운 자연 속에 서서 어리둥절한 그

▼ 중선암의 바위글씨. 예전에는 새겨진 글씨가 많았으나 지금은 그리 많이 남아 있지 않다.

것을 일러 우리는 황홀이라고 한다.

돌은 고대 날아갈 듯이
새는 되레 조을고 있고
물은 앞으로 흐르는데
소리는 뒤에 처지네
몸뚱인 여기 섰는데
나는 어디로 갔나.*

* 이은상, 『가을을 안고』, 아인각, 1966.

 산장이 있어 중선암을 찾는 이에게 더없이 좋다. 그러나 이 곳에는 중선암 관련 시서화가 없다. 산장이 중선암의 멋을 살리고 중선암의 시와 그림으로 디자인하면 또다른 명소가 될 것이다. 행락객에게 바위 글씨를 보호하면서 즐길 수 있도록 홍보하고 다른 칠경七景도 반드시 볼 수 있도록 이곳에서 안내해야 한다.

7 하선암과 이황

하선암下仙岩의 절경은 소문나 있지만 도로가 생기면서 격이 많이 떨어졌다. 또 새 도로가 나면서 예전을 잘 복원하지 못했다. 삼선구곡의 첫 경승지로서 3층으로 된 흰 바위는 넓이가 수 백 척이나 되어 마당을 이룬다. 장암 위쪽에 있다. 그 위에 커다란 암석이 하나 덩그렇게 놓여 있다. 그 형상이 완연히 미륵 같아 불암佛岩이라 부르던 것을 조선 성종조 임재광林齋光이 하선암下仙岩이라 개칭하였다고 한다.

하선암의 절경은 이황을 비롯하여 많은 문인들이 시를 읊어 극찬하였다. 신비경을 찾아 온 풍류가인들도 많아서 춘풍추우春風秋雨 사계절을 막론하고 탐방한 발자취를 살펴보면 많은 각자가 있다.

▼ 하선암의 바위글씨

그 중에서도 '명소단룡이'라는 각자가 뚜렷하다. 이황은 하선암 기행을 다음과 같이 간략하게 적고 있다. 그의 눈이 무엇을 보고 그의 입이 무엇을 말하는지는 그를 이해할 수 있는 최고의 방편이므로 사뭇 즐거운 사연이 아닐 수 없다.*

* 이황, 「산수기」.

골짜기에 들어가 맑은 물을 건너고 높은 산에 올라가 절벽에 임하니 사람으로 하여금 이 세상을 떠난 느낌을 자아내게 한다. 산을 내려와 구름처럼 우거진 나무 아래서 맑은 개울을 따라 바위 사이로 6, 7리를 가니 불암(하선암)에 이르는데, 이 바위는 양산에 끼어있다. 울퉁불퉁한 암석을 밟고 산골짜기에 흐르는 개울을 따라 백여 미터 올라가니 흰 눈이 덮여 소단과도 같다. 쌓이고 3층이나 되고 그 사이로 물은 돌고 돌아서 폭포와도 같이 아래로 떨어져서 깊은 물이 되었다. 푸르고 맑은 물에는 고기가 10여 마리나 들여다보이고, 고기는 활발하게 뛰어 놀며 깊은 물 속 바위는 물때가 올

▼ 조남두 시비(단양역 테마공원에 있다)

라 미끄러우나 능히 앉아서 노는 고기를 볼 수 있다. 그 동쪽에 있는 큰 바위는 서로 의지하여 서서 널려 있고 그 공간 아래는 대청같이 되어 비를 피할 수 있다. 부처바위 서쪽은 봄이면 철쭉꽃이 노을과 같고 가을이면 단풍이 좋다.

이황은 하선암을 시 한 수로 극찬하였다. 하선암은 불교와 도교의 구분을 무색하게 할 정도다. 곧 하선암의 절경을 묘사하는 데 있어서는 선암과 불암 중 어느 것으로 불리어도 무관하다고 한다.

백석이 층층으로 된 것은 방석을 겹겹이 널어놓은 것 같고
신공이 교묘하게 갈고 새김을 기다릴 것 없이 훌륭하다.
종교를 불러 운문목에 떨어뜨리니
차가운 대하에 하늘이 열렸더라.
지지는 일찍이 이경이었다는 말을 들었으나
와서 머무니 참으로 속세를 떠난 것을 알겠구나.
섭섭하다 어찌 그 부드럽고 순박한 풍속에 풍류가 없으니
선암을 불암이라 하여 잘못됨이 실로 없구나.
선과 불이 어찌 부드러움에 있어 다르고 같으랴
찬바위가 천고의 백운 가운데 있구나.
술에 몹시 취하는 것을 사양치 않으나
다만 이를 따라 낭옹을 두려워하겠더라.

白石層層疊素壇　神工不得巧磨鐫.
從敎後落雲門水　臺下寒開一鎰天.
地誌曾開異境深　來留直覺隔塵風.
可憐朴俗無風調　枉起仙岩作佛岩.

仙佛何須軟異同　寒岩千古白雲中.
不辭爛作窪樽醉　祇恐從今說浪翁.

　　구봉령具鳳齡은 이황 밑에서 글을 배워 시를 잘 지었다. 그는 충청도관찰사를 역임한 바도 있는데 하선암을 찾아 뛰어난 시문詩文을 남겼다.

도원에서 놀다가 동리로 돌아오니
낙화가 수없이 물을 따라 오더라.
층층 깎아지른 벼랑은 스스로 신선을 불러들였으니
해묵은 바위는 누가 백옥대를 이루었느냐.
아홉 구비 골골의 물빛에 어려 이 자리 앉은 데 바람은 일고
술잔이 지날 때마다 물과 바람과 하늘은 잔에 넘치더라.
인연이 다하지 않았으니 어찌 머무를 수 있으랴.

遊遍桃源洞裏廻　落花無數逐水來.
層崖自作靑瑤障　古石誰成自玉臺.
九曲溪光吹座席　三淸雲物舞行盃.
鹿綠不盡耶堪住.

♣ **구봉령**(具鳳齡 : 1526~1586)

본관은 능성(綾城), 호는 백담(栢潭). 1560년(명종 15) 별시문과에 을과로 합격, 검열이 되고, 홍문관에 등용된 후, 문신정시에 장원으로 급제하였다. 수찬에 임명되고 병조좌랑을 거쳐, 1567년 사가독서를 하였다. 이조참의와 충청도관찰사를 거쳐 대사간・부제학・대사성・이조참판을 역임하고 대사헌에 이르러 병으로 사임하였다. 1583년(선조 16) 전라도관찰사를 지냈고, 다시 대사헌・부제학을 지냈다. 당시 동서의 당쟁이 시작되던 무렵이었으나, 중립을 지키기에 힘썼으며 시문(詩文)에 뛰어났다. 사후 만년에 학도들과 함께 경사를 토론하던 집의 동쪽에 학도묘(學徒廟)가 세워졌다. 문집에 『백담집(栢潭集)』이 있다.

조선시대 제39대 단양군수로 봉서루鳳棲樓를 세운 이준李埈 역시 하선암을 노래하였다.

바위 모양은 본시 늙은 보살이나
바위 이름은 오히려 불가를 피했도다.
용이 꿈틀거린 자취는 강우와 흡사하고
천향은 표연히 꽃을 나부끼는가 생각했더라.
돌마루는 신척가 번거롭다는 듯이 조성되고
맑게 요단을 씻어 각하를 읍했더라.
이 사이에 상백의 업을 묻고자 하면
금화에 이르러 목양을 어찌 부러워하리오.

岩形本是老維摩　岩號寧須避佛家.
龍迹蜿蛇疑降雨　天香繚繞想飄花.
雕成石撌煩神斧　淨洗瑤壇把絳河.
欲問此間桑白業　牧羊何羨到金華.

♣ 이 준(李埈 : 1560~1635)

본관은 흥양(興陽), 호는 창석(蒼石)·유계(酉溪). 1591년(선조 24) 별시문과에 병과로 급제, 교서관정자가 되고 이듬해 임진왜란이 일어나자 정경세(鄭經世)와 의병을 모집, 고모담(姑母潭)에서 적군과 싸워 패했다. 1594년 다시 의병을 일으켜 적과 싸운 공으로 형조좌랑에 임명되었으나 사양하고 이듬해 경상도도사로 나가『중흥귀감(中興龜鑑)』을 편술, 왕에게 바쳤다. 1597년 지평(持平)으로 유성룡과 함께 탄핵을 받아 물러났다가 같은 해 정유재란이 일어나자 소모관이 되었다. 이어 예조정랑·수찬 등을 역임, 1604년 주청사의 서장관으로 명나라에 다녀왔다. 광해군 때 제용감정을 거쳐 교리가 되었으나 점차 대북의 횡포가 심해지자 사직했다. 1623년 인조반정으로 다시 기용되어 교리·집의·응교 등을 거쳤고 1627년(인조 5) 정묘호란에 다시 의병을 모집하고 왕명을 받들어 전주에 가서 수만 섬의 군량미를 모은 공으로 중추부첨지사(中樞府僉知事)가 되었다. 상주 옥성서원(玉城書院)에 배향되었다. 저서에『창석문집(蒼石文集)』, 편저서에『형제급난지도(兄弟急難之圖)』가 있다.

◀ 하선암(김순희)

『금강산·사군유산기』에서도 하선암의 모습을 볼 수 있다. 맑은 강이 울면서 흐르고 아래에는 못을 이루었다. 또한 여러 암석이 서로 대하여 한 곳에 서 있어 은신처가 될 만하다. 하선암에 다녀갔다는 흔적 일행들과 함께 남겼다.

하선암에 이르렀는데, 과연 범상치가 않았다. 흰 돌이 평평하게 깔려있고 한 면이 아주 넓고 또한 길었다. 맑은 강이 울면서 흐르고 아래에는 못을 이루었다. 또한 여러 암석이 서로 대하여 한 곳에 서 있으니 문득 은신할 만한 곳이 되어 그 속에서 쉬고, 또 일행의 성명을 걸었다. 그 시내와 돌을 살피니, 족히 곡백(曲百)의 일면이 될 만하였으나 더운 기운이 사방에서 이르러 가히 오래 머물지 못하겠다.

하선암

신광수의 「단산별곡」에서도 하선암의 절경을 노래하고 있다.

　　선유동 짚은막대 하선암에 쉬었으니
　　층층히 놓인반석 좌탑이 절로되고
　　구비구비 맑은물은 술잔을 띄었어라
　　공중에 떨어진돌 뉘라서 괴았는고
　　요지 반도를 옥반에 담았난 듯

　　仙遊洞 집은막대 下仙岩의 슈엿시니
　　層層히 노힌盤石 座榻이 절노되고
　　구븨구븨 묽은물은 술잔을 씌웟셔라
　　空中에 쓰러진돌 뉘라셔 괴왓는고
　　瑤池 蟠桃를 玉盤의 다만는 듯
　　　　　　　　　　—「단산별곡」 중에서

추사 김정희도 하선암의 아름다움을 극찬하는 데 글을 아끼지 않았다. 하선암은 세상과는 동떨어진 선계의 모습을 하고 있다.

　　침침한 긴 구렁 행랑채같이 뻗쳤는데
　　밝은 물, 해와 달을 항상 감싸고 흐르는구나.
　　세상 티끌 한 점도 불려오지 않으니
　　흰 구름 속 신선 바위 앞에서 향이나 피운다.

　　陰陰修壑似長廊　　流水浮廻日月光.
　　一點淄緇渾不着　　白雲深處欲焚香.

한진호의 『도담행정기』에 있는 「미도하선암시未到下仙巖詩」에서 하선암을 노래하고 있다.

> 도착하기 전에 지름길로 돌아 떨어지는 해가 푸르른데
> 자빠져 미쳐도 미양양에 미치지 못하네.
> 세속사람은 다만 정이 없이 헤어지는 것 한가지만
> 석장은 어찌 모름지기 좋은 빛을 감하리.
> 먼 시내는 아름답게 참 낯을 감추고
> 돌아가는 안장은 근심스러워 게으르게 채찍을 드네.
> 선원을 버리고 가니 장차 어디에서 자리
> 흐르는 물 외로운 구름이 나그네 바쁜 것을 웃네.

> 未到徑還落日蒼　顚狂不及米襄陽.
> 俗人只恨無情分　石丈何須減好光.
> 遠澗窈然眞面秘　歸鞍愁殺倦鞭揚.
> 仙源抛去將何宿　流水孤雲笑客忙.

문경 태생으로 단양에 이주하여 산 이정의의 시에서도 하선암의 모습이 보인다. 그의 호는 삼선三仙인데 이는 그가 얼마나 선암계곡에 반했는지를 단적으로 말해 준다. 이 시는 미륵바위 하단부에 다소 둔탁한 글씨로 하선암과 자신의 이름을 새겨 넣은 것을 노래하고 있다. 후세 사람이 잊고 지낼까 두려워 바위에 이름을 새긴다고 했으니, 당시 하선암의 이름이 우리가 생각했던 만큼 세상에 널리 유포되지 않았음을 알 수 있다.

천고의 신령됨은 대자연 그대로인가
평평하게 펴놓은 방석은 신선이 세운 것과 같다.
혹 바위 이름이 후세에 잊혀질까 두려워
이내 일곡을 집 문앞에 새겼도다.

地靈千古毓天然　平布素壇立似仙.
恐惑岩名志後世　乃銘一世廳門前.

또 이현동은 하선암을 찾아 시 한 수를 남겼다.

구름은 높은 봉우리를 만들고 돌은 제방을 이루었으니
봄바람에 물결은 맑고 잔잔해 유리를 깔은 것 같더라.
학을 탄 신선의 간 곳을 찾을 길 없으매
다만 외로운 꾀꼬리만이 해가 지도록 울고 있네.

雲作高峯石作堤　春波淸淺漾玻瓈.
仙人鶴賀尋無跡　唯有孤鶯盡日啼.

하선암은 노천박물관인 동시에 돌방석이 예술이다. 하선암에 대한 관리 체계가 이루어져야 한다. 안내 설명문과 함께 인근 일대에 대한 유원지의 보호시설이 있어야 한다. 바위에 새겨진 글씨에 대한 설명은 물론 찾아온 이의 내력을 살필 수 있는 시설이 필요하고 명상의 보금자리로 가꿀 필요가 있다. 활인산수活人山水의 품격과 진수를 느낄 수 있도록 보존과 관리체계가 디자인되어 찾아오는 이들에게 즐거움을 주어야 한다.

8

사인암과 역동 우탁

단양 출신 역동 우탁禹卓이 사인(정4품) 벼슬에 있을 때 이곳에 은거하면서 정계에 혼탁한 심신을 쉬었다 하여 조선 성종 때 단양군수를 지낸 임제광이 명명하였다. 운암구곡(운선구곡)의 중심 지역으로서 운계천의 맑은 물이 굽이를 이루어 사인암에 모인다. 일곡 대은담, 이곡 황정동, 삼곡 수운정, 사곡 연단굴, 오곡 도광벽, 육곡 사선대, 칠곡 사인암, 팔곡 선화동, 구곡 운선동의 중심지인 셈이다.

소백산의 신기神氣를 담은 운계천의 계류가 서쪽으로 흐르는가 하면 급변하여 북쪽으로 흐르고 다시 굽어서 동남으로 흐른다. 흐르는 물이 옥같이 맑아서 속세를

♣ **우 탁**(禹卓 : 1263~1342)

본관은 단양(丹陽), 호는 백운(白雲)·단암(丹巖). '역동선생(易東先生)'이라 불렸다. 문과에 급제, 영해사록이 되어 민심을 현혹한 요신(妖神)의 사당을 철폐하였다. 1308년(충선왕 즉위년) 감찰규정 때 충선왕이 숙창원비(淑昌院妃)와 밀통한 것을 알고 이를 극간한 뒤 벼슬을 내놓았다. 충숙왕이 그 충의를 가상히 여기고 누차 불렀으나, 사퇴하고 학문에 정진하였다. 뒤에 성균좨주를 지내다가 치사하였다. 당시 원나라를 통해 들어온 정주학 서적을 처음으로 해득, 이를 후진에게 가르쳤다. 경사와 역학에 통달하였으며, 단양 도동서원(道東書院)에 제향되었다.

떠난 듯하다. 마을과 사인암舍人岩의 경물이 잘 어울린 곳이다. 이곳 사인암 암벽에는 우탁의 친필이라 전하는 글이 다음과 같이 적혀 있다.

뛰어난 것은 무리에 비할 것이 아니며	卓爾弗群
확실하게 빼지 못한다.	確乎不拔.
홀로서도 두려운 것이 있고	獨立不懼
세상에 은둔하여도 근심함이 없다.	遯世無憫.

『금강산·사군유산기』의 「사군별곡」에서도 사인암을 노래하고 있다.

반갑다 舍人岩은 하늘의 둘려시니
金冠 玉帶로 上皇의 뵈는쟉가.
雲岩 져 世界는 幽僻도 ᄒᆞ나이나
山人 窮士의 氣像이 다 다르니
靑雲 白雲이 어느야 놉닷말고.
　　　　　　　　— 「사군별곡」 중에서

신광수의 「단산별곡」에서도 사인암을 노래하고 있다.

수일암 더새여서 운암촌 다다르니
우사인 노던 바위 구첩운병 열어셔라
여와씨 보천석을 괴이깎아 괴았난가
아미타불 천년공부 백층탑을 무었난가
석면에 그린바둑 사호를 거의 볼 듯
시냇물 사이두고 사선대도 절승하다

▲ 사인암(김순희)

守一庵 더새여셔 雲岩村 다드르니
禹舍人 노던바회 九疊雲屛 여러셔라
女媧氏 補天石을 괴이쌋가 괴앗는가
阿彌陀佛 千年工夫 百層塔을 무엇는가
石面에 그린바독 四皓를 거의 볼 듯
시내물 새이두고 四仙台도 絕勝하다
— 「단산별곡」 중에서

추사 김정희는 사인암을 보고 난 후의 감회를 시로써 노래하였다. 하늘이 내려보낸 그림이라고까지 극찬하면서 신운이 감도는 걸작이라고 하였다.

괴상하다 하늘이 이런 그림을 내려보내서
속된 정과 범상한 운치가 털끝만치도 없게 했나.
인간의 오색은 원래 변변찮은 것이다
격조 밖에 푸르고 붉은 빛을 흠씬 칠해놨구나.

怪底靑天降畫圖　俗情凡韻一毫無.
人間五色元閒漫　格外淋漓施碧朱.

♣ **홍낙인**(洪樂仁 : 1740~1777)
본관은 풍산(豊山), 호는 안와(安窩). 1761년(영조 37) 정시문과에 장원, 교리를 거쳐 1763년 통신사의 종사관으로 일본에 다녀왔다. 그 뒤 보덕·예조참의·좌부승지·대사성·전라도관찰사·대사헌을 역임, 73년 도승지, 이어 돈령부지사를 거쳐 1775년 이조참판에 이르렀다. 1777년(정조 1) 역적 홍상길(洪相吉)의 진술에 그 이름이 나타나 투옥되었다가 혐의가 없어 석방되었다. 문집에 『안와유고』가 있다.

▲ 사인암(김홍도). 사인암을 그릴 때 김홍도는 십여 일을 머물면서 노심초사하였다.

홍낙인洪樂仁은 사인암의 절경을 인간의 손으로는 이루기 어렵다면서 중국의 삼선을 오히려 압도한다고 하였다.

쇠를 굴리고 옥을 깎아서 장식하니 아름답고
하나하나가 묘하고 기이하게 생겼다.
무슨 뜻으로 조화의 공이 이렇게 교묘한가
비로소 사람의 힘이 어려운 것을 알 수가 있더라.
사인암 일대의 경치는 중국의 삼선을 압도하고
천하에 그 이름은 오로산과 같이 길이 남으리라.
곁에서 생각하니 바둑 두는 소리 가까운 것을 알 수 있는데
등나무 우거진 곳에 지팡이와 신 끄는 소리가 들린다.

彫金削玉飾來往　妙妙奇奇面面皆.
耶意化工如許功　始知人力定難排.
洞中勝固三仙壓　天下名應五老偕.
側想棋聲知在近　荒藤椚處試筇鞋.

한진호의 『도담행정기』에서도 사인암의 모습을 확인할 수 있다. 사인암의 빼어난 절경은 김홍도金弘道마저 노심초사하게 하였다.

세상 사람들이 말하기를 단양의 경승으로는 다섯 바위가 있다고 하니, 하나는 삼선암의 세 바위 상선암, 중선암, 하선암과 운암, 그리고 사인암을 이른 것이다. 이제 사인암을 보니 참으로 경관이다. 일찍이 정조께서 그림을 잘 아는 김홍도를 연풍현감으로 삼아 영춘·단양·청풍·제천의 산수를 그려 돌

> ♣ 김홍도(金弘道 : 1745~?)
>
> 본관은 김해(金海), 호는 단원(檀園)·단구(丹邱)·서호(西湖)·고면거사(高眠居士)·첩취옹(輒醉翁). 강세황(姜世晃)의 천거로 도화서화원이 된 뒤 1771년(영조 47)에 왕세손(뒤의 정조)의 초상을 그렸고, 1781년(정조5)에 어진화사로 정조를 그렸다. 1790년 수원 용주사(龍珠寺) 대웅전에 「삼세여래후불탱화(三世如來後佛幀畵)」를 그렸고, 1795년(정조 19) 연풍현감이 되었다가 곧 사임하였다. 이듬해 왕명으로 용주사의 「부모은중경(父母恩重經)」 삽화를 그렸으며, 1797년 정부에서 간행한 「오륜행실도(五倫行實圖)」의 삽화를 그렸다. 산수화·인물화·신선화(神仙畵)·불화(佛畵)·풍속화에 모두 능하였고, 특히 산수화와 풍속화에 새로운 경지를 개척했다. 작품에 「소림명월도(疎林明月圖)」, 「신선도병풍(神仙圖屛風)」, 「쌍치도(雙雉圖)」, 「무이귀도도(武夷歸棹圖)」, 「낭구도(浪鷗圖)」, 「군선도병(群仙圖屛)」, 「선동취적도(仙童吹笛圖)」, 『풍속화첩(風俗畵帖 : 야공도·서당도·씨름도·무악도 등)』, 「마상청앵도(馬上聽鸎圖)」 등이 있다.

아오게 하였다고 한다. 김홍도가 사인암에 이르러 그리려 했지만 그 뜻을 얻지 못하더니, 십여 일을 머물면서 익히 보고 노심초사하였는데도 끝내 참모습을 얻지 못하고 돌아갔다고 한다.

　　世稱丹陽之勝有五巖謂三仙巖及雲巖与舍人巖也今見舍人巖眞一塊觀曾聞先朝以善畵人金弘道爲延豊縣監使之往畵四郡山水而歸弘道至舍人巖欲繪未得其意留至十餘日熟玩勞思竟未得眞形而歸.

이처럼 대가인 김홍도가 산수에 압도될 만큼 경치가 빼어났음을 알 수 있다. 계류 양쪽의 기암괴석과 소나무와 물은 봄 철쭉, 여름 맑은 물, 가을 단풍, 겨울 적송설경 등 좋지 아니한 때가 없다. 삼곡 수운정은 『여지도서』에 의하면 조선 선조 명재상 서애 유성룡(柳成龍)이 왕으로부터 하사 된 호피 1장으로 운선구곡 일대의 토지를 매입하여 중국 주자의 무릉구곡을 모방하여 운선구곡을 설정하였다. 그리고 구곡을 한눈에 볼 수 있는 곳에 정자를 세웠다. 정자에서 보이는 맑은 계수와 부운의 아름다움을 상형하여 정자의 이름을 수운정이라 하였다. 『도담행정기』의 「관사인암시觀舍人巖詩」에서 사인암에 대한 감회를 노래하고 있다.

염계보다 아름답고 초계보다 좋은데
명산을 다 기록하니 같기도 하고 같지 않기도 하네.
쌍눈으로 바쁘게 바위 가의 경치를 훑어보고
짧은 지팡이를 두루 물의 동쪽 서쪽에 놓네.
일품을 쓰려고 하니 이름이 따라서 무겁고
천금으로 사려고 하니 값이 적지 않네.
다만 미전을 배우려 하니 참으로 사랑스럽고 좋은데
돌도 응당 내가 그윽하게 살기를 부탁하리.

佳於剡曲勝茗溪　盡記名山齊不齊.
雙眼忙酬巖側畔　短筇遍放水東西.
擬題一品名隨重　欲買千金價不低.
但學米顚眞愛好　石應要我託幽栖.

♣ 유성룡(柳成龍 : 1542～1607)

본관은 풍산(豊山), 호는 서애(西厓). 의성 출생으로 이황의 문인이다. 1564년(명종 19) 사마시를 거쳐, 1566년 별시문과에 병과로 급제하여 승문원 권지부정자가 되었다. 이듬해 예문관검열과 춘추관기사관을 겸하였고, 1569년(선조 2)에는 성절사의 서장관으로 명나라에 갔다가 이듬해 귀국하였다. 이어 경연검토관 등을 지내고 수찬에 제수되어 사가독서를 하였다. 이후 교리·응교 등을 거쳐, 1575년 직제학, 다음해 부제학을 지내고 상주목사를 자원하여 향리의 노모를 봉양하였다. 이어 대사간·도승지·대사헌을 거쳐, 경상도 관찰사로 나갔다. 1584년 예조판서로 경연춘추관동지사를 겸직하였고, 1588년 양관(兩館) 대제학이 되었다.

바둑을 쌓고 홀을 벌여 놓듯이 모두 시내를 둘렀는데
가는 곳마다 기이한 경치가 안탕과 같으네.
끊어진 석벽이 멀리 임하니 구름이 아래에 있고
짙은 그늘을 얻기 쉬우니 해가 서쪽으로 잠기네.
저 좋은 경치는 본 곳이 많지 않고
저 푸른 하늘이 낮지 않은 것에 힘입네.
내가 경치에 빠져 지팡이에 의지하는 것 근심스러운데
꽥꽥 소리가 나니 황새와 학이 살고 있네.

累棋拄笏盡環溪　行處奇觀雁宕齊.
絶壁逈臨雲在下　修陰易得日沈西.
容他勝地無多窄　賴爾靑天爲不低.
愁余應接凭筇立　磔磔聲來鸛鶴樓.

앉아 있는 부처 나는 신선이 시내에 그림을 그렸는데
만 가지 경치 거두어들이니 모두 같이 않네.
차라리 꽃과 돌을 근심해도 생각은 멀리 실어 보내고
여와가 서쪽을 보충하려던 것을 본받으려 하네.
천 날이 걸려도 참 낯의 큰 것을 그리기 어렵고
백년이 가도 좋은 이름 낮은 것 감하지 않네.
우연히 노는 나막신이 와서 서로 이웃하여
나무 속과 놀 속에 사는 사람의 일을 모두 기록하네.

坐佛飛仙毡畵溪　收羅萬象總難齊.
寧愁花石思輸遠　第擬媧天欲補西.
千日難摹眞面大　百年不減好名低.
偶然游屐來相傍　盡記木徒霞客樓.

이현동의 기행문에서도 사인암의 모습을 확인할 수 있다.

운암은 설령(죽령) 동북방에 있으며 본시 조가의 땅이다. 산과 들은 이미 오래되어 교리 오대익이 중건하였다. 산과 들은 높지도 않아 수목은 울창하고 뭇새는 우짖는데 지팡이를 끌고 들어가면 마치 운령산중에 있는 것 같아서 서면의 여러 봉우리가 전부 보인다. 그 정상에서 내려다보면 원수(遠水)는 실같고 나무는 마름과 같으며 동남안의 행인은 개미와 같다. 수운정에 의지하여 바라보면 그 늠름한 기상은 만장이나 되는 높은 산정에 앉아서 바라보는 것 같다. 계류는 선암 그것보다 좀더 커서 맑고 맑은데 평야 가운데를 가는 것 같아 과히 급류는 심히 꾸불꾸불하다 바라보니 그 근원이 급해서 심히 꾸불거리니 십 보에 일절하고 또 재절하여 서쪽으로부터 유전하여 북류하고 다시 전하여 동남에 이르러 수운정 문고리와 같고 현과 같으니 구부러진 삽과 같이 휘여 전류 한다. 옆 언덕에는 모두 소벽과 토산이 되어 단색 혹은 창묵색을 이루었다. 동쪽에 소정이 있어 순채나 물로 덮여서 지극히 정묘하고 양면은 언덕이 막혀서 그윽하다.

또 이현동의 아들이 쓴 기행문에도 사인암의 모습이 보인다.

사인암의 샘솟아 흐르는 바윗돌은 너무도 맑고 깨끗하여 우아하고 경치중의 경치이어서 윤사원과 김서가 말하기를 우탁이 사인 벼슬에 있을 때 이곳에 즐겨 머물러 경치를 즐겼으므로 사인암이라 이름붙였다 한다. 한 개 한 개를 새로 갈

▲ 사인암도(이방운)

아서 백옥으로 받쳐놓은 쟁반이요 물은 맑고 잔잔하다. 고인은 보지 못하였는데 이름만 남아 있다. 우러러 높은 산을 바라보니 그 뜻은 알지 못하겠더라.

사인암은 앞서 언급했듯이 고려말기 우탁이 사인의 벼슬을 지내며 이곳에 자주 들렀는데, 성종 때 단양군수로 부임한 임제광이 그를 기려 이 바위를 사인암으로 불렀다. 우탁은 중국의 주역이 동쪽으로 갔다는 의미로 역동易東이란 호를 지녔는데, 또한 사인암에는 우탁의 것으로 추정되는 시가 새겨져 있으며, 『청구영언』에도 시조 2수가 전해온다.

우탁은 고려시대 대학자로 금수산 자락 아래 단양군 적성면 현곡리 신원동에서 태어났다. 인근에서는 새원이라고도 부른다. 금수산의 정기를 받은 적성 땅에는 '새'자가 들어가는 지명이 세 곳 있는데 새원이·새터·새말 등이다. 이곳이 이른바 큰 인물이 태어난다는 품달촌으로 새원이에서는 우탁이, 새터에서는 조선시대의 명필이며 대학자인 지수제 유척기(俞拓基 : 1691~1767)가 태어났다.

우탁은 고려말 정주학 수용 초기의 유학자로 충렬왕 4년에 향공진사가 되면서 관직에 나섰는데, 선생의 성품을 잘 보여주는 한 가지 일화가 전해진다. 1308년 충선왕 즉위년, 우탁이 감찰규정으로 있을 때 일이다. 왕에 오른 충선왕이 부왕의 후궁인 숙창원비와 통간한 일이 생겼다. 우탁은 흰옷에 도끼를 들고 거적을 메고 대

궐로 들어가 극간을 하였는데, 왕의 곁에 있던 신하가 상소문을 펴들고 감히 읽지를 못하였다. 이에 우탁이 호통을 치며 말하기를 "경이 근신이 되어 왕의 그릇된 것을 바로 잡지 못하고 악으로 인도하니 그 죄를 아느냐?"고 꾸짖으니 좌우의 신하들이 어쩔 줄 모르고, 왕도 부끄러워했다고 한다.

▲ 사인 벼슬을 지내며 사인암에서 은거했던 우탁 선생 기념비

벼슬에서 물러난 후 예안현 지삼리에 은거하며 당시 원나라를 통해 새롭게 유입되던 정주학을 연구하여 후학들에게 전해 주었다. 특히 정이가 주석한 『역경』의 정전이 처음으로 들어왔으나 이를 아는 사람이 없자 방문을 닫아걸고 연구하여 달포만에 이를 터득하고 후진에게 가르치니 비로소 성리학을 행하게 되었다. 이에 중국의 학자들이 중국의 역易이 동으로 옮겨가게 되었다 하여 우탁을 역동이라 부르게 되었다고 한다.

우탁은 경서와 사기를 통달하였고, 더욱이 역학에 정통하니 점괘가 맞지 않은 적이 없다고 『고려사』 열전에 전하고 있다. 후세에 전하는 우탁의 시조로는 『청구영언』에 「춘산에 눈 녹인 바람」과 늙음을 한탄한 「탄로가」가 있다.

사인암 밑을 흐르는 운계천의 옥같이 맑은 물, 첩첩이 쌓아 올려져 하늘을 찌를 듯 치솟아 있는 절벽, 어우러진 노송 등이 일품이다. 사인암 바로 옆에는 우탁의 시비가 있다.

한손에 막대 집고 또 한 손에 가시쥐고,
늙은 길 가시로 막고 오는 백발 막대로 치렸더니

▼ 우탁의 시조 글씨. 「탄로가」가 새겨져 있다(필자).

백발이 제먼저 알고 지름길로 오더라.

우탁이 말년에 늙음을 한탄하며 인생의 허무를 노래한 '탄로가'이다. 사인암 위쪽 물 한가운데는 1977년 이 지방의 유림에서 건립한 '역동선생의 기적비'가 섬처럼 떠 있다.

사인암은 운선구곡 중의 한 곳으로 운선구곡을 명명한 사람은 조선 영조 때 참판을 지낸 경삼 오대익이라는 설이 있다. 경삼 오대익이 교리시절에 퇴락된 수운정을 중창하면서 수운정을 중심으로 운선구곡을 명명했다고 1955년에 단양군수를 역임한 김상현의 저서 『단양팔경』에 기록되어 있다.

군지에 전하는 이현동의 기행문에는 "운암〔雲仙九曲〕은 설령〔竹嶺〕의 동북방에 있으며 본래는 조가네 땅이다. 柳西崖亭〔水雲亭〕이 오래되어 교리 오대익이 중창하고 그곳에 살았다."라는 기록으로 보아 확실한 것으로 보인다. 오대익의 「운선구곡가雲仙九曲歌」*는 다음과 같다.

운선동 계곡엔 신선이 있을 것만 같구나
노을에 젖은 높고 낮은 절벽 옥같이 맑은 물이여.
신선인 주인을 알고자 하나 간곳을 모르니
고기 낚는 촌부의 노래로 운선구곡가나 부르리.

雲仙洞裏有仙靈　丹壁參差玉潤淸.
欲識主人行近遠　漁歌試廳九曲聲.

　一曲　大隱潭
일곡은 그윽이 깊으나 배를 탈일 없고
봄 여름 가을마다 폭포주위엔 꽃으로 붉어지네.
산신령도 참소식이 세상에 전해질까 두려워
높고 푸르던 하늘을 어둠으로 가린다.

一曲幽深不用船　三時花瀑塡瓊川.
山靈恐漏眞消息　長鎖蒼翁去浚炳.

* 무수천(無愁川) 물과 대흥사(大興寺) 골짜기의 물이 합류되는 황정리 어름에서부터 이 구곡의 경치는 시작된다. 「운선구곡가」는 멀리 주자의 「무이구곡」과 율곡의 「고산구곡」과 우암의 「화양구곡」의 사상적 계통을 이어받은 것이다.

二曲 黃庭洞
이곡의 동남쪽엔 도솔봉이 있는데
바르게 앉아서 지금까지 모습 하나 흩뜨리지 않네.
황정경을 잘못 외워 적선이 되었는지
산과 구름에 묻혀있구나.

二曲東南兜率峰　　坐來每日不從容.
祗緣一字黃庭誤　　管領雲山千萬重.

　　三曲 水雲亭
수운정 굽이의 암벽은 배만 같구나
서애 유성룡의 수운정은 얼마나 오래인가.
신선은 구름속에 앉아서 미소짓는데
돌아보니 속세는 참으로 가련하여라.

三曲巴流岩似船　　崖翁亭閣昔何年.
仙人一笑雲中坐　　回首紅塵乙可憐.

　　四曲 煉丹窟
사곡은 양쪽의 방위를 뚫어서 만들었고
산 빛과 구름 그림자가 부채살 같아라.
선동이 약을 잘 뎁혔노라고 알리자
웃으며 낚싯줄 걷어 푸른 못을 건넨다.

四曲硏然開兩岩　　山光雲影看翠稔.
仙童爲報丹砂熱　　笑捲釣絲過碧潭.

기암괴석과 소나무, 그리고 물이 어울린 사인암

五曲 道光壁
오곡은 엉기고 굽어서 근원은 더욱 깊은데
벼랑 벼랑마다 나무는 구름에 가리운 듯.
가슴속에 광명마다 나무는 구름에 가리운 듯
쉬면서 산을 보니 밝게 깨닫겠네.

五曲縈回源復深　　丹屛簇簇隱雲林.
胸中自有光明舍　　休向空山證道心.

　　六曲 四仙臺
육곡의사선정은 냇가 바위위에 지어 놓았네
삽작문을 적적하게 낮에도 항상 닫는군.
정령 신선이란 메아리 같은가
하루하루가 한가로움을 아는 이가 신선이라네.

六曲仙亭奇曲灣　　衡門沈沈晝常閉.
丁寧玉子空山響　　知是商翁盡日閑.

　　七曲 舍人巖
칠곡 앞에는 칠성여울이 있어
아침저녁으로 보아도 싫지를 않아.
세상에 그림인들 이보다 나랴
오로지 물 속의 달빛만 빛나고.

七曲前臨七星灘　　朝膛不厭百回看.
世間詩畵那能此　　唯見潭心月色寒.

八曲 仙花洞
팔곡의 냇둑에는 복숭아꽃 흐드러져
무릉도원에서 고기 잡는 이는 언제나 돌아올까.
상·중·하선암은 신선바위라 불리건만
무위진인이 이 동네로 들어오는걸 누가 봤느냐.

八曲挑花兩岸開　武陵漁子幾時回.
三岩只得神仙字　誰見眞仙入洞來.

九曲 雲仙洞
구곡의 산은 트여 경계가 완연하고
장림리가 역력하고 맑은 내가 보이는데.
단양도 역시 사람 사는 세상이라
속세속세의 별천지를 누가 믿으랴.

九曲山開境曠然　長林歷歷見晴川.
丹邱赤是人間世　不信人間別有天.

운선구곡은 일명 유곡酉谷이라고도 하며 운암구곡이라고도 한다. 이곳을 다녀간 명현은 수없이 많다. 고려·조선을 통하여 문인이나 묵객이나 권력가마다 지나가지 아니한 사람이 없는 곳이다. 그 정도로 유명세를 치렀다.

대강면 4개 마을의 땅이 본래 조가趙家네 땅이었다고 한다. 서애 유성룡이 선조로부터 하사 받은 호피 한 장을 팔아서 일대를 매립하고 수운정을 지었다. 그리고 이곳에 와서 심신을 달래고 정책구상을 하였다. 1591년 우의정으로 있을 때 명나라 토벌을 계획하는 내용의 일본의 국서를 받았을 때 이를 묵인하려는 이산해의 주장을 물리치고 명나라에 알려 의혹을 벗었다.

1592년 임진왜란에서 도풍제사로 군대를 총괄하였고 이순신, 권율을 명장으로 등용시키고 영의정에 올라 왕을 평양으로 모셨다. 신집의 탄핵으로 사퇴했다가 평안도 체찰사가 되어 평양의 난을 진압하고 왜군을 파주까지 몰아낸 공로로 다시 영의정에 올라 군사를 총지휘하는 실권자가 되었다. 당시에는 당파싸움으로 일본군 침입의 징조파악을 위해 갔던 일본 사신마저도 당리당략에 의하여 진실을 왜곡하던 때이다.

임진왜란이 끝나던 해인 1598년 문홍도가 서애 유성룡의 죄상을 조목조목 들어서 탄핵상소를 올리는 과정에서 "유성룡은 임진왜란이라는 전란 중에서 돈을 모아서 단양의 경치 좋은 땅에 미도眉道 같은 별장을 지었으며 향락을 즐기고 있으니 전쟁 중에 영의정이란 사람이 이럴 수가 있느냐"는 상소로 임진왜란이 끝나기 전 사표를 내지 못하고, 쫓겨나서 고향인 안동으로 낙향하였다. 이때 그는 편지 속에서 "붉고 푸른 절벽마다 탄핵의 글 속에 끌려드는구나!"라고 탄식하였다고 한다.

여담이지만 선조 임금이 백사 이항복(李恒福 : 1556~1618)에게 현시대의 청백리는 과연 누구인가 했더니 백사는 한번은 유성룡을 대었다고 한다. 단양의 경관으로 인하여 탄핵 당한 유성룡의 누명을 노산 이은상은 시로서 굿을 하듯이 벗겨 주었다.*

* 이은상, 『가을을 안고』, 아인각, 1966.

역사는 물 같이 가는 것
사람은 구름같이 가는 것
옳은 이 어디계시고 그이는 누구던고
수운정 이름 그대로 물과 구름만 남았구나.

어느 때 수운정이 퇴락하여 없어졌는지는 알 수가 없다. 다만 수운정 터와 절벽에 남아 있는 암각자만이 옛 영화를 알릴 뿐이다.**

** 단양향토문화연구회, 앞의 책.

물결은 먼저 흐르려 다투지 아니하고
의차의 구진 구름 또한 유유히 흐르는구나.
水波心不競　　雲車意俱遲.

▼ 사인암에 앉아 냇물소리를 들으며 장기를 두었던 장기판.

사인암 밑에는 청련암青蓮菴이란 조그마한 암자 한 채가 있다. 원래는 대홍사 골짜기에 있던 것인데 이곳으로 옮겨온 것이다. 그리고 암자에서 사인암 쪽으로

▲ 사인암 바둑판. 놀이 유산 중에서 최고의 걸작품이다.

갈라진 바위틈에 산신각(山神閣)이 자리하고 있다. 이외에도 이곳 바위에는 바둑판과 장기판이 새겨져 있다. 이곳에 앉아 냇물 소리를 들으며 바둑을 두고 장기를 두니 신선이 됨직도 하다. 이은상은 이곳을 지나면서 시 한 수를 잊지 않았다.*

* 이은상, 『가을을 안고』, 아인각, 1966.

> 창벽(蒼壁)은 성자(聖者)와 같이
> 다만 침묵일 뿐
> 흐르는 냇물 소리는
> 나와 밀어(密語)를 바꾸니라
> 오늘은 순례자의 가슴에
> 티 한 점이 없다.

놀이의 핵심지가 사인암이다. 바둑과 장기의 본고장이다. 이 마을을 장기마을, 바둑마을이라 부르고 세계규모의 바둑축제를 이곳에서 매년 열리도록 하자는 것이다. 이보다 더 좋은 곳은 없다. 폐가가 늘어난다고 하는데 마을 뒤쪽으로 길을 내고 현재의 도로는 산책로를 만들어 우탁, 사인암 관련 전시관을 만들고 전국 최고의 바둑 수련장을 설치하자는 것이다. 명소를 살리지 못하는 안타까움이 있다.

신단양팔경의 민속과 문화

도끼로 쪼갠 두 산 사이, 조막만한 외론 정자
속세의 나막신이 어떻게 이런 병풍바위에 올랐나.
십년 동안 티끌 세상 헤매던 이 자취
지금부터 사람 보면 언제고 반갑게 맞으리.

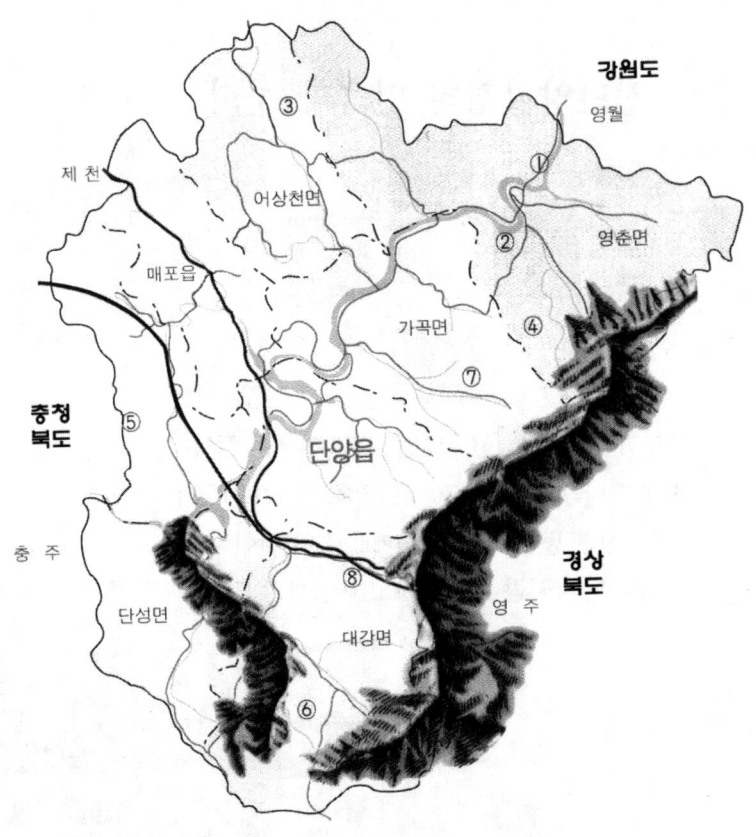

① 북벽 ② 온달산성 ③ 일광굴 ④ 구봉팔문
⑤ 금수산 ⑥ 칠성암 ⑦ 다리안산 ⑧ 죽령폭포

▲ 신단양팔경 찾아가기

1 다리안산

단양읍 천동리의 다리안산(橋內山)*은 소백산 줄기가 뻗어 나와 이루어진 산이다. 예전에 다리안산은 외부와의 접촉을 불허하던 지역이었다. 금단의 산이다. 우거진 숲과 기암절벽이 갖가지 절경을 만들고 금곡의 맑은 물이 흐르고 있어 천하의 절경이다. 천동국민관광지를 지나 다리안을 향하면 소백산유스호스텔이 막아서고, 그 곳을 지나면 다리 안과 밖을 연결해 주는 다리가 나온다. 현재는 소백산 국립공원 사무실이 있어 육중한 철골의 아치를 놓아 차량이 통행하지만 1950년까지만 하여도 30여 층계가 놓여져 있었다.

박달나무를 다래넝쿨로 묶어서 만들었다. 다리 이름을 계구교戒懼橋, 융탁교戎濯橋 또는 운제雲梯라고도 하였는데, 이 다리를 건너려면 마음을 가다듬고 맑게 하여 경계하지 않으면 안 된다는 뜻이다. 옛사람들은 다리〔橋〕 안과 밖을 이승과 저승으로 연계시키기도 하였다. 교량의 하중을 적게 하여 많은 사람이 오래 다니고자 한 것이다. 이는 곧 금기의 다리, 약속의 다리다. 시인

* 다리안산은 여성성을 지닌 산으로 회자되고 있다.

* 안도섭 시인의 시비는 소금정공원에 「도담삼봉」이 있다.

안도섭*은 시로써 다리안에 대한 여성적 감회를 읊조리고 있다. 다리안산 이미지가 서정적으로 흐르고 있다.

어느 여인의 가랭이를 벌려
실비단 내리 붓는가

삶과 죽음이 넘나들은
그 약속의 다리

용도 성내어
하늘로 나래쳐 오른
이 시린 폭포

그 아래
은구슬 쏟아져 내린다.
마음의 티 흔적 씻기어 내린다

아, 이곳에 살고지고!

다리안 출구 밖에는 산악인 허영호를 기념하는 비가 세워져 있다. 허영호도 지역캐릭터로 활용해야 한다. 거기에 적힌 비문에는 산악인의 낭만과 의지가 잘 표현되어 있다.

여기 알피니스트를 꿈꾸던 한 젊은이의 열정과 도전을
무한히 포용해 주었던(소백산에게) 나의 오랜 우정을 바칩니다.

오르기 힘든 산은 있어도 결코 오를 수 없는 산은 없듯이
산은 끊임없이 도전과 인내의 정신을 일깨워 준
나의 소중한 스승이었습니다.
내 어머니와 같은 산에서 새로운 꿈이 일어나 나는 끝없는
미지를 향하여 도전의 길을 떠납니다.
내 자신의 한계를 넘어, 또 다른 정상을 위하여
— 산악인 허영호

비문 끝에는 "이곳을 세계 최초로 3극점 7대륙 정상에 발자취를 남긴 한국 산악계의 큰 별 허영호 등산로로 명명하고 비를 세우다."라고 하였다. 단양군은 천동

▶ 산악인 허영호 기념비가 다리안산 입구에 있다.

에서 비로봉·국망봉을 거쳐 가곡면 새밭으로 이어지는 등산로를 허영호 등산로로 명명하고 매년 새해 첫 아침이면 이 곳에서 새해맞이 등산대회를 펼친다. 허영호는 성신양회에 근무하며 무명 시절을 보낼 적에 이곳을 자주 드나들며 등산훈련을 하였다고 한다.

다리안 안쪽 마을에서 키우는 소[牛]는 마을 밖을 나오지 못한다. 마을 밖의 시장에서 송아지를 사올 때도 크기가 작은 것을 사서 품에 안고 구름다리를 건넜다고 한다. 또한 소가 자라게 되면 혼자서는 다리를 건너 빠져나갈 수 없을 뿐만 아니라 사람이 안고 건널 수도 없어 죽을 때까지 다리안 마을에서만 살아야 했다는 것이다. 현재는 다리안국민관광지가 조성되었고 소백산 벌채목으로 인하여 다리안[橋內]마을은 사라졌다. 오로지 다리안산의 구름다리를 건너서면 폭포와 그 물이 떨어져서 생긴 깊은 담潭이 그 정취를 뽐내고 있을 뿐이다.

(가) 옛날 명당이 많은 다리안산에 누군가 몰래 암장(暗葬)을 하였다. 그러자 다리안산을 지키며 담 속 깊은 곳에 살던 용이 암매장을 하여 산을 부정케 한 것에 화를 내고 담에서 나와 하늘로 올라가 버렸다. 이 때 용이 힘차게 발을 굴렀으므로 바위에 큰 발자국이 찍혔는데 그 곳에 물이 괴어 담이 새로 세 개가 생겼다. 그래서 사람들은 그곳을 용담(龍潭)이라 부르고, 폭포는 용담폭(龍潭瀑)이라 하게 되었다.

(나) 다리안산에는 민백(閔百)이라는 곳도 있었는데, 임오군

▶ 다리안산 입구.
다리가 놓여 있다.

란 때 명성황후 민비가 난을 피하여 이 곳에 오려고 기와집 99칸을 지었다고 한다. 그런데 충주의 월악산 부근까지만 내려오고 이 곳에는 피난을 오지 않았다고 한다. 이 집터 위쪽에 민패동(閔敗洞)이라는 곳이 있었는데 '민패'는 '민씨가 망한다'는 뜻도 되기 때문이다. 민패동에는 지금도 가끔 주춧돌과 흩어진 기와를 볼 수 있다고 한다. 집터를 민백이라 하게 된 것은 민씨가 백 명이 피난할 수 있는 곳이라는 뜻이다.*

* 단양문화원, 「단양에 내려오는 전설」, 『단양문화』 제7호, 2001, 83~84쪽 참조.

위의 (가), (나)는 다리안과 관련되어 전해져 내려오는 것들이다. 앞에서는 용담龍潭의 유래를 뒤에서는 명성왕후의 피난처와 관련되어 있다. 이들 이야기들은 일반 지역민들이 인식하고 있는 다리안산의 성격을 그대로 보여준다. 다리안산은 지역민들에게 있어서 신성한 존재일 뿐만 아니라 가거지家居地로서의 역할을 하고 있다.

다리안을 통하면 소백산 비로봉(1,440m)으로 이어진다.* 비로봉은 북쪽으로 국망봉國望峰**, 남쪽으로 민배기재와 연봉을 이루어 예로부터 태백산太白山과 함께 신성시되는 산이다. 서쪽으로는 비교적 반반한 고지가 펼쳐지고, 그 사이를 고수리古藪里 부근의 남한강으로 흘러드는 국망천이 흐르면서 어의실(於衣谷)을 기점으로 하는 등산로를 이룬다. 동쪽은 비교적 경사가 급하며, 낙동강 상류의 지류인 죽계천竹溪川의 수원이 되는데 이 계곡은 등산로로 이용된다. 비로봉에서 죽계천을 따라 내려가면 석륜광산石崙鑛山이 있고, 이곳을 지나 더 내려가면 초암사草庵寺가 있다. 석륜광산에서 북동쪽으로 고개를 넘어 내려가면 계곡이 아름다운 골짜기가 나타나는데 이곳에는 석천폭포石川瀑布・성혈사聖穴寺 등의 명소가 있다. 이 골짜기에서는 산천어山川魚가 잡힌다. 아주 깨끗한 곳이다.

비로봉에서 남서쪽으로는 4킬로미터 가량 비교적 평탄한 고위평탄면이 나타나는데 이를 따라 내려가면 연화봉蓮花峰이 있고, 다시 4킬로미터 가량 내려가면 제2연화봉에 이른다. 그 중간에 국립천문대가 있다. 소백산의 남쪽 약 4킬로미터 거리에 죽령竹嶺이 있으며 제2연화봉의 동쪽 비탈면에는 희방사喜方寺・희방폭포 등이 있고, 더 내려가면 국도와 중앙선 철도의 희방사역이

* 소백산은 1987년 국립공원으로 지정되었다. 소백산 정상인 비로봉은 불교의 비로자나불에서 유래되었다. '비로자나'란 '빛나는 것'을 뜻한다. 원래는 태양의 빛을 나타내는 것이었으나, 뒤에 불교에서 '근원적인 부처'라는 뜻으로 의미가 전이되었다.

** 국망봉에는 신라 마지막 왕인 경순왕의 아들 마의태자가 망국의 한을 품고 금강산으로 들어갈 때에 조국을 바라보며 하염없이 눈물을 흘렸다는 전설이 깃들여 있다.

있다. 소백산 부근에는 예로부터 산삼을 비롯한 약초가 많고 정상 일대는 주목이 군락을 이룬다.* 이런 점에서 단양은 축복받은 땅이다.

특히 소백산은 봄 철쭉이 유난히 아름답다. 그래서 매년 5월말이나 6월초에 소백산철쭉제가 개최된다. 소백산철쭉제는 단양지역의 가장 대표적인 축제다. 오색찬연한 불꽃놀이를 시작으로 소백산에서는 산신제와 철쭉여왕선발대회, 꽃길걷기대회 등이 열리며 철쭉요정선발대회와 민속장터, 충주호뗏목놀이, 강변거리축제(각종 전시회 및 먹거리), 다리밟기, 띠뱃노래시연 등 다채로운 행사가 연일 곳곳에서 성대하게 펼쳐진다. 자연의 신비와 고귀한 문화유산이 한데 어우러져 철쭉의 아름다움과 함께 소중한 추억의 장을 엮어준다.

▲ 소백산철쭉제(향토음식경연대회)

* 국망봉에서 새밭으로 내려가다 보면 천연기념물 244호로 지정되어 보호받고 있는 주목군락을 만날 수 있다. 주목은 높이 10~17m, 둘레 1m까지 자라며, 전국적으로 700m 이상의 고지대에 분포한다. 그러나 천연기념물로 지정된 곳은 소백산뿐이다.

2 죽령폭포

죽령폭포竹嶺瀑布는 단양에서 남쪽으로 18 킬로미터 지점에 있다. 죽령역에서 중앙선을 따라 죽령을 통과하는 터널 입구 왼쪽에 있다. 죽령폭포를 이야기하기 전에 먼저 죽령의 산세를 이야기하려 한다. 죽령길은 신라시대에 개통된 중요한 도로다. 예로부터 서울과 경상도, 충청도, 강원도를 연결하는 요충지였다. 이 일대에 대나무가 무성하여 '죽령竹嶺'이라고 하였으며, 내리막길이 30리 오르막길이 30리, 아흔 아홉 구비의 험하고 힘든 고개로 인근에서 유명하다.

죽령 잿말랑에서 바라보면 경상북도 풍기와 충청북도 단양은 극명한 대비를 이루고 있다. 풍기 쪽은 고개를 끝으로 단번에

● 죽령에는 큰 터널이 두 개가 있는데 죽령터널과 죽령역을 못 미쳐서 있는 또아리굴이다. 중앙선 전 구간이 개통된 지 7년 째 되는 1949년에 이 또아리굴에서 큰 사고가 일어났다. 기차는 급경사를 오르지 못하는 단점이 있어서 지그재그로 가거나 원을 돌며 고개를 올라가야 한다. 이처럼 지그재그로 가는 식을 스위치백이라고 하는데 제천에서 강릉으로 이어지는 태백선 길에 하나가 있고, 원을 돌며 가는 루프식은 원주 치악재와 소백산 죽령재에 각각 하나씩 있다. 곧 또아리굴이 루프식 굴이었는데, 터널의 길이가 무려 6킬로미터나 된다. 원래 루프식 굴은 전기 기관차로 통과하도록 설계되었으나 그 당시에는 증기 기관차가 운행을 하였다. 그러다가 굴 안에서 기차가 고장이 나는 바람에 수증기와 매연에 의해 45명이 희생당했다. 그 후 중앙선은 1988년에 가서야 영주-단양 구간에 전기 시설을 갖추고 전기 기관차를 운행하였다.

▲ 죽령폭포(남기주 사진)

평지로 뚝 떨어져 내리는데 탁 트이는 눈맛이 일품이다. 이에 반해 단양은 잿말랑에서 봤을 때 고개가 끝날 기미를 보이지 않고 연신 구불구불 산을 돌아간다. 산봉우리는 첩첩이어서 보는 이로 하여금 끝이 없는 인생길의 막막한 고단함을 느끼도록 만든다.

그러나 찾아오는 이의 마음을 촌스럽게 만드는 단양의 첩첩한 산중이 이로울 때와 감동적일 때가 있기도 하다. 산이 높고 봉우리가 많은 관계로 그 골짜기에서 이뤄지는 계곡의 발달이 경상도 쪽보다는 월등하다. 울창한 산림들이 한꺼번에 비를 받아서는 조금씩 연중 흘러 보내주는 물들은 사계四季의 풍광을 아름답게 꾸미는데 일조를 담당한다. 특히 연화봉과 도솔봉 상간에서 발원하는 죽령천은 청정계곡이 주변의 울창한 숲과 어우러져 여름철 피서지로 각광을 받고 있다.

계곡이 피서지로 제격인 이유는 맑은 물도 하나의 요건이 되겠지만 그보다는 숲의 나무들이 제공해 주는 그늘의 영향이 더 크다. 죽령계곡은 나무 그늘이 계곡을 덮다시피 해서 조용히 더위를 피하고자 하는 사람에게는 더없이 좋은 장소다. 또한 소백산에서 발원된 벽계수碧溪水가 죽령계곡을 휘감고 돌아 아홉 척의 높이에서 떨어지는 죽령폭포는 마치 은빛의 실로 수를 놓은 듯한 신비경을 자아낸다.

죽령은 다자구 할머니 이야기를 비롯해서 「모죽지랑가」와 같은 향가 작품을 간직하고 있는 곳이다. 「모죽지랑가」는 효소왕(제32대, 692~702) 때 득오가 지은 노래로, 『삼국유사』 '효소왕 모죽지랑 조'에 실려 전한다. 형식은 8구체이다. 삼국통일의 위업을 이룬 화랑 죽지랑의 낭도였던 득오가 한낱 아간阿干에 불과한 문관 익선에게 끌려가 창고지기의 고역을 치를 때, 죽지랑의 도움으로 말미를 받을 수 있었다. 득오는 나중에 급간의 지위에 이르렀는데, 그는 죽지랑에게서 육친과 같은 인간미를 느꼈다. 이에 그의 높은 인격을 사모하고 그리는 마음을 곡진하게 읊은 것이다.

이 작품이 추모의 내용이란 점에서 제작 시기를 죽지랑이 죽은 후 그를 추모하여 부른 만가로 보기도 하고, 생존 당시로 보되 그가 젊었던 시절로 보는가 하면, 노경에 접어들었을 때로 보는 등 다양하다. 한편 작품의 접근 방법도 다양하여 불교사상과 관련하여 진찬가眞讚歌・만가로 보기도 하고, 역사 사회학적으로 접근하여 화랑단의 몰락 과정에서 배경설화를 이해하기도 하며, 노래 자체만을 대상으로 접근하여 순수 서정시로 보기도 한다.

죽지랑은 삼국을 통일하는 데 힘쓴 영웅이다. 죽령의 거사가 '길을 닦는' 데서 술종공과 만났기 때문에 환생하였다. 환생한 인물이기 때문에 죽령 북쪽 봉우리-보국사라고 보여짐-에 미륵불을 안치하였다.* 죽지랑은 단양의 지기地氣와 관련된 인물임에는 틀림없다.

* 보국사 터는 두 곳으로 추정되고 있다. 한 곳은 산신당이라고 불리는 연화봉 기슭이고, 다른 한 곳은 도솔봉 아래의 미륵불이 있는 곳이다. 필자의 생각으로는 후자가 보국사 터일 가능성이 높은 것 같다. 쇳골에서 잿말랑으로 이어지는 길가에 미륵불이 있다. 계곡을 따라 이어지는 소로는 1966년 죽령로가 새로 개설되기 전까지 다니던 길이다. 미륵불은 머리가 떨어져 나간 채로 서 있으며, 두상이 없는 상태에서도 4m나 된다. 발 부분과 어깨 위쪽 부분이 심하게 파손되었으며, 앞으로 들어올리고 있던 오른쪽 팔은 떨어져 나가 형체조차 남아 있지 않다. 현재 남아 있는 몸통 부분도 원래는 4등분으로 깨져서 풀숲에 나뒹굴고 있던 것을 시멘트로 붙여서 일으켜 세워놓았다.

간 봄 그리워하여
모든 것이야 울어 시름하는구나
아름다움 나타내신
얼굴이 주름이 지녔구나
눈 돌릴 사이에
만나보게 되오리
낭이여 그리운 마음에 가는 길
쑥이 우거진 곳에 잘 밤 있으리.

간 봄 그리매
모돈 것 우리 시름
아롬 나토샤온
즈 살쯈 디니져
눈 돌칠 스이예
맛보옵디 지리
郎이여 그릴 모미 녀올길
다봊 굴허혜 잘밤 이시리.

또한 죽령에는 죽령산신당이 있어 국가의 안녕과 단양 사람들의 수호를 기원하는 제를 올린다. 한국 최고의 금석문인 평남 용강군의 염제현신사비(기원 후 85년)에 낙랑군의 한 현縣인 염제현에서 산신 '곤평산군'을 모셨다는 기록이 남아 있다. 산군은 산신에 대한 높임 말이며, '곤평'은 아마도 용강의 진산인 동아시아적 곤평崑平으로 이해된다. 이 산신은 원래 원주민의 토속신이었으나 당시 한漢의 관리에 의하여 정식 제전祭典에 편입되었던 것으로 보인다. 그들은 이 산신에게 비바람을 순하게 하고, 농토를 윤택하게 하며, 백성이 오래 살게 하고, 오곡의 풍성함과 도적이 일어나지 않기를 기원하였다. 이 같은 사실에 비추어 보아 비단 염제현뿐만 아니라 다른 현에서도 산군山君이라 표현된 산신을 믿었을 것으로 생각한다.

이러한 신앙 전통은 삼국시대에도 계속되었다. 특히 각 지역의 명산은 국가의 사전祀典에 편입되어 국가적 차원에서 제사되었다. 물론 이들 산은 그 이전 시기부터 각 지역의 소국이나 주민들로부터 중요한 신앙의 대상으로 정성껏 모셔져 왔다. 또한 이때 제사의 대상은 자연 상태의 산악 자체가 아니라 명산을 중심으로 하여 일정 지역을 관할하고 그곳에 거주한다고 믿는 산신이었다.*

『삼국지』「위지동이전」, 『신당서』에도 신라 사람들이 산신에게 제사지내기를 즐겨한다고 전하고 있다. 『삼국사기』「제사조祭祀條」에 의하면, 신라의 경우 국가에서 가장 중요하게 여긴 삼산三山은 대사大祀로, 오악五岳, 사진四鎭, 사해四海, 사독四瀆은 중사中祀로, 그리고 기타의 다른 산천은 소사小祀로 편성하여 위함을 받았다.** 곧 삼산, 오악, 각처의 명산을 각기 대·중·소사로 나누어 그에 따라 차등 있게 제사를 모셨다. 삼산은 신라의 수도인 금성을 중심으로 한 경기지역에 위치하며, 오악은 신라의 동서남북 사변四邊과 중앙에 위치한 산이다. 그리고 각처에 흩어져 있는 산은 소사小祀의 대상으로 편입되었다. 죽령산도 소사의 대상이었음을 다음의 기록

* 산신에 대한 제의는 우리나라 고대국가에서 행하던 국행산천제(國行山川祭)에서 분화된 것이다. 특히 조선시대에 와서 전국의 명산대천을 관행제로 정리하였는데, 그것은 각 지방마다 그 고을을 진호하는 진산을 설정하면서 시작되었다. 『신증동국여지승람』에서 그 근거가 확인된다.

忠州牧 大林山, 淸州牧 唐美山, 淸風郡 因地山, 沃川郡 馬聖山, 槐山郡 錦山, 文義縣 壤城山,

陰城縣 迦葉山, 懷仁縣 何磨山, 永春縣 城山, 永同縣 聖隍山, 堤川縣 龍頭山, 靑山縣 已城山.

** 신라시대에 소사로 국행산천제를 행했던 충북지역의 산천은 다음과 같다.

丹陽 竹旨(竹嶺山), 堤川 月兄山(月岳山), 鎭川 道西城(胎靈山), 報恩. 俗離山(俗離山)

고려시대에 접어들어서는 이 4개소 이외에 충주 양진명소에서 소사로 수신제를 행하였다. 제의 형태는 지방관장이 나라에서 내리는 향과 축을 받아 춘추로 행하는 국행제였다.

에서 확인할 수 있다.

　　(가) 小祀……竹嶺山(忠淸道).(『태종실록』「신유조」권28, 태종 14년 8월)

　　(나) 竹嶺 春秋降香祭 行祭.(『세종실록지리지』)

　　(다) 竹嶺祠 在郡東三十里 祀典載小祀 春秋降香祭致祭.(『여지도서』「단양군 단묘조」)

위의 기록에서 죽령산이 소사의 대상이었으며, 봄·가을로 향과 축을 내려 명산대천제를 지냈음을 알 수 있다. 또한 조선 중기부터는 죽령사를 세워 그곳에서 죽령산신제를 지내기 시작하였음을 알 수 있다.

원시시대부터 인간의 정주공간定住空間과 신앙적 관계를 맺고 있는 산에는 하늘로부터 내려온 산신이 있다고 믿었다. 이 산신은 시대와 지역에 따라서 전체국가나 민족의 시조가 되기도 했고, 하나의 부족이나 소국의 조상으로 여겨지기고 하였다. 이렇게 산신의 본질은 어느 정도 동일하되 다만 시대와 지역, 마을의 크기에 따라 산신의 성격과 그에 대한 제사의 규모와 기능이 달라진 것이다. 오늘날 죽

● 죽령산과 죽령사

죽령산은 단양군으로부터 동쪽 30리에 위치한 소백산맥의 진산이다. 죽령은 신라 아달라왕 5년(158)에 개통되었다. 죽령에 대한 어원 전설이 있는데 한 도승이 짚고 가던 대나무 지팡이를 이 고개에 꽂아 놓았는데 그것이 살아 죽령이라 부르게 되었다고 한다.

죽령사는 오늘날 전면 3칸, 측면 1칸, 뒷면 통칸, 앞면은 전퇴로 개방한 팔각지붕의 기와집으로 남아 있다. 1976년 지방민속자료 제3호로 지정·보호되고 있다. 죽령사의 진산인 소백산과 죽령사 뒷산이 단절되었다. 중앙고속도로의 개통으로 산맥 뒷산이 끊어졌는데 이런 문제도 거론할 만하다.

령산신제의 성격이나 규모 그리고 기능도 또한 이와 같은 역사적 궤를 함께 하고 있는 것이다. 죽령산신이 부여받은 국가수호신으로서의 민속신앙적 상징은 다자구할미 설화에서 비롯된다.

(가) 옛날에는 이곳 죽령의 산세가 매우 험하다 보니 도둑들이 숨어살면서 행인들의 패물을 약탈하였다. 나중에는 도둑들이 작당하여 인근 마을과 단양·영춘 그리고 경북 풍기까지 양민의 재산을 착취하고, 인명을 마구 상하게 하였다. 그러자 단양·영춘·풍기지방에서 관군을 풀어 소탕하려 하였지만 워낙 산세가 험해서 도저히 도둑들의 무리를 잡을 수가 없었다. 이때에 죽령의 도둑들에게 재산과 두 자식을 잃고 슬프게 살던 할머니가 있었는데, 관군에게 말하기를 "내가 도둑놈의 소굴에 들어가서 그놈들이 잠을 자지 않으면 들자구야 하고 소리를 지르고, 그놈들이 잠을 자면 다자구야 하고 소리를 지를 테니 그때에 쳐들어오라"고 약속을 하였다.

할머니는 약속대로 "다자구야, 들자구야." 소리를 외치며 도둑들의 본거지가 있는 곳으로 올라갔다. 이를 본 도둑들이 이상하게 생각하여 "웬 늙은이가 소리를 치며 올라오느냐?"라고 물으니 할머니가 "내 자식이 둘인데 큰놈의 이름이 다자구이고, 작은놈의 이름이 들자구인데, 이 늙은 에미를 두고 어디로 가서 찾아나선 길이요"라고 대답하였다. 그러자 도둑들이 "도망간 자식은 찾을 필요가 없으니 여기에서 부엌일이나 거들며 사시오." 하거늘 할머니는 쾌히 승낙하여 도둑의 소굴에서 생활하며 늘 "다자구야, 들자구야"를 외쳤다. 그러던 중 하루는 두목의 생일날이어서 도둑들이 잔치를 하고 모두 취하여 깊이 잠이 들었다.

할머니는 기회를 놓치지 않고 "다자구야, 다자구야" 하고

● **죽령산신당**

죽령산신당은 용부원리 매바위 북쪽 동산에 위치하는데, 이 산상에 와옥일간반(瓦屋一間半)의 사옥(祠屋)이 있다. 당내에는 제단이 있고, 높이 35cm의 본패에 '죽령산지신'이란 위패와 그 좌우에 목재 촛대가 있다. 제일은 매년제로서 춘계제·추계제의 2회를 지내는데, 춘계제는 3월 중정일이고 추계제는 9월 중정일에 지낸다. 제를 지내는 시간은 약 70년 이전까지는 밤 10시에 지냈었으나, 이후로는 낮에 지내게 되었으며 지금은 오전 10시에 지내고 있다.

소리를 질렀다. 이때 대기하고 있던 관군이 도둑의 소굴을 급습하여 전멸시키니 그때부터 모든 고을이 태평하게 지낼 수 있게 되었다. 이후로 이 할머니를 '다자구 할머니'라 부르게 되었으며, 이 할머니가 죽어서 죽령산신이 되었다고 믿었다. 이후로 죽령산신제를 지내게 된 것이다. 그래서 이 산신제를 '다자구 할머니 제사'라고 부르기도 한다.

(나) 오늘날 죽령산신당의 위치는 조선시대 궁중에서 띄운 연이 떨어진 자리라고 한다. 죽령고개 일대에서 들끓었던 도둑이 자취를 감추자 궁중에서는 이에 대한 보상을 하고자 다자구 할머니를 찾았다. 그러나 찾을 수 없었다고 한다. 어느 날 임금의 꿈에 죽령산신이 나타나 연을 띄워 연이 떨어진 곳이 내가 자리잡을 곳이라 일러준다. 그곳이 지금의 죽령산신당 자리이며, 이내 이곳에 죽령산신을 모신 것이다.

— 박광복(단양군 대강면 용부원 3리) 제보

죽령산신제는 제신을 산신·호산신이 아닌 인격신(人格神)으로 하는 것이 특이하며, 동제와 달리 일종의 관행제의 성격을 띠고 있는 것이 특징이다. 죽령 다자구 이야기는 지모신 신화계 설화다. 고대 여성신의 또 다른 모습인데 웅녀, 유화, 지리산모 등과 같은 여성인물이 신격화한 사례와 같다. 죽령산신의 민속신앙적 상징성은 다자구 할머니 이야기에서 비롯된다. 다자구 할머니는 수호신으로서의 면모를 유감없이 발휘하고 있다. 환웅이 지상계에 뜻을 두고 신단수를 통해 신시를 건립한 후 산신으로 화했듯이, 다자구 할머니도 지상계의 여러 상황과 결부하여 사후 천상으로 돌아가지 않고 죽령에 머물러 수호신이 되었다. 이야기에 나타나 있는 민속신앙적 측면에서 다자구 할머니는 천신天神이면서도, 산신山神이며 단양의 지역 수호신守護神이다.

다자구야 들자구야　언제가면 잡나이까
들자구야 들자구야　지금오면 안됩니다
다자구야 다자구야　소리칠때 기다린다
다자구야 다자구야　그때와서 잡으라소
　　— 『한국지명총람』, 「충북편」, 한글학회, 1972.

▶ 죽령산신당

▲ 소백산철쭉제 산신제 모습

위의 노래는 다자구할머니가 불렀던 노래다. '다자구야 다자구야'하는 데서 아들에 대한 원한과 도둑들로부터 단양사람들을 지켜주고자 했던 다자구할머니의 바람이 나타나 있다. 지금도 죽령산신당에서는 그 옛날 도둑을 잡던 다자구 할머니의 '다자구야 들자구야' 외침이 들리는 듯하다. 신화나 신가神歌로 발전하지는 못했지만, 지역민의 소망이 담겼다.

중앙고속도로로 죽령터널이 생겨 옛길은 또다시 옛 국도가 되었다. 소백산국립공원 측과 논의하여 죽령고개 휴게소와 목 없는 미륵불자리, 죽령폭포를 연결하는

▲ 소백산의 가을과 주목 그리고 운해(유상렬 사진)

관광지 연계가 필요하다. 장기적으로 소백산자연사박물관이 만들어져 역사와 자연 체험장이 되어 죽령폭포 등의 아름다움을 볼 수 있어야 한다. 소백산철쭉제도 이제 이 공간을 활용하여 죽령산신제, 소백산산신제, 죽령장승제 등을 중심으로 특색 있는 향토제로 가꾸어 나갈 필요가 있다. 단양의 향가「모죽지랑가」비문을 새기고 다자구 노래비도 새겨 세워야 한다.

3 칠성암

단양에서 북쪽에 있는 대강면 황정리 앞 대흥사大興寺* 절터에서 원통골 골짜기를 올라가면 바로 그 막바지에 원통암圓通庵이 있었다. 1997년 이 암자를 지키던 스님의 부주의로 화재가 나서 지금은 소실되었다. 참으로 애석한 일이다. 원통암은 대흥사의 수도처로 이름이 높았으며 현재까지도 속리산 법주사의 말사로 되어 있다. 소백산의 수려한 경관을 즐길 수 있는 곳이다.

 원통암 서쪽에 하늘 높이 치솟은 바위가 있는데 이것이 칠성암七星岩이다. 칠성암 주변은 화강암이라 햇빛이 비치면 눈이 부시다. 원래 단양은 석회암지대이지만 도락산에서 내려온 화강암이 칠성암을 만들었다. 칠성암은 손가락 다섯에 손바닥, 팔뚝 모양의 돌을 합해서 일곱 개의 바위로 구성되어 있다. 황정산에서 내린 정기가 원통암에서 막혀 솟아오른 것이다. 밑돌이 15m 정도 올라왔는데 평평하며, 그 위에 화강암이 마치 잘 다듬고 깎아서 세운 듯이 20m나 솟아있어 감탄을 자아낸다.

* 대흥사는 회령 아래에 위치하며 신라시대에 창건된 고찰이다. 양산 통도사와 건립시기가 같으며, 사찰의 규모가 매우 커서 건물이 모두 202칸, 승려의 수는 무려 천여 명에 달하며 오백나한상이 봉안되어 있었다고 전해지고 있다.

▲ 칠성암. 단양역 테마공원에는 조남두 시비가 이것을 모델로 하였다.

칠성암의 아름다움은 깎아서 만든 돌조각과 같다는 점이다. 등산객 누구나 사진을 찍고 싶어하고 신앙처로 각광받고 있다. 실제로 외부 사람들보다 단양 사람들이 산치성山致誠을 하던 곳으로 널리 알려졌다. 원통암도 칠성암의 산신앙을 수렴하여 독자적인 가람이었다. 칠성암의 수려함은 암석신앙형태의 본고장처럼 느껴진다.

칠성암 위에는 약 300년쯤 되는 노송이 고사枯死하여 애석함을 더한다. 제2노송을 심어야 할 것 같다. 밑돌 위에 일곱 개의 바위가 있다고 해서 칠성암이라 부르는데, 이 곳은 아들을 낳지 못하는 여인이 아들을 낳게 해 달라며 칠성님께 기도를 드리기도 기도처다. 기자신앙터로 암석민속의 현장이다.

기자신앙祈子信仰은 주로 부녀자가 중심이 되어 신앙행위가 이루어지고 있다. 기자신앙의 형태는 매우 다양하다. 인간을 잉태시켜준다고 믿는 삼신, 수명장수를 관장하는 칠성을 비롯하여 용신과 산신에게 빌기도 한다. 장소는 산이나 물, 바위와 나무 아래, 삼신당, 용왕당, 칠성당 등이며 삼신할머니가 좌정해 있다고 믿는 집안의 안방을 택하기도 한다. 그 외 절에 다니면서 부처의 영험을 의지하기도 한다. 시기는 일정하지 않으나 정월 대보름 전후, 삼월 삼짇날, 사월 초파일, 오월 단오, 유월 유두, 칠월 칠석, 시월 삼일을 비롯한 매월 초사흗날이 많으며 그 외 명절을 전후하여 비는 경우도 있다. 치성기간은 미리 정하는 수가 많은데 3일, 7일, 21일,

백일간 등이며 남이 모르게 빌어야 효험이 있다고 하여 대부분 한밤중이나 새벽을 택한다. 의례방법은 절에 가서 불공을 드리는 것 외에는 촛불을 켜놓고 간단한 제물을 준비하거나 정화수를 받쳐놓고 손을 비비며 기원하는 비손 형식이 많다. 치성을 드리기 전에는 반드시 목욕재계하여 몸과 마음을 깨끗이 하고 부정을 가린다. 이러한 치성은 가장 많이 행하는 방법이다.

범상치 않은 자연물을 신앙의 대상으로 하여 치성을 드리기도 한다. 가장 광범위한 신앙대상은 기자석祈子石이다. 두 개의 바위가 서로 포옹하듯이 엉켜있거나 남성 또는 여성의 성기性器를 닮은 바위가 주로 기자신앙의 대상이 된다. 기자석에 빌 때는 바위 밑에 촛불을 켜놓고 작은 돌을 가지고 상석에 계속 문지르는데 어느 순간 돌이 상석에 붙어서 떨어지지 않으면 소원이 이루어진다고 한다. 그리고 자연물로는 나무가 있는데 구멍이 나있는 고목, 두 나무의 가지가 한 나무처럼 엉켜있는 것, 인체를 닮은 나무 등이 기자신앙의 대상이 된다. 이러한 나무 밑에서 빌거나 인근의 방을 빌어 부부가 합방하면 아들을 잉태한다고 믿었다.

주술적인 방법을 통해 아들을 낳으려는 노력도 많다. 특정한 물건을 먹거나 몸에 지니는 것이다. 수탉의 생식기를 생으로 먹는다든가 석불의 코를 떼어 가루를 내어 먹는 방법, 아들 낳은 산모에게 첫국밥을 해주고 그 산모와 함께 국밥을 먹는 것, 아들 낳은 집의 금줄에 달려 있는 고추를 훔쳐 달여먹는 것, 비석에 새겨진 글자 중 아들과 관련된 한자, 즉 자子·남男·문文·무武·용勇 등을 떼어 가루로 먹는 것 등이 이에 속한다. 몸에 지니는 방법으로는 부적을 간직하거나 다산한 여인의 속옷이나 월경대를 훔쳐다가 몸에 두르고 다니기, 신부가 신행 갈 때 아들 낳은 집의 금줄을 걷어서 가마에 걸기 등 많은 예가 있다. 기자신앙은 일차적으로 자손을 보기 위한 것이지만 아들을 낳은 후에는 그 아들의 무병장수와 부귀영화를 기원하는 것으로 계속 이어진다.

칠성암에서의 기자신앙은 칠성신앙과도 연결된 듯하다. 실제로 이곳에 와서 기도를 드리고 득남을 한 집도 있다고 한다. 칠성신앙의 민속학적 의미에는 수명과 함께 생산과 자손 잉태를 소망한 도교적 발상이 세속화된 것이다.

● **칠성신앙**

칠성신앙은 병이 사람의 길흉화복과 수명을 지배한다는 도교의 믿음에서 유래하였다. 칠성은 칠원성군의 준말로 비를 내려 풍년을 이루게 하고, 수명을 연장해주며, 재물을 준다고도 믿어진다. 칠성신앙이 우리나라에 들어온 것은 삼국시대였으나 발전하지 못하다가 조선시대에 병자호란이 일어난 후 청의 압력으로 도교를 숭상하면서 민간에 널리 퍼졌다. 고려 때는 나라에서 태일(太一)을 지낼 때 칠성신에게 제사를 지냈으며, 민간에서는 칠성신을 아이들의 수명을 관장하는 신으로 믿었다. 한국 불교에서는 칠성각이라는 전각을 세우고 치성광여래·일광여래·월광여래의 삼존불과 칠여래와 함께 칠성신을 불화로 모신다. 칠원성군은 대개 관모와 관복을 착용한 모습이 많고 도사의 모습으로 나타나기도 한다. 불교와 칠성신앙이 접목된 것은 중국에서였으나 불교 사찰 내에 별도로 칠성각을 지어 칠성신을 모시는 나라는 우리나라밖에 없다. 칠성은 맡은 임무가 약간씩 다르다. 탐랑은 자손들에게 복을 주고, 거문은 장애와 재난을 없애준다. 녹존은 업장을 소멸시켜 주고, 문곡은 구하는 바를 모두 얻게 해준다. 염정은 백가지 장애를 없애주고, 무곡은 복덕을 두루 갖추게 해주며, 파군은 수명을 연장시켜준다.

4 구봉팔문

영춘면 남천리와 백자리, 보발리 사이에서 시작하는 구봉팔문九峰八門은 2개면 5개 리에 걸쳐 있다. 자연의 신비함과 불교의 법문과 일치하는 기이한 자연 형상으로 9개 봉우리에 8개 골짜기를 문에 비유하여 문마다 이름을 붙여 놓았다. 기이하고 인생을 살아가는데 교훈을 주는 자연 형상이라는 점에서 흥미와 관심을 자아낸다. 첫째 봉우리를 아곡문봉我谷門峰, 둘째 봉우리를 밤실문봉, 셋째 봉우리를 여의생如意生문봉, 넷째 봉우리를 뒤시랭이문봉, 다섯째 봉우리를 덕가락 문봉, 여섯째 봉우리를 곰절〔雄寺〕문봉, 일곱째 봉우리를 배골문봉, 여덟째 봉우리를 귀기문봉, 아홉째 봉우리인 새밭〔乙田〕문봉이 국망봉 계곡에서 끝이 난다.*

여덟 문은 제1문안을 아골문안, 제2문안을 밤실문안골, 제3문안을 여의생문안골, 제4문안은 덕가락문안골, 제5문안은 곰절문안골, 제6문안을 배골문안골, 제7문안을 귀기문안골, 제8문안을 새밭문안골이라고 한다. 위와 같이 9봉과 8문이 모여서 이루어진 거대한 자연의 형상

* 김의숙, 『구인사의 달』, 북스힐, 1999.

을 구봉팔문이라고 한다. 구봉팔문이 합하여 표대봉(1,066m)의 끝에 모여 신선봉으로 올라가 마치 부채꼴 모양을 이룬다. 아홉 개 봉 중 곰절문봉을 중심으로 정확하게 한자의 팔八자 모양을 하고 있다.

일설에 의하면 불제자佛弟子가 법문法門으로 잘못 알고 그곳에 오르고자 무수한 세월을 흘려 보내고도 결국 법문에 오르지 못한 곳이라 하여 법월팔문法月八門이라고도 한다. 그러나 구인사救仁寺의 중창조사인 상월원각대조사인 박상월 스님(삼척 출신)이 구봉팔문을 올라 국망봉과 신선봉 사이에 '상월'이라고 새겨 놓아서 '상월봉'이라고 부르고 있다. 정상에는 상월원각대조사의 묘소인 적멸궁寂滅宮이 있다. 적멸寂滅이란 불교에서 말하는 열반의 세계를 의미하며 풍수지리학상 세 마리의 용이 승천하는 형상이라 한다.

법문은 8문에서 시작한다. 법문에 입도 하려면 새밭에서 마음을 바르게 정하고 농부의 마음(農心)으로 돌아가야 한다. 농부의 마음으로 자연과 벗을 삼고 밭을 일구어 열심히 곡식을 가꾸다 보면 자연 생리와 우주의 변화 법칙을 자연스럽게 알게 된다. 그러면 7문인 귀기의 경지에 다다르게 된다. 모든 세상 물정과 자기 수련에 관한 귀가 열린다. 나쁜 소리나 법도에 어긋나는 소리, 남을 해하는 소리는 듣는 곧장 잊어버리고 오직 바른 소리만을 들을 수 있어 판단하는 능력이 배양된다. 그러면 6문인 배골로 와서 열심히 배우게 된다. 자기

● **구인사救仁寺**

구인사는 대한불교천태종의 총본산으로, 1966년에 현대식 콘크리트조(造)로 지은 이색적인 사찰이다. 한국 천태종의 중흥조(中興祖)인 삼척 출신의 상월원각(上月圓覺 : 속명 박준동)이 1942년 중국 티베트 등지에서 곤륜산(崑崙山), 오대산(五臺山)의 문수도량(文殊道場)과 아미산(峨嵋山)의 보현성지(普賢聖地) 등을 순례하고, 광복 후 귀국하여 1946년 소백산에 들어가 구봉팔문(九峰八門)의 연화지(蓮華地)를 찾아 천태지관(天台止觀)의 터전을 닦기 시작하였다. 그 뒤 급성장하여 대가람(大伽藍)으로 발전하였는데, 이 절에는 5층 높이에 900평 넓이의 1만 명을 수용할 수 있는 대법당, 135평의 목조강당인 광명당(光明堂), 400평의 3층으로 된 총무원 건물과 30칸의 수도실인 판도암(辦道庵), 특별선원인 설선당(說禪堂) 등이 있으며, 불사(佛舍)와 침식용인 향적당(香寂堂) 등 편의시설까지 50여 채의 건물이 있다. 또 사천왕문에는 국내 최대의 청동 사천왕상이 안치되어 있다. 이 태고종단은 염불(念佛) 중심의 의례종교를 탈피하고, 생활 속에 자비를 실현하는 생활·실천 불교를 지향하며, 주경야선(晝耕夜禪)으로 자급자족한다는 것이 특징이다.

심신을 수련하고 익히게 되며 악함을 멀리하고 선함과 진리를 몸소 실천해야 한다. 6문의 경지를 지나면 수도자의 자세가 어느 정도 정립된다. 5문인 곰절에 와서는 열심히 곰같이 일을 하며 더욱 불도에 정진하고 타인의 일을 간섭하지 아니한다. 말을 삼가하고 남을 절대로 험담하지 않고 오직 자기 자각에만 정렬을 쏟아야 한다. 물욕을 완전히 버려야만 5문을 통과할 수 있다.

그 다음은 4문인 덕가락에 와서 자기가 지니고 있는 덕의 척도를 시험한다. 덕을 펴서 가까운 이웃친지와 모든 자연인에게 베풀어야 한다. 이때에 자기가 닦고 얻은 만큼 또는 공덕을 쌓은 만큼 결과를 처음으로 자각할 수 있는 기회를 가진다. 3문인 여의생에 오면 지금까지 닦고 쌓은 덕이 자기의 뜻과 생각대로 이루어진다. 자기가 수행하고 고행한 만큼 나 자신에게도 덕이 돌아오게 되고 덕이 펴진다. 그 문이 밤실에 와서는 밤꽃이 뭉실뭉실 피어나는 연꽃처럼 열매를 맺는 결실의 문턱에 다다른다. 이때 자기가 적게 닦고 크게 얻으려는 허망, 적게 뿌리고 많이 거두려는 허욕, 열심히 일하지 않고 또 고행하지 않고 이루려는 허황된 꿈을 통해

▶ 구인사 대조사
전(임원빈 사진)

득도와 타락의 윤곽이 드러난다.

  이곳에서 득도문에 자신이 있는 사람, 곧 밤꽃 같이 알찬 열매가 맺어질 사람만이 득도의 문 아존我尊-천상천하유아독존天上天下有我獨尊-을 이루어 신선봉에 올라 하늘로 영혼이 승천할 수 있다는 인간의 수행방법을 산의 형상이 말해 주고 있다. 선천 8괘(8문) 후천 9궁(9봉)을 이곳 소백산 구인사가 있는 곳에 심어 놓은 것이라 했다는 이야기인데 이는 백자리 김완우에 따르면 상월 원각대조사가 남대충 대선사에게 들려준 것을 전하고 있는 것이다.

  이중환의 말대로 소백산은 '사람을 살리는 산〔此活人山也〕'이고, '피안의 제일 가는 땅이 된다〔爲避岸第一地〕'는 점에서 구인사와 함께 보배로운 곳이다. 김의숙도 "구비전승을 입증이라도 하듯이 현재 불도로써 지혜를 구하거나 관음기도를 통해 고통을 해결하려는 신도들이 소백산의 구인사를 귀의처로 삼아 운집하고" 있다고 하였다. 끝으로 상월조사의 열반게를 옮겨본다.

법신은 세상에 나오지 않았으니	諸佛不出世
또한 열반에 들 것도 없네.	亦無有涅槃.
죽고 사는 것이 본래 공하니	死生本空寂
차고 비우는 것이 한 달 바퀴네.	盈虛一月輪.

5 북벽

북벽은 원 단양팔경에 옥순봉(현재 제천 소속) 대신 들어가야 할 명소다. 남한강은 영월에서 흘러와 용진·느티를 거쳐 영춘면소재지를 돌아 나간다. 용진에서 물굽이를 틀기 시작한 강물은 느티골에서 절정을 이루는데, 바로 그 마을 앞에 북벽이 까마득한 자태로 몸을 세우고 있다. 동대리로 넘어가는 길은 바로 북벽 위를 지나가는 셈이다. 강변에서 보면 마치 병풍을 두른 것 같아 '북벽北壁'이라 하며, 태수 이보상 선생이 북벽의 벽면에 '북벽'이라 암각한 후부터 계속 북벽이라 부르게 되었다고 『영춘읍지』 대동지지의 산천조에 기록되어 있다. 오대산에서 발원한 남한강 물줄기가 영월에서 동강과 서강으로 합쳐져 북벽에 이르러서야 강다운 면모를 갖추게 되며 강폭을 넓게 하고 수심을 깊게 한다.

강물은 북벽 앞에서 크게 휘돌아 나가며 북벽의 밑둥을 씻고, 굽이의 안쪽에는 수마가 잘된 돌들을 퇴적시켜 놓았다. 둥글둥글한 강돌과 투명한 물, 물위에 우뚝

◀ 북벽 입구의 기념비와 장승

선 절벽과 절벽 위에 괴이하게 몸을 세운 수목들이 어우러져 장관을 이룬다. 북벽의 가장 높은 봉을 '청명봉靑冥峰'이라 하고 바위 하나가 마치 매가 날아가는 형상을 하고 있어 '응암鷹岩'이라고도 한다. 자연 동굴이 수십 개 있어서 박쥐, 비둘기가 많이 서식하며, 동굴 주변에 바위가 서 있는데 떨어졌다가 힘차게 일어나는 형상을 하고 있어 '강운장'이라 부른다.

고려시대 영월의 속현이었을 때 영월, 영춘이란 말이 아직까지 전해 오고 있고 영월, 영춘, 청풍, 단양, 풍기, 제천 등지의 풍류객들과 유생들이 이곳 북벽에서 배를 띄워 놓고, 북벽의 봄 철쭉, 물진달래, 가을단풍을 즐기면서 장원한 시를 암각하였다. 이때 글을 쓰고 암각한 사람이 50여 명 있었는데 모두가 중앙관직이나 관찰사, 수령들이었다. 느티에 영춘향교가 있고 현재의 느릅나무 아래서 많은 선비가 글을 지어 암각하였는데 그 중 사주 김홍량의 한시를 소개하면 다음과 같다.

좁은 단애(斷崖)는 강류(江流)로 통해있고
기암은 하늘을 찌를 듯이 솟아있다.
층층이 비단같은 단벽(丹壁)은 구름과 병풍같이 둘렀는데
부용의 꽃은 흡사 옥경속에 있는것 같다.
이 벽을 만든 것은 참으로 신의 노고이며
연마한 것은 마땅히 고여성(古女聖)의 공이다.

▼ 북벽의 겨울풍경

이로써 조물주의 다사함을 돌이켜 알 수 있고
만연히 궁산을 향하여 그 공이 헛되지 않음을 알겠네.

峽斷江流一派通　奇岩簇立障青空.
層層錦繡運屛裏　箇箇芙蓉玉鏡中.
開鑿定勞神禹手　鍊磨應試女媧功.
從知造物還多事　漫向窮山枉費工.

북벽의 매력에 빠져 북벽을 보고 간 사람은 누구라도 그 속에서 헤어날 수 없다. 1960년대만 해도 북벽 여울에 흐드러지게 핀 진달래와 뗏목이 부딪쳐 뗏목을 보수하고 잘 내려간 뗏사공의 뱃노래가 구성지게 어우러지는 모습을 보면 신선이 뱃놀이를 하는 것처럼 보였다. 또 여기서 메아리치는 뗏소리와 여울에 돌을 깎는 물소리가 어우러진 봄풍경이 마치 한 폭의 그림과도 같았다. 추사 김정희도 북벽을 둘러보고 시 한 수를 지었다.

도끼로 쪼갠 두 산 사이, 조막만한 외론 정자
속세의 나막신이 어떻게 이런 병풍바위에 올랐나.
십년 동안 티끌 세상 헤매던 이 자취
지금부터 사람 보면 언제고 반갑게 맞으리.

兩山斧劈一孤亭　步屨何曾到石屛.
十載縱令趣紫陌　看人從此眼常靑.

북벽은 옥순봉을 빼고 일반적으로 말하는 단양팔경

영춘 북벽과 남한강(영춘면 상리)

에 넣어야 한다. 북벽의 아름다움은 남한강 절벽 중에서 최고였다. 뱃놀이를 하면서 옥순봉, 구담봉, 도담삼봉 만큼이나 즐기던 곳이다. 그래서 단양팔경 그림에는 뱃놀이의 풍류가 유독 많다. 뱃놀이의 사연이 설화로 전해오는 것도 많다. 많은 시와 암각글자가 남아 있다. 과거 영춘 고을에서 가장 사랑받던 놀이현장이었다. 이곳을 찾아가서 편하게 볼 수 있는 남한강 정자(가칭)도 만들고, 급류타기를 할 때 설명하는 책자도 만들어야 하며, 안내문 게시판이 세워져야 한다. 영춘에서는 북벽을 사랑하는 모임도 만들어야 한다. 뱃놀이를 레프팅으로 대체할 만한데 예전의 운치를 체험할 수 있어야 한다.

6 온달산성과 온달

온달산성에는 온달이 없다. 다만 성돌마다 온달의 목소리가 배어 있을 뿐이다. 온달산성은 영춘면 하리와 백자리 사이의 해발 427m 성산 위에 있는 성으로 사적 제 264호로 지정되어 있다. 고구려 평원왕의 사위 온달장군의 무용담이 영춘지방에 전해져 오면서 붙여진 이름이다. 고구려의 명장으로 알려진 온달장군에 대해서는 『삼국사기』 열전에 실려 있는 것이 그 시원이다.*

『삼국사기』 열전에 실려 있는 고구려인은 을지문덕·을파소·밀우·뉴유·명림답부·창조리·개소문과 온달뿐이다. 따라서 고구려의 역사에 있어서 온달이 차지하는 비중은 매우 큰 것으로 생각한다.

그러나 전기의 내용이 설화적인 면을 많이 간직하고 있어서 그동안에는 위대한 장군이기에 앞서 바보 온달로서 또는 온달의 부인인 평원(강)왕의 딸 평강공주의 이야기로 널리 알려져 왔다. 더욱 온달의 역사적인 사실보다는 오히려 평강공주가 부귀와 영화를 버리고 바

* 이창식 편, 『온달과 단양』, 단양문화원, 2000.

* 온달에 대해서는 기사(騎射)에 뛰어난 충성스런 무인으로 설화적인 인물로서 주로 다루어져 왔으며, 그 주제도 온달보다는 평강공주를 부각시켜 왔는데 다음과 같은 전기가 있다.
문일평, 「평강공주」, 『조선명인전』상, 조광사, 1948. 이희덕, 「온달」, 『한국의 인물상』 2, 신구문화사, 1965. 김의탁, 「평강공주」, 『한국인물사』, 박우사, 1965. 김현길, 「사랑으로 수놓은 평강공주」, 『한국여성』, 한국여성사, 1979.

** 온달에 대한 전기를 설화문학의 작품으로 또는 일종의 영웅서사시로 보려는 견해 『한국사강좌』 고대편(일조각, 1982, 263쪽)이 있으며, 임재해, 「온달설화의 유형적 성격과 부녀의 갈등」(『여성문제연구』11, 1982.) 김현룡, 「온달설화고찰」,(『학산 조종업 박사 회갑기념논총』, 동 간행위원회, 1990) 등이 있다.

*** 이홍직 외, 『국사신강』(일조각, 1958, 56.쪽) 및 진단학회 편,『한국사』, 고대편

보스러운 온달을 찾아가 훌륭한 장군으로 만들게 된 사연으로 효孝와 충忠을 강조하기 위한 교훈적인 면과 이념적 활용에 의미를 더하여 전승되어 왔다.* 따라서 온달에 대한 연구에 있어서도 설화적인 면에 대해서는 있어 왔지만**, 그에 대한 역사적인 사실에 대해서는 극히 일부의 통사에서 한강변을 잃은 고구려가 실지 회복을 위한 역할로 아단성阿旦城의 위치에 대해서만 많이 다루어져 온 것이 사실이다.***

온달성의 확실한 축조 연대는 알 수 없다. 남서쪽 문턱의 형식과 동문 위 옹성적 돌출부는 한국 고대 성곽에서 드물게 보이는 성 양식이다. 데뫼식 석축산성으로 산성의 길이는 옛 문헌 기록에 1,523척이라고 하였는데, 조선 초기 기록에서 성벽의 길이 단위로 사용된 포백척의 길이 4,475cm(오례척)와 4,673cm(존수척)로 환산하면 각각 68,154m와 71,173m가 되는 바, 앞의 포백척 68,154m에 아주 가깝다. 따라서 이 성의 주위는 1,523척 즉 682m임이 분명해진다. 『신증동국여지승람』, 『여지승람』, 『여지도서』, 『열려실기술』, 『대동지지』, 『만기요람』, 『충청북도지』, 『단양군지』, 『호서읍지』, 『영춘읍지』 등에 기록되어 있다.

온달산성을 '아단성阿旦城'이라고 하였다. 그러나 조선 태조의 이름을 중국에서 받아 올 때에 '단旦' 자를 받아 왔으므로 당시 현의 이름을 감히 왕의 이름과 같이 쓸 수 없어 단 자에 획을 두 번 그어서 '차且' 자를 쓰게

되어 '아차성阿且城'이 되었다. 또 현 명칭을 '을아차현乙阿且縣'이라 불렀다. 이것을 우리말로 풀이하면 '을乙'은 시원지를 말하며, '아阿'는 '아리수阿利水'라고 했던 한강을, 단且은 아침 단자로 있다가 차且 자로 변했다. 이것을 한글 그대로 말한다면 '한강상류 골짜기 동네'라는 뜻이다. 이것은 오늘의 영춘과 같으므로 서울 광장리에 있는 '아차산성峨嵯山城'과는 글자의 어원이 다르다. 이 온달산성을 중심으로 많은 산성이 있고 남천리 성골에 가면 산 능선으로 남은 산성이 그대로 있다. 또한 세목이 세거리에도 문루와 같은 산성의 흔적을 볼 수 있다.

산성을 남한강과 연접한 험한 해발 400여 미터의 산에 쌓은 이유는 국방의 요충지이기 때문이다. 온달산성은 삼국 시대 때의 영토 확장을 위하여 삼국이 치열한 각축전을 벌일 때 축성되었다. 가장 중요한 수로인 남한강을 통제하고 대로를 견제하기 위함이었고 소백산맥의 동쪽으로부터 열린 길 12개 중 온달산성을 지나는 중요한 도로가 있었기 때문이다. 수많은 고갯길은 당시에 모두 중요한 길이었다. 때로는 전쟁의 길이었고 평상시에는 문물이 서로 통하는 문화와 경제의 도로이기 때문이다.

온달산성을 오르는 길은 가파르기가 이를 데 없다. 겨우 300미터의 고지에 불과한 것이 힘이 들기로는 600미터 고지와도 맞먹을 듯 싶다. 그 산 중턱에 언제부터인가 정자가 하나 세워져 있어 사람들의 쉼터로 활용하

(을유문화사, 1959, 458쪽.) 이기백 『한국사신론』(일조각, 1967, 67쪽) 한우근, 『한국통사』(을유문화사, 1970, p. 58) 등에서 모두 아단성을 광장진의 아차성(峨嵯城)으로 기정 사실화하여 위치만을 기록하고 있는 정도다.

▲ 바보온달과 평강공주(임수은 사진)

고 있다. 정자에는 조남익이 지은 「온달장군을 위한 진혼곡」이라는 시가 한 편 걸려 있다. 앞으로 온달산성 가는 길에 이와 같은 시를 더 보태어 걸어놓았으면 좋겠다.

> ● **온달산성**
>
> 온달산성은 고구려와 신라 백제가 3국의 영토분쟁이 가장 치열하고 심하던 때에 쌓아졌다. 신라가 죽령길을 서기158년 개설하고 죽령을 중심으로 하여 한강을 장악하고자 손길을 뻗친 곳이 신라의 적성산성이고, 서기 551년경 적성산성이 신라군에 점령되어 전승기념비로 세운 것이 적성비다. 이때에 고구려 사람은 영춘 온달산성에서 살고 신라사람들은 적성산성에서 살았다는 말이 전해 내려오고 있다. 1400여 년 전에 쌓은 산성이 현재까지 무너지지 아니하고 잘 보존되어 있다.

이제는 돌이로다
아니 풀이로다
장군은 맹세하고 출정했었네
죽령 이북 실지를 회복하지 않고서는
결단코 돌아오지 않겠다고
삼국풍운의 전초기지에서
투구 쓰고 갑옷 입은 위용
남한강 배수진 치고 싸웠네
산천초목도 떨었던 용맹
멀리 요동 벌판에는
나는 미상의 위엄이 진동했었네
가슴에서는 누구보다도 뜨거웠던 사랑
평강공주의 섬섬옥수가 있었네
그러나 어찌 뜻하였으랴
한 줄기 유시에 떨어진 큰별
군사도 울고 백로도 울었네
아직 이루지 못한 맹세
너무도 분통해 관은 땅에서 떨어지지 않았네

평강공주 관을 붙들고 오열하며
생사 이미 정해졌으니 돌아가사이다
하니 비로소
이승을 뜬 장군의 관
이제는 돌이로다
아니 풀이로다
죽어서도 일편단심의 푸른 기상
인구에 회자되어 오 기천사백년
애틋한 장군의 뜻
하늘에 그리는 상형문자로
그 몸부림치던 혼이여
오랜 세월 그 몇 번이나

▼ 온달산성

정숙하고 착하게 정화되어
겨레의 하늘 나라에 올라
성령의 큰 사랑으로 빛나네
땅에는 이제 돌이로다
풀이로다.

온달산성에는 온달장군과 평강공주와 관련된 이야기가 전해져 오고 있다. 사랑의 진혼곡처럼 김부식의 「온달전」보다 실감나는 내용이다.

온달은 어려서 아버지를 여의고 홀어머니와 함께 살았다. 현재의 평양 근처에 거주하면서 홀어머니를 모시기 위하여 열심히 농사일에 전념하였으나 어린 나이에 농사를 짓기가 쉽지 않았다. 수확하는 양도 많지 않았고, 열심히 노력은 하였으나 여건이 맞지 않게 되자 산에서 땔감을 베어다가 부잣집에 공급하면서 그 대가로 쌀이나 돈을 받아 생활을 꾸려나갔다. 이때 온달은 나무 값을 더 달라거나 덜 받으려 하지도 아니하고 주는 대로 가져다가 어머니를 지극 정성으로 봉양하였다. 온달은 힘이 세어 다른 나무 장사꾼보다 두 배나 많이 가져오지만 나무 값을 적게 주어도 고맙다고 인사하는 온순한 마음을 가진 사람이었다. 장안에서는 온달을 보고서 어리석다[愚]면서 바보라고 놀리기 시작하였고, 나무지게를 지고서 동구밖에 나타나면 "온달이 바보, 온달이 바보, 바보온달, 바보온달" 하고 아이들이 놀려대기 시작하였다. 그러나 온달은 아무 소리도 못 들었다는 듯이 대꾸를 하지 않고 묵묵히 지나갔다. 이처럼 온달이 나무지게를 지고 나타나면 아이들이 돌림노래로 알려주기 때문에 나무를 팔아먹는데는 아무런 문제가 없었다.

온달은 매일같이 산에서 나무를 베어다 장사를 했는데 이를 시기하는 나무꾼이 있어 온달에게 힘겨루기를 하자고 하였다. 이 나무꾼이 꾀를 내어 지게 작대기를 먼저 반쯤은 분질러 놓고 온달은 아주 큰 지게 작대기를 분지르기를 하였다. 온달에게 도전한 나무꾼이 먼저 지게 작대기 하나를 분지르자 온달은 지게 작대기 2개를 겹쳐서 한 손으로 땅에 꽂아서 분질렀다. 그리고는 옆에 서 있는 소나무를 뿌리째 뽑아 멀리 던져 버렸다. 이를 본 나무꾼들은 모두 놀라서 도망을 갔고 그 뒤로는 온달에게 바보소리를 못하였다.

온달은 때로는 야산이나 깊은 산 속으로 나무를 하러 갔다. 하루는 해가 저물어서 집으로 돌아오는 길에 호랑이가 가로막고 길을 비키지 아니하자 화가 난 온달은 호랑이와 싸움을 시작하였다. 온달은 깊은 산중에서 나무를 세 짐째 해오는 길이라 무척 피곤하고 배가 고팠고, 호랑이는 점점 사납게 온달에게 덤벼들어 배고픔을 채우려고 으르렁대며 온달의 정신을 빼앗으려 하였다. 그러나 온달이 호랑이 앞다리 두 짝을 잡고서 서너 바퀴 돌린 다음 팽개치자 호랑이는 정신이 얼떨떨하여 더 이상 싸움을 하려고 하지 않고 도망가 버렸다.

이런 소문이 장안에 퍼지고부터는 온달을 비웃거나 놀리는 사람은 없었으나 철모르는 아이들은 온달이 나타나기만 하면 "온달이 바보, 바보온달"이라고 놀렸지만 온달은 계속 히죽히죽 웃기만 하였다. 그러나 온달의 속셈은 다른데 있었다. 내가 아무리 어머니를 잘해드리려고 해도 겨우 밥 한 그릇에 국 한 그릇일 테고 내가 해주는 음식은 아무리 잘해도 부잣집, 대갓집에서 나오는 음식만 못하다는 것을 미리 머리 속으로 계산하고 바보행각을 하였던 것이다. 대갓집이나 부잣집에서 맛있고 기름진 음식을 먹으라고 주면 집에 앞 못보는 늙은 어머니가 계셔서 가져다 드려야 한다며 먹지 않았다. 그러고 나서 대갓집에서 한 그릇 싸줄 테니 먹으라고 하면 그제서야 음식을 먹었다.

온달은 이렇게 어머님을 모시는 효심이 지극하였다. 그러던 중 온달의 바보 행각이 궁宮으로 들어가게 되었다. 마침 고구려의 평원왕에게는 얼굴이 예쁘고 마음이 고운 평강공주(平康公主)가 있었는데 어려서부터 잘 울기에 평원왕은 공주가 울 때마다 자꾸 울면은 바보온달에게 시집보낸다고 입버릇처럼 이야기면서 달랬다.

온달도 20세가 넘었고 평강공주도 17, 8세가 되었을 때 평원왕은 대갓집이나 고위 관리에게 시집 보내려고 혼담을 넣었다. 왕이 재력 있는 부잣집과 학문이 높은 대갓집과 현직에 있는 고위 관리를 대상으로 혼담을 좁혔다.

그러나 평강공주가 "아버님께서 저를 매일 같이 바보온달에게 시집보낸다고 하였으니 당연히 온달에게 시집가야죠." 라고 하자 평원왕은 "철부지일 때에 너의 울음을 달래려고 아무 뜻 없이 한 소리이거늘, 어찌하여 이 아비의 속도 모르고 바보온달에게 시집가려느냐!"고 성난 목소리로 공주를 설득하였다. 그러나 공주는 "일반 백성들도 언약을 지키는 것이 하나의 관례로 되어 왔는데 군왕이 실언을 하였다는 것은 말 자체를 거론할 가치조차 없다."고 하였다. 평원왕과 왕비가 수차 달래 보았으나 허사였다. 부모가 공주를 달래고 권유할 때마다 마음속에는 온달을 사모하는 정이 점점 깊어만 갔다.

결국 평강공주는 아버지의 성질이 그냥 놔둘 분이 아님을 간파하고서 궁궐을 떠날 결심을 하였다. 그리고 왕에게는 하직 인사도 하지 못하고 유모만을 데리고 유랑길에 오른다.

하지만 온달이 산밑 오두막집에 산다는 것만 알았지 누구 하나 온달의 집을 아는 자가 없었다. 유모와 함께 물어 물어서 온달이 사는 초가삼간을 찾아가는데 유모는 쉬어 가면서 찾아보자고 하였으나 평강공주는 이제는 "온달에게 몸을 의지하려고 나선 이상 이것이 무슨 고생이랴!"라고 말하며 어서 빨리 온달의 집을 찾으라고 재촉하였다. 유모와 공주는 허기진 배를 움켜잡고 하루종일 이길 저길을 다니다가 해가 서산에 넘어가려고 할 때에 서쪽 해 넘어가는 햇살 쪽에 찌그러진 초가삼간이 그들의 눈에 들어왔다. "유모 저것이 아마도 이름으로 듣던 온달의 집인 것 같소." 하니 "글쎄요 저렇게 찌그러진 집에 사람이 살까요?" "빨리 가서 주인을 찾아보게" "예" 하면서 유모가 물집 생긴 발을 절룩거리며 먼저 초가집에 당도하여 주인을 불렀으나 기척이 없었다. 해는 다 넘어가서 어두워지려 하고 마땅히 잘 곳도 없어서 망설이고 있을 때 저만치 큰 나무 지게를 지고 오는 사람이 공주의 눈에 보였다. 지게를 진 남자의 모습이 차츰차츰 가까워지더니 공주의 앞에 선 사람은 바보가 아니라 잘생기고 건장한 남자였다.

　유모는 평강공주를 온달의 어머니와 온달에게 소개하였으나 온달의 어머니는 거절하였다. 훌륭한 나라님의 딸을 맞이할 만한 형편이 되지 않아 격에도 어울리지 않는다고 극구 사양하며 좀처럼 허락을 하지 않았다. 그러자 공주가 나서서 평원왕과 공주, 온달과의 자초지종을 이야기하고 이제 집을 나와 갈곳이 없으니 거두어 달라고 간곡히 부탁을 하였다. 어느새 시간이 흘러 주위는 캄캄한 밤이 되었다. 온달의 어머니도 이 어두운 밤에 어디로 갈 수는 없고 오늘은 윗방에서 자고 내일 아침 일찍 집을 떠나 달라며 하룻밤만 자고 갈 것을 허락하였다. 공주는 아침 일찍 일어나 유모와 함께 밥을 지어서 어머님께 바치고 함께 살기를 간청하였으나 공주가 와 힘들어서 살지 못하고 가면 나라님께 폐가 되고, 공주님도 한이 되며 온달도 걷잡을 수 없는 방탕길에 빠지게 될 것이 분명하다고 극구 반대하였다. 공주가 "이제 이 집에 저의 몸을 의지하려고 부귀영화를 버리고 온달님과 결혼하여 한 평생 함께 살려고 왔사오니 아무런 걱정 말고 거두어 주소서." 하고 예를 올리니 마침내 온달의 어머니가 승낙을 하였다. "나 같은 평민과 결혼하여도 후회하지 않을까요?" 하고 온달이 묻자 "지금부터 학문과 무예를 익힌다면 얼마든지 대성할 수 있습니다."라고 공주가 말하였다. 온달이 말하기를 "다른 사람들은 나보고 바보 온달이라고 하는데 공주는 왜 하필 바보한테 시집오는 거요?" "서방님이 왜 바보입니까? 바보라고 부르는 사람이 바보이지요. 늙으신 어머님 봉양 잘하고 맡은 일 열심히 하고 남 해롭지 않는 착한 분이 왜 바보입니까? 이제 그런 소리를 듣지 않기 위해 오늘부터는 집안 걱정은 조금도 하지 말고 열심히 학문과 무예를 닦아야 합니다. 무예에 어둡고 배움이 없으면 어둔하고 잔꾀에 넘어가기 쉽고, 학문만 있고 무예가 없으면 사리가 분별함이 물에 물 탄 것 같아서 끊고 맺음이 없습니다. 그러니 서방님은 오늘부터 글공부와, 활쏘기, 말타기, 창 던지는 방법을 시간을 정해 놓고 하셔야 합니다. 늘 들판과 산을 다녀서 글공부가 답답하겠지만 처음은 글공부를 적게 하고 무예는 소질이 있으니 무예 시간을 많이 하여 지루함을 없애게 하겠으니 저의 계획을 허락하여 주세요." 라고 하자 온달이 이를 허락하여 공주의 계획에 따라 어머님은 유모가 공경하고 온달은 공주가 맡아서 교육을 하였다. 마침내 온달은 3년이란 짧은 세월에 무예에는 능통하고 글 잘하는 한량으로 성장하였다.

고구려에는 매년 음력 3월 3일에 무사들이 모여서 경연대회를 열었다. 그리고 온달은 이 대회에서 장원으로 뽑혔다. 집으로 돌아와 평강공주에게 이 사실을 이야기 하니 두 사람이 함께 기뻐하고 이제는 아버지께 떳떳하게 나서서 결혼을 요청해야겠다고 마음먹고 있을 때 후주(後周)의 무제(武帝)가 요동을 거쳐 고구려를 침입하였다. 나라에서 장정 징발령이 반포되어 모든 장정을 모아 오랑캐를 물리쳐야 한다고 야단들이라 평강공주와 온달은 죽음을 무릅쓰고 싸우면 반드시 이기고 살아온다는 병법을 생각하며 온달은 평강공주에게 돌아올 것을 약속하고 평강공주는 싸움터에서 이기고 돌아오는 승전군이 되기를 마음속으로 빌면서 웃으며 서로가 작별하였다.

온달이 후주의 무제와 접전하여 싸움을 하는데 고구려의 선봉장으로 종횡무진하며 무제 군사들의 목을 쳐서 군사들의 전열을 깨뜨렸다. 선봉장이 좌측으로 가로질러 적군을 분리시키고 우측으로 역공하여 적을 섬멸하니 고구려군의 피해는 적고 적의 많은 군사가 목숨을 잃고서 퇴각하였다. 사기가 충천한 고구려 군사가 귀환하여 성대한 잔치를 베풀고 평원왕이 나와 "이번 싸움의 일등 공신을 누구인가 내가 그 자를 표창하고 벼슬을 높여 주리라." 하며 군사 앞에 나서자 모두가 한 소리로 "이번에 가장 큰공을 세운 사람은 온달장군이요." 라고 대답하였다. 이에 평원왕은 온달에게 술잔을 권한 후 온달에게 대형(大兄)의 벼슬을 내리고 온달과 평강공주는 부부로서의 인정을 받게 되었다.

온달장군과 평강공주는 오랜만에 삶의 보람과 부모와 나라의 고마움을 생각하며 살아가게 되는데 이번에는 평강공주와 온달장군이 함께 논의하여 평원왕에게 온달장군이 앞에 나가서 아뢰기를 "저를 어리석다 생각 마시고 저에게 군사를 주신다면 신라에게 빼앗긴 땅을 찾아서 돌아오겠습니다. 이곳의 백성들이 아비의 나라를 생각하며 눈물짓는다고 합니다. 만약 죽령 이북 지방을 찾지 못하면 돌아오지 않겠습니다. 저에게 군사를 주소서." 하여 왕이 군사를 주어 신라군과 대적하기 위하여 영춘의 하리에 당도하여 온달산성을 쌓기 시작하였다.

　온달은 최후에 죽을 것을 각오하고서는 배수진의 성을 쌓는데 면별로 성 쌓는 것을 맡겼고 성안의 우물을 잘 수록하여 허기질 때 물이라도 실컷 공급하고자 하는 것이고 불리할 때 지구전을 하자면 물은 필수 조건이었다. 이때에 고구려, 신라, 백제의 정세는 신라와 백제는 힘이 약하니까 형제의 맹약으로 백제와 신라간의 국제 결혼을 하고 불가침조약이 체결된 상태에 고구려에 북쪽 후주의 무제가 쳐들어오자 고구려 군사가 모두 출동하여 북방을 경비하고 치열한 전투를 할 때 백제가 먼저 고구려를 공격하여 몇 개 군을 빼앗아 자기 영토로 만들었으나 고구려는 위쪽만 생각했지 아래쪽 신라, 백제는 생각하지도 아니하였다. 신라 쪽에서 생각하니 힘이 가장 약한 백제가 10개 군을 근위하

▼ 어린이들이 만든 온달장군 허수아비

신단양팔경의 민속과 문화 ● 223

니 신라에서도 화가 나서 거칠부 외 8장군으로 하여금 한강 부근 죽령을 중심으로 20여 개 군을 공취한다.

이때 신라군이 죽령을 넘어서 공격을 해왔다. 죽령의 희방사계곡을 넘어서 비로봉에서 전열을 가다듬고서 개진을새밭[乙田]으로 하여 어의곡 → 보발 → 용수동에서 기마병을 말등길로 보병은 떡가래 아래 본산골에서 2개조로 나누어 공격한다. 제 2진은 비로봉에서 형제봉 신선봉을 거쳐 남천 성골을 공격하였다. 그러나 고구려군은 곶적령(串赤嶺)의 험악한 자연조건을 경계하여 신라군을 무찌르고 제2선인 성골의 성에 저장한 군량미로 신라군을 격퇴하고 곶적령을 지킴으로서 온달산성의 북쪽 공격이 차단되었다. 온달장군은 황장군과 함께 피알기(피화리)에 진을 쳤으나 지형 조건 상 온달성 부근 대진목에 최후의 자선을 구축하게 된다. 꼭두방터에는 보병이, 중간방터에는 기마병이, 아랫방터에는 예비군이 전쟁물자와 후송을 위하여 대기하고 있었다.

신라 쪽에서는 경주와 가깝고 산을 적게 넘지만 고구려 군으로 보아서는 많은 산악행군을 하여 군사가 많이 지쳐 있었다. 대진목에서 신라군과 고구려군 10,000여 명이 치열한 전투를 하다가 면위실까지 밀고 밀리는 중에 온달이 신라군에 포위되어 곧 죽을 지경에 이르렀다. 이때 온달이 실지회복(失地回復)이란 원대한 꿈을 버릴 수 없다 생각하고 신라군이 압축되어 오는 포위망을 뚫고서 비마로에 당도하니 온몸에 피가 많이 묻어 있고 사람의 형상이 말이 아니고 지쳐 있는 상태였다. 온달이 다시 건너와 자기가 죽을 뻔한 면위실을 보니 시체가 즐비하고 피가 흘러서 온통 피바다가(피바위골) 되어 있었다. 대진목에 왔으나 황장군은 전사하고 병사들은 모두 온달산성 안으로 도망쳐 들어간 상태였다. 그래도 온달장군을 힘을 내어 싸웠다. 고드너끼 고개로 신라군의 기마병이 들어온다는 연락을 받은 온달은 은포동에 숨겨둔 돌포〔石砲〕를 날렸으나 2번 이상 쓰지 못하고 신라군에 점령당하고 말았다. 온달은 결국 온달산성을 버리고 퇴각명령을 내린다. 강을 건너는데 군사들이 힘이 없어 여울에서 물살에 떠내려(망굴여울)가자 온달은 군사를 건져내어 휴석 근처와 능선의 안전한 곳(아산동)으로 집결시켜 쉬게 하였다. 이후 온달산성으로 뛰어 들어와 온달산성의 돌을 뽑아 던지면서 신라군에 대항하지만 군사력 부족과 양곡 부족으로 전세가 불리해졌다. 이 때, 신라군의 화살이 날아와 온달장군의 가슴에 맞으니 온달장군도 몹시 지친 나머지 쓰러지고 말았다.

 온달산성이 함락되고 신라군도 전열을 정비하여 돌아갔으나 고구려군의 입장에선 부마이며 장군인 온달장군의 시신을 찾는 것이 급선무였다. 모두가 온달장군의 시신을 찾아 입관하고 고구려로 가려고 하였으나 장군의 관이 떨어지지 않았다. 왕과 약속하기를 잃어버린 땅을 찾지 못하면 다시 살아서 돌아가지 아니한다는 임금과 신하의 약속을 지키지 못하고, 평강공주에게는 남편으로서의 떳떳함과 맹약을 지키지 못하고 전사한 온달장군의 시신이었기에 온달산성을 쉽게 떠나지 못한 것이다. 힘이 센 장사들이 관을 옮기고자 몇 번을 시도하였으나 꼼짝도 하지 않았다. 그러자 누군가가 원혼이 서러워서 못 떠나는 것이니 평강공주를 불러 모시고 가야 한다고 하였다. 몇 일 후 온달산성 아래서 평강공주가 온달장군의 관을 부여잡고 "이제 죽고 삶이 결판났고 서로가 갈길 다른데 이렇게 하면 어찌 하란 말입니까."라고 하자 관이 떨어져 장사를 지냈다.

위의 이야기는 1970년대 화전민火田民들의 입과 입으로 전해져 내려왔다고 윤수경이 기록하였다. 이는 작고

한 우계홍 영춘 지킴이 어른의 이야기이기도 하다. 온달산성 주변의 6킬로미터 내의 122개 마을의 지명에 대한 유래도 온달과 관련되어 있다. 특히 4킬로미터 이내의 82개 마을 중 60%가 군사적 전술 용어로 되어 있어 온달산성의 이름 자체를 되살려 준다. 필자가 만난 우계홍은 현장 곳곳을 가리키며 이야기해 주었다.

그 중 몇 개를 소개하면 '꼭두방터'는 기마병을 막기 위해 진을 치던 곳이었으며, '은포동'은 고구려군의 돌포가 있던 곳이고, '면위실'은 온달장군이 신라군에 포위되어 죽음을 면한 곳이다. '군간'은 군사가 나가 보초를 서면서 온달산성으로 보고하던 지역이며, '쇠점불이', '쇄골'은 전쟁 장비를 재생하고 수리하던 장소이다. '피바위골'은 서로 싸우며 흘린 피가 산의 바위에 많이 묻어 피바위골이라 하며, 전쟁을 하던 병사들의 화장실이 있었던 '통쉬골', 전쟁에서 죽은 사람을 일일이 흙으로 파서 묻을 수 없어 돌로 무덤을 만들었다는 '돌무지골', 서로 싸우다가 다친 부상병들이 피아를 구분하지 않고 함께 살았다는 '안이골', 군사들이 한쪽 골짜기로 진격하면 집중공격을 받을까봐 나누어서 진격한 골짜기를 '분산골'이라 한다. 이렇게 온달산성 주변에는 사연을 가진 지명이 많다.

온달산성은 충북 북부지역에서 가장 아름다운 산성이다. 인위적인 유형문화재 중에서 산세와 근·원경이 아름답게 배치된 보기 드문 산성이다. 이곳에 오르면 영춘이 한눈에 들어오고 남한강의 곡선이 얼마나 아름다운지 알 수 있다. 앞으로 온달무덤으로 추정되는 적석총(태쟁이무덤)이 발굴되고 고구려촌이 건립되면 온달산성은 고구려 그리움의 산성고향이 될 것이다.* 온달의 상상력, 그 끝간데 없는 역사의 아쉬움과 고구려적 추억이다.

* 한양대박물관(관장 배기동)에서 현재 발굴 진행중이다.

7
금수산

걸친 옷
하나 없이
속살 드러내고
요염하게 누워있는 너

먼발치의 나그네
네 모습에 매혹되
차마 눈을 감아버리고

소곤대며 시샘하는
아낙네 보란 듯이
봉긋 솟은 몸매
초록으로 단장하고

지나가던 봄비 불러
긴 밤 지새우고
한참 물오른 모습
뿌연 안개로 가리우네

— 김미숙의 「금수산」

◀ 겨울의 금수산

 향토시인이 노래하는 것처럼 금수산은 남한강 유역 일대의 산 중에서 흔히 '살아 있는' 산이라고 한다. 산이란 대개 멀리서 보면 완만해 보여도 가까이 다가서면 울퉁불퉁한 본색을 드러내게 마련인데, 금수산錦繡山(1,016m)이 그 대표적인 경우다. 적성면 상리에서 혹은 과게이재를 넘어 각기에서 바라보면 여간 거친 산이 아님을 쉽게 알 수 있다. 금수산은 원래 백악산白岳山이라고 부르던 것을 조선 중엽 단양군수로 있던 퇴계 이황 선생께서 너무도 아름다운 경치에 감탄하여 금수산으로 개명하였다고 한다. 비단에 수를 놓은 것과 같다는 뜻의 금수산은 단일한 산이지만, 그 길이가 길고 폭이 두꺼워 많은 약초와 산채를 길러 내고 있다. 특히 가을 경치가 빼어난 아름다운 암산으로 월악산 국립공원의 최북단에 위치하고 있다.

▲ 금수산산시산행

산기슭에는 돌 틈에서 흘러 나오는 물이 고여 만들어진 수심 1미터, 둘레 약 3평 정도의 연못이 있다. 물이 매우 깨끗하고 맑다. 예로부터 이곳을 '용소龍沼'라 하였고, 가뭄이나 장마에도 물이 줄거나 늘지 않아 가뭄 때는 이곳에서 기우제를 지낸다.

옛날부터 3·4년에 1번씩 한재旱災를 당했으므로 삼국시대 이래 조정·지방관청·민간을 막론하고 가뭄에 대한 기우제가 성행하였다. 나라에서는 왕이 정사를 잘못해 내리는 천벌이라 하여 왕 스스로가 몸을 정결히 하고 하늘에 제사지냈으며, 식음을 폐하고 거처를 초가에 옮기고, 죄인을 석방하는 등의 일이 있었다. 민간에서는 산상·냇가 등에 제단을 만들고 신역神域으로 정하여 정결히 하고, 마을 전체의 공동 행사로 제사를 지냈다. 제주祭主는 마을의 장이나 지방관청의 장이 맡았으며, 돼지·닭·술·과실·떡·밥·포 등을 제물로 올렸다. 경우에 따라서는 무녀巫女의 가무도 곁들였다.

금수산은 무공해 지역으로 자연생 약초가 많이 자라

고 있어 봄에는 산나물, 여름에는 약초, 가을에는 나무 열매를 따기 위해 많은 사람이 오르고 있다. 이 산에는 비상풀이 자생하고 있는데 비상풀이란 이름은 먹으면 그 자리에서 죽기 때문에 붙었다. 또 이곳에는 '한양지'라고 해서 처서가 지나서야 얼음이 녹는 얼음골이 있다. 돌 구덩이를 30cm 정도 들추면 밤톨만한 얼음 덩어리가 가을까지 나오고 있어 신비감을 더해 준다. 이 얼음을 먹으면 위장병이 잘 낫는다는 소문도 있다. 삼복더위에도 얼음이 나는데 구름이 끼거나 비가 오는 날은 나지 않고 햇빛이 나고 뜨거운 날에만 난다고 한다. 한국에서 삼복더위에 얼음이 나는 곳은 단양의 금수산, 밀양의 얼음골, 그리고 지리산뿐이다.

영조 때 16대 단양군수였던 조청세가 금수산의 돌을 단양으로 운반하려고 산에 올라갔으나, 갑자기 번개가 치고 구름이 몰려와 무서워서 모두 하산하였다는 기록이 있다. 금수산 동쪽 기슭에는 '금수암'이 있는데 높이 3미터 정도 되는 백암으로 산수의 아름다운 경치와 구름의 다양한 조화를 그린 것 같아 속칭 '화암'이라 하며 화암 밑에는 돌이 쌓여 있는데 그 중간에서 비바람 소리가 들린다고 한다.

일설에 의하면 금수산을 처녀봉이라고도 한다. 이유는 단성면에서 바라보면 미녀가 누워 있는 형상을 하고 있기 때문에 불리어지는 이름이다. 중국의 황제가 이곳에 묘를 쓰려고 표시를 하였다고 한다. 또한 금수산 정상부의 원경이 길게 누운 임산부의 모습을 하고 있어 예로부터 아들을 낳으려면 이곳에서 기도를 하면 된다는 이야기도 전한다. 단양군에서 시를 전시하여 볼 수 있게 한 것도 금수산의 이미지에 어울린다. 새로운 금수산 사랑하기가 이루어져야 한다.

8 일광굴

일광굴日光窟은 신단양팔경 중에서 찾아가기 가장 어려운 곳이다. 일광굴은 단양군 어상천면과 영춘면의 경계를 이루는 삼태산三台山(876m)에 있는 거대한 석회석 자연동굴이다. 삼태산은 큰 삼태기 세 개를 엎어놓은 것처럼 보이기 때문에 '삼태기산'으로 불리어 왔고, 산세가 누에가 기어가는 형상이라고 해서 '누에머리산'이라고도 부른다. 삼태산은 아직까지 사람들에게 많이 알려지지 않은 산이다.

또한 이곳에는 삼태산과 오계산을 잇는 '노은치露銀峙'가 있다. 오계산은 산세가 삼태산에 비해 순하다. 하늘 높이 삐쭉삐쭉 솟아난 봉우리와 기암들로서 험준하기만 한 삼태산을 남자라고 한다면 순한 오계산은 여성산이라고 할 수 있다. 두 산은 서로 맞서서 항상 그리워하고 있다. 추운 겨울이면 꼼짝도 못하고 하얀 눈을 뒤집어쓴 채 마주 바라보기만 하는 것이다. 그러다가 봄이 오고 초여름이 되면 밤새 풀잎이나 나뭇잎에 이슬이 내리기 시작하여 아침햇살에 반짝이는데, 이때가 되

◀ 영춘 일광굴 내부

어서야 오계산과 삼태산은 노은치에서 서로 만나게 된다고 마을 사람들은 믿고 있다. 백두대간을 따라 화전 농사를 지으며 살던 사람들이 사랑한 곳이다.

일광굴의 길이는 1km로 동굴 입구가 좁았지만, 굴속은 매우 넓어 면적이 수백 평이나 되고 높이는 60m 정도가 된다. 1937년에는 조종승 면장이 입구를 확장하여 출입을 할 수 있게 하였다. 현재는 철문을 설치해서 사람이 들어갈 수는 없다. 입구에서 약 50~60m 정도 들어가면 종유석이 흘러내려 돌고개를 이루고 있다. 조그만 고개를 넘으면 넓이 50m, 높이 30m 정도의 넓은 광장이 나타난다. 동굴 안에 높이가 6m쯤 되는 석판이 있는데 바둑판을 그려 놓았다. 옛날에 신선들이 삼태산과 동굴에서 바둑을 두고 놀던 곳이라 한다. 바둑놀이의 명소가 또 하나 소개되는 곳이다. 모두 신선풍이다.

　신선골 우측으로 내려가면 나룻배형으로 되어 있는 곳에서 깨끗한 물이 흘러나온다. 위장병이 있는 사람이 먹으면 효과가 있다고 알려진 약수다. 약수를 찾아가는 곳이 끝나는 데 그리움이 멈춘다. 일광굴에는 천장에 구멍이 있어 햇살이 굴을 비추어 통과하여 붙여진 이름이며 하늘로 통한 이 구멍으로 하늘의 신선이 내려왔다 하나 지금은 비둘기가 날아들고 있다.

　임진왜란 당시에 일본군들이 이 마을에까지 침략을 해왔다. 이에 마을 사람들이 굴 안으로 모두 피난을 가 있었는데, 한 노인이 마을의 사정을 알아보고자 굴에서 나왔다가 적군들에게 잡혔다. 적군들은 노인을 고문해서 마을 사람들이 굴 안에 피신하여 있다는 사실을 알아내고는 굴 입구에 불을 지폈다. 이로 인해 굴 안에 있던 수백 명의 마을 사람들이 모두 질식하여 죽었다. 이 참혹한 일이 있은 후 7일이 지나서 연기가 삼태산 정상 부근으로 솟아올랐다고 한다.

▼ 일광굴은 개발과 보존 양면성을 고려해야 한다.

단양사람들의 아픔을 간직한 채 전해져 내려오는 이야기다. 이외에도 산자락 곳곳에 있는 마을마다 많은 이야기들이 전해져 오고 있다. 삼태산 산행의 기점이 되는 임현리라는 마을 이름에서 알 수 있듯이 옛날 을아현의 관아가 있었던 곳이다.

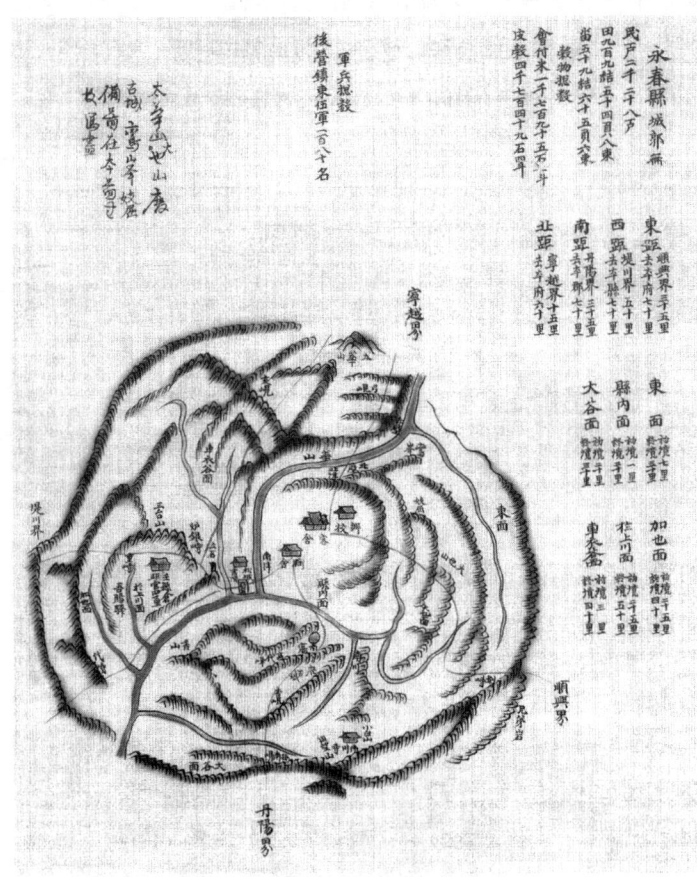

◀ 영춘현 해동지도

임현리 절골은 옛날 을아현의 관아가 영춘현으로 옮겨갈 때까지 절이 있던 곳이다. 원래 을아현의 관아가 있던 현재의 '양지말'은 여성의 형상이며 그곳에서 마주 보이는 '중바위〔僧岩〕'는 남성의 형국이었다. 그 두 형상을 모두 볼 수 있는 곳에 절이 있었다. 따라서 이 절에 있는 승려들은 불공을 올리거나 수도를 하려 해도 지세에 눌려 무념(無念)의 경지에 이르기가 지극히 어렵고 항상 잡념에 빠져 있었다.

마침 새로 현감이 부인을 비롯한 권속을 이끌고 부임해 왔다. 그런데 부인은 불교에 대한 신심이 깊어 가끔 절골의 절에 불공을 드리러 다녔다. 이 절의 승려는 평소 수양을 저버리고 현감 부인의 미색에 빠지게 되었고 부인 또한 승려의 꾀임에 빠져 은밀히 정을 통하게 되었다. 부인이 중과 바람을 피운 사실을 알게 된 현감은 화가 나서 승려를 절에서 멀리 쫓아내고 절을 헐어 버렸다. 그 얼마 후 현청을 지금의 영춘으로 옮겨갔다.

사람들은 절에서 마주 보이는 두 곳의 지세가 그런 일을 저질렀다고 믿었다. 지금은 절골이란 이름만 남아 있을 뿐 절터는 찾아 볼 수 없다. 삼태산에서 1997년 4월에 '제1회 출향인사와 함께하는 고향명산 등반대회'를 개최하여 전국에서 산을 좋아하는 산악인들로부터 좋은 호평을 받았다. 이후로 매년 4월 초 등반대회를 실시하고 있다.[*] 어상천 지역의 몇 군데 명소와 함께 가꾸어야 할 신단양팔경이고 동굴유적도 단양팔경처럼 새롭게 의미 부여해야 한다.

* 단양문화원, 「단양에 내려오는 전설」, 『단양문화』 제7호, 2001, 90~101쪽 참조.

단양팔경의 활용과 단양의 미래

산은 단풍으로 물들고 강은 모래벌로 빛나는데
삼봉은 석양을 이끌며 저녁놀을 드리우네.
신선은 배를 대고 길게 뻗은 푸른 절벽에 올라
별빛 달빛으로 너울대는 금빛 물결 보려 기다리네.

온달과 평강 캐릭터

* 『단양군지』 참조

단양팔경은 단양을 찾아온 사람들의 자연 완상에 대한 찬사의 이름이다. 구곡九曲과 달리 유람과 유희, 기행, 행정 등에 어울리는 이름으로 금강산 다음의 절경이라는 입소문이 만들어 낸 걸작이라는 의미를 지니고 있다. 단양지역으로 국한한다면 단양사람들의 믿음의 원초적 고향, 삶의 본향本鄕이라는 의미를 지닌다.*

명소名所 가꾸기는 해당 지역의 정체성 확립과 특수성 부각을 위한 수단이 된다. 지자체 실시 이후에 더욱 적극적인 모습을 보인다. 그러나 이전의 천편일률적 진행 방식에서 크게 벗어나지 못하고 있는 '지금'의 한계 또한 여실하다. 단순히 '보여주기'식의 관광개발 유형을 전형으로 인식하고 있기 때문인데, 극복 방안으로 해당 지역의 역사적·문화적 인물 재현과 선양이 어울려야 한다. 여기에 상권의 강화 또는 예술적 심미성이 강조된다면 더할 나위 없는 이상적 관광명소화 만들기 모형이 될 것이다. 단양은 남한강의 물줄기가 휘감아 돌며

▲ 남한강문물전

이루어낸 천혜의 경관으로 이전 시기부터 많은 볼거리를 제공해 왔던 지역이다. 그 아름다움은 금강산 일대 다음으로 손꼽혔던 만큼 오늘날에도 비길 데 없다.

 단양지역은 소백산과 죽령을 위시한 산을 이용한 관광명소화, 단양팔경을 비롯한 남한강을 이용한 관광명소화, 온달을 중심으로 한 관광명소화, 특산물을 이용한 관광명소화 등으로 개발·추진해야 한다. 곧 단양지역이 가지고 있는 단양팔경을 비롯한 자연경관과 문화유적, 인물, 특산물 등을 적극 활용해야 할 것이다.

1
소백산과 죽령의 관광명소화

농경시대 이전은 산에 의지하고 산에서 삶을 영위하던 수렵시대였다. 따라서 지역민은 산과 더불어서 그리고 산의 보호를 받으며 자신들의 삶을 유지할 수밖에 없었다. 여기에서 산신신앙의 기원이 유추된다. 단양지역에서 신성시되어 온 산은 소백산이다. 소백산 비로봉(1,440m)은 북쪽으로 국망봉國望峰, 남쪽으로 민배기재와 연봉을 이루어 예로부터 태백산太白山과 함께 신성시되어 온 진산이다. 특히 소백산 죽령에 산신당이 있어 오래 전부터 신성시되었음을 확인할 수 있다. 닫힌 고개가 접점대의 각축장이 되었다.

소백산과 죽령은 관광명소화할 입지적 배경을 가지고 있다. 매년 5월말이나 6월초에 철쭉이 만발하는 때에 소백산철쭉제가 성대하게 개최된다. 소백산철쭉제는 소백산을 이용한 관광명소화에 대표적인 예가 된다. 철쭉은 단양의 상징적인 꽃이다. 까치·주목과 더불어 철쭉은 소백산을 진산으로 한 단양지역의 이미지임에는 틀림없다. 이런 점에서 소백산 철쭉을 대상으로 관광명소화의 배경이 충분히 확보된 셈이다. 소백산철쭉제는 해를 거듭할수록 지역민과 관광객이 하나로 어울려 연출하는 지역축제의 면모를 갖추게 되었다. 여기에 단양 일대의 역사와 문화를 반영한 문화 행사, 그리고 소백산의 절경을 만끽할 수 있는 산 행사를 동시에 개최한다면 단양지역을 관광명소로 더욱 부각시킬 수 있을 것이다. 소백산 관련 민속이 그 바탕을 이루고 행사 전체가 상생적으로 조화되어야 한다. 소백산의 관광명소화는 자연친화적 성격을 지녀야 할 것이다. 이로써 지역의 관광축제로 국한될 수 있는 한계에서 탈피하여, 전국적 관광명소로 거듭 발전할 수 있을 것이다.

소백산 관광명소화에 있어서 죽령에서 지내는 죽령산신제도 한몫을 한다. 죽령은 경상북도 영주시와 충청북도 단양군을 경계하는 해발 689m의 고개다. 현재는 중앙고속도로의 개통으로 교통량이 감소되었지만 과거로부터 현재까지 영남과 중앙을 이어주는 교통의 요충지 역할을 해 왔다.

죽령에 있는 산신당에서 모셔지는 신격은 국가수호신으로서의 다자구할미다. 제의에서의 기원이 국가의 번영과 지역민의 안녕인 바, 죽령산신제는 수호신제의 성격을 뚜렷이 반영하고 있다. 특히 오늘날의 죽령산신제는 지역축제로서의 기능이 부각되어 있다. 지역민들은 우선 지역의 수호신에게 '제祭'를 올린다. 이어 그들이 하나가 될 수 있는 화합의 장인 '축祝'의 마당이 이

▶ 소백산 천문대(연기준 사진)

루어진다. 제장祭場이 하나의 축제판으로서 기능하고 있는 것이다.

　죽령산신제를 통해 단양을 관광명소화하는 데 적극 활용해야 할 것이다. 봄·가을로 지내는 죽령산신제는 단양지역의 민속을 단적으로 보여주고 있다. 따라서 단양을 이해하고자 하는 지역민과 관광객들에게 단양을 알릴 수 있는 계기가 된다. 죽령산신당을 중심으로 기존의 죽령길을 적극 활용할 필요가 있다. 신단양팔경의 하나인 죽령폭포를 자원화해야 한다. 죽령폭포, 매바위, 보국사지 등을 연결하는 등산로의 개발이 필요하다. 또한 중앙고속도로의 개통으로 통행량이 급격히 감소가 된 죽령길을 역사와 민속을 체험할 수 있는 길로 활용해야 한다. 죽령길을 따라 산과 문화유적, 민속을 직접 체험할 수 있고 산촌문화山村文化 또는 화전문화를 느낄 수 있는 체험장 등을 마련해야 할 것이다. 이런 느낌이 나는 이금표 시인의 「우리 사는 단양은」을 옮겨놓는다.

산이 좋으니
침묵으로 가르치는
산 닮았는가

물이 좋으니
먼지 낀 갓 끈
빨게 하는
옥수(玉水) 닮았는가

정(情)이 좋으니
뚝배기 장맛
숭늉의 구수함
닮았는가

당신은
순리에 따라
소박한 꿈 뿌리며
살아가는 나의 님

2
단양팔경과 남한강 가꾸기

小백산으로 대표되는 산을 이용한 관광명소화와 더불어 단양은 강을 이용한 관광명소화를 이룰 수 있는 입지조건을 모두 갖추고 있다. 단양을 감돌고 있는 남한강을 이용하여 관광명소화하는 것이다. 남한강 뱃길을 이용하여 단양팔경 절경과 수양개의 문화유적, 남한강 민속이 어우러질 수 있는 체험의 장을 만들어야 한다.

단양은 남한강 상류지역이다. 남한강은 한강의 본류로서 한반도 문화층위의 중추적 역할을 한다. 특히 단양지역에서 남한강은 지역민들의 정서와 문화의 고향이다.* 따라서 단양을 알기 위해서는 단양 지역민들의 정서와 문화를 담고 있는 남한강의 문화유산을 알아야 한다.

일찍부터 단양팔경은 남한강 상류의 물길이 만들어 낸 '청풍명월淸風明月'의 절경이었다. 도담삼봉의 그림 같은 친근한 아름다움은 한강 근방의 사람들을 끌어들였고, 찾아온 관광객은 단양 장회리에서 짧은 거리를

* 남한강 상류는 하류보다 상대적으로 폐쇄적 공간을 이루고 있어 민속을 독자적으로 가지고 있었고, 하류는 서울과 접근함으로써 민속영역이 다층적이지만 독자성이 희박하다. 따라서 남한강 유역의 지형적 흐름은 민속의 세부적 요소에 차이를 드러낸다.

두고 다투듯 하늘 높이 솟아올라 있는 구담봉과 옥순봉의 절경을 유람하였다. 이런 단양팔경의 유람적 자연물은 수도권의 향유층에게 물길을 따라 찾아오도록 하는 구실을 하였다.

충주댐으로 인해 예전의 모습을 많이 잃었지만 아직도 도담삼봉, 강선대, 구담봉 등의 절경은 이를 보는 지역민과 관광객들에게 감탄을 자아내게 한다. 따라서 도담삼봉을 중심으로 한 남한강의 절경은 단양지역 관광명소화에 중요한 여건이 된다. 이를 위해 남한강과 문화유적을 체험할 수 있는 방안이 모색되어야 한다. 곧

▼ 두향제(글씨쓰기와 그림그리기)

도담삼봉으로부터 구담봉으로 이어지는 뱃길을 개발해야 할 것이다.

단양지역에서는 단양팔경제丹陽八景祭라는 이름으로 명기名妓 두향杜香의 넋을 달래기 위한 축제를 개최하고 있다. 본래 두향제가 멋이 있고 정통성이 있었다. 두향은 한낱 기생에 불과한 인물이었는데 그 삶의 열정이 감동적이었다. 그러나 여느 기생과 달리 매화와 난을 사랑할 줄 알았던, 더욱이 퇴계 이황의 높은 정신을 따르고자 했던 인물로 여겨지고 있다. 단양팔경제도 기실 '두향제杜香祭'로 더욱 유명하다. 두향제는 오늘날 단양팔경제의 전신이다. 진혼제가 확대되어 축제로서의 면모를 갖추고는 있지만 두향의 넋을 달래기 위한 애초의 목적과 부합하여 제의적 성격이 부각되어 있다. 따라서 단양팔경제보다 두향제가 단양팔경의 명승에 어울리고 제의성을 강조할 수 있어 어울리는 이름이다.

단양팔경제는 여느 행사에서 볼 수 없는 제의와 민속 소재 행사가 축으로 자리하고 있다는 데에서 의의가 있다. 지역의 역사적 인물과 전통문화를 축제 속에 융화시킴으로써 고유한 지역 축제로 자리매김하고 있다. 두향의 인물을 통한 남한강 상류의 절경을 홍보하는 데 적절한 행사다. 더욱이 조선시대 유람문화에 대한 축제화가 가능한 사례가 바로 두향제다. 도담삼봉을 비롯한 단양팔경을 직접 유람하고 시서가무악詩書歌舞樂의 잔치판을 체험할 수 있는 장이 되어야 한다. 전국 어디에

▲ 단양팔경축제. 단성 향토문화연구회에서 두향제를 이름을 바꿔 행사를 진행하고 있다.

이러한 축제가 있는가.

  남한강 유역에는 절경과 함께 문화를 체험할 수 있는 문화유적이 산재해 있다. 이를 관광명소화에 이용해야 한다. 단양의 남한강 강변에는 세계적 선사 유적지로 평가받는 수양개 유적지가 있다. 10만년 전의 중기 구석기 유물 이만여 점을 수습했으며 석기 제작소까지 수양개에서 찾아냈다.* 주먹도끼를 비롯하여 국내에서는 처음 발견된 아떼리안식 찌르개, 판암으로 만든 화살촉을 비롯하여 수많은 토기 파편도 발굴해냈다. 발굴한 면적으로 보아 한국은 물론 아시아에서 가장 넓고, 이

* 단양향토문화연구회,『수양개유적 발굴 15주년 기념 학술발표 요지』, 충북대박물관, 1998.

곳에서 석기 제작소를 발굴하였는데 집터가 있었다는 점이 주목된다.

　남한강 강변에는 대체로 구석기·신석기·청동기·철기로 이어지는 유적이 중첩되어 있다. 그만큼 남한강 유역의 민속층위는 통시적으로 기층에서 가층加層되었을 뿐만 아니라 한강유역 문화의 특징을 이해하는 잣대가 될 수 있다는 것이다.[*] 그런데 남한강 선사유적의 발굴조사는 고고학에 비중을 둔 나머지 생활사 혹은 정신문화의 재구에는 한계를 드러내었다. 남한강 고대민속은 수렵시대의 생활과 농경시대의 생활이 연결되어 이른바 '뗀돌' 민속의 자취가 곳곳에 나타난다는 특징이 있다. 따라서 한국의 구석기문화의 실체를 확인해 주는 귀중한 선사유적일 뿐만 아니라, 역사 교육의 열린 공간으로도 큰 가치와 의의를 지닌다.

[*] 수양개선사박물관 건립이 계획되어 진행 중이다.

3
온달 관련 유적의 활성화

앞에서 단양 지역의 자연과 문화유적이 어울릴 수 있는 관광명소화에 대해서 살펴보았다. 그러나 단양지역은 자연환경뿐만 아니라 인간과 문화유적이 어울려 활용될 수 있는 관광명소화의 조건도 갖추고 있다. 바로 '온달유적지'의 활용이다. 고구려촌 건립도 의미가 크다. 현재 단양에서 온달을 선양하는 문화사업뿐만 아니라 온달의 이벤트 행사를 다각도로 시도하고 있어 매우 긍정적이다.

단양 영춘에는 온달에 대한 무형의 기억과 온달산성, 온달동굴, 온달무덤 등 유형의 역사적 산물이 한데 어우러져 있다.* 온달유적의 관광명소화는 온달에 대한 고증이 적극적으로 선행되었음을 시사하기도 한다. 역사 속 신비와 더불어 온달을 구상화하고 그것을 현대적 관광화로서 창조적으로 계승한다는 긍정적 의미가 또한 다분하다. 21세기 문화 경쟁 시대에 부합하는 관광명소화의 새로운 모형이 아닐 수 없다.** 온달관은 고구려의 예술적 감각을 살리고, 지역의 토속적 이미지를

* 개최 동기의 측면에서 보면, 인물이나 역사적 배경, 전통 마을 굿 등이 배경이 된 성격이 뚜렷한 지역 축제가 많지 않고 지역 이름만 따서 만든 'ㅇㅇ문화제' 등 형태가 유사한 실정이다. 개최 동기가 뚜렷하지 않은 지역축제가 70% 정도다. 나승만, 「현행 지역 축제의 문제점과 과제」, 『한국의 지역축제』, 문화체육부, 1996, 196쪽.

** 이창식 편, 『온달과 단양』, 단양문화원, 1999.

◀ 온달문화축제 중 거리행렬(캐릭터 사진)

보태어야 한다.

온달 관련 유적의 관광명소화는 이미 그 자체로서 역사성을 획득하고 있다. 그러나 최초의 역사는 단양 지역민들이 가장 영광스러웠던 시기, 곧 온달이 극복했던 역사적 시기로까지 소급된다. 온달에 대한 찬사는 제의적 추모의식과 더불어 여러 가지 놀이를 통해 '지금'의 시간에 재현되고 있다. 온달의 위대함을 기려 오늘에 되살리고, 앞으로의 영광과 번영을 공동으로 기약하고자 하는 의미다. 온달관련 유적의 관광화는 독창성이 돋보이는 동시에 여느 지역과 차별성을 확보하는 데 대단히 효과적이다.

단양지역에서는 온달국민관광지를 조성하고 매년 온달문화축제를 개최하고 있다. 온달문화축제는 개인적 차원에서 질 높은 정신적 삶의 추구를, 사회적 차원에서 단양지역민의 동질성 회복을 목적으로 한다. 질 높은 정신적 삶은 개인적으로는 행복감을 가져다주며, 나아가서는 사회 동질성을 확립시킨다. 이러한 동질성이 지역 사회에 대한 소속감을 확립시켜 단양지역민 개개인에게 공동체에 대한 자긍심 내지는 자부심을 부여한다. 이럴 때 지역 사회의 가치 구현이 이루어지는데, 그 역할을 '온달문화축제'가 담당하고 있다. 충분히 미래지향적 문화유산이라고 할 수 있다. 또한 해당 지역의 역사적 인물, 곧 온달을 기리는 기념제의 성격이 강하다.

▼ 온달장군과 평강공주(정동현 사진)

이는 단순히 놀이와 소비적인 행위 일변도의 축제에서 탈피하기 위한 시도가 아니다. 그것은 단양지역민들로 하여금 고장의 역사를 생활화 또는 내면화시키는 특별한 기능을 갖는다. 또한 앞으로의 역사에 대비할 수 있는 영광된 존재로서의 자기 확인, 영광된 조상의 후손임을 확인시켜 주고 있다.

단순히 과거지향의 축

제는 의미가 없고 소비적이다. 과거 영웅의 행적을 추모하는 데서 그치는 축제는 생산성이 미약하다. 이런 의미에서 온달문화축제가 값진 축제가 되기 위해서는 단양의 자연적 천혜성과 어울려야 한다. 온달문화축제는 해당 지역의 역사적 인물을 기리고, 이와 관련한 문화유산에 대해 관광상품화 개발 전략을 세움으로써 지역 축제가 지역 경제의 활성화에 크게 이바지할 수 있다*는 사례다. 온달캐릭터는 성공한 지역문화의 자산이다. 축제와 지역의 문화적 기반이 어떻게 연결되느냐에 따라 축제의 성공 여부가 결정될 수 있다는 좋은 본보기이기도 하여 당분간 새로운 축제의 모형이 될 것이다. 실제로 온달문화축제는 새로운 기획력이 돋보이는 행사가 되었다.

* 김흥운·이광진,「지방민속문화행사의 관광자원화 방안」,『민속관광론』, 백산출판사, 1995, 253~279쪽.

4 이벤트성 축제의 연계와 답사명소화

지역마다 특산물 판촉과 홍보를 위한 이벤트 위주의 축제가 열린다. 단양지역에서도 지역의 특산물을 널리 알려 고부가가치를 높이고자 이벤트성 축제를 개최한다. 단양지역에서 개최되는 이벤트성 축제는 면 단위 위주로 마늘, 고추, 감자, 수박, 사과, 대추 등을 활용한 것이다.

* 『단양마늘의 모든 것』, 단양군 농업기술센터, 2000.

단양마늘축제는 석회암지대의 향토밭에서 재배되어 맵고 단단하며 저장성이 강한 단양의 육쪽마늘을 판촉하고 홍보하는 데 목적을 두고 있다. 특히 한지寒地에서 잘 자라는 마늘로 맛과 향이 독특함을 알리고 항암제, 강장제, 건강식품임을 관광객에게 인식시켜 나가는 데 있다.* 고추도 이와 맥락을 같이 하고 있다. 의풍 약대추, 소백산 사과 등과 어상천에서 생산되는 수박을 판촉하기 위해 수박축제를 개최하고 있다. 황토밭에서 나는 수박의 맛을 외지인들에게 확인시키는

▼ 단양의 특산물 마늘

▲ 단양 소금정공원의 필자 시비 「단양 수양개아리랑」

행사다. 또 두산斗山 감자축제는 해발 400m의 고지대에서 재배된 신선 농산물임을 강조하는 축제다.

　지역 특산물의 특성을 홍보하기 위한 이들 이벤트성 축제는 필요하다. 실제로 여느 지역보다 단양에서 특산물 판촉을 위한 축제가 활발하게 개최되어 왔다. 그러나 축제의 수요자 입장에서 볼 때 장소성, 생산성, 향토성, 공감성, 수익성 등 여러 측면에서 보완되어야 한다. 단양지역의 문화적 특성에서 계절별로 묶어야 하고 내실을 기하기 위해 면 단위의 마을문화와 연계해야 한다. 수박축제, 감자축제, 마늘축제 등의 이름으로 여러 곳에서 비슷하게 축제 행사가 거행되고 있다. 단양만의 특산물로서 독특함을 부각시키기 위한 지속적인 연구가 필요하다. 예컨대 화전火田과 고랭지, 석회암 지대의 천연황토 등을 농산물과 연계시키는 행사항목이 강구되어야 하고, 이러한 항목은 '즐길거리'와 '살거리'가 되어 관광객들의 욕구를 만족시킬 수 있어야 한다. 관광객을 끌어 모으는 불명不名의 행사

보다 지역의 색깔이 보이는 행사가 되어야 한다.

　지역경제를 활성화한다는 이름 아래 이벤트성 축제가 열리지만 신명과 판촉의 효율성이라는 두 마리 토끼가 잡히지 않으면 문제가 있다. 축제의 본질을 지키며 단순 소비성을 극복하기 위해 마을문화의 소중함을 연계시켜야 하고, 지역공동체에 대한 애착심을 가질 수 있는 항목의 연구가 필요하다. 마을축제가 열리더라도 마을의 효용성을 관광객들에게 알려주어야 하고, 타지역과의 차별성을 널리 알리는 행사를 다채롭게 해야

▶ 단양마늘 최고야! (김응래 사진)

한다.

　농산물의 특화전략축제는 경제 소득을 늘리고 지역발전으로 이어진다는 점에서 문화산업의 대안적 사례가 된 셈이다. 이들 이벤트성 축제가 보다 발전하기 위해서는 단양팔경을 위시한 단양지역 명소와의 연계가 있어야 한다. 또한 세시풍속과 같은 전통적 행사나 지역적 유형의 문화재와 연계되어야 한다. 가령 단양팔경이나 십승지, 시멘트, 주목, 벼루, 공예, 수석, 원앙, 자라, 버섯, 약초, 더덕, 마늘, 고추, 수박 등이 어울리도록 행사항목에 활용해야 하고 별신제, 산신제, 동제 등을 끌어와 농산물의 풍년에 대한 감사제를 반드시 넣어야 한다. 더구나 선사유적이 많은 단양인데 돌과 관련된 체험적인 축제 항목의 개발은 전무한 실정이다. 팔경수석, 팔경도자기, 팔경그림(김순희 그림 활용)* 등을 통해 개발 가능성을 타진해야 한다.

* 2001년 소백산철쭉제 '남강 김순희 단양팔경전' 도록 참조.

5
미래지향의 단양팔경 미학

지금까지 단양지역의 관광명소화를 위한 활용과 대안에 대해서 살펴보았다. 단양지역은 여느 지역에 비해 관광명소화를 위한 다양한 입지적 조건을 갖추고 있다. 단양팔경을 비롯하여 소백산, 남한강, 온달 관련 유적지, 특산물 등이 그것이다. 단양지역에서는 이를 이용하여 나름대로 단양문화를 공유하며 체험할 수 있는 관광화에 많은 노력을 하고 있다. 단양의 지역문화가 가진 잠재력은 여느 시·군에 뒤지지 않는다는 인식의 전환과 함께 관광명소화의 활성화를 기대한다.

오늘날 요구되는 관광명소화는 지역의 생활에 영향을 준 자연이나 사건, 인물, 문화유적 등을 지역민들의 정서에 알맞도록 재현하는 취향문화趣向文化로서의 관광화다. 그리고 그것에 대한 의미와 해석은 반복된 축제를 통하여 항상 끊임없이 시도해야 할 것이다.* 다시 말해 축제의 제공자와 수용자들이 축제로 부활한 인물이나 사건에 대해 나름의 해석과 평가를 내리고, 이어 축제의 수준과 질을 고양시켜야 한다는 것이다. 지역민이

* 장철수, 「향토축제와 현대사회」, 『향토축제의 가능성과 미래』, 방일영문화재단, 1994.

이를 이해하고 사랑할 수 있어야 한다. 이러한 작업이 관광명소화의 창조성을 높이고 고급예술 지향적인 관광화를 만드는 길이 된다.

정보화 시대에 '우리'라는 통합적 개념보다는 '나'라는 해체적 개념이 강하게 나타나고 있다. 문화유산을 강조하고 가장 지역적인 것을 통해 사회 구성원의 동질성과 정체성을 확보해야 한다. 이를 위한 문화적 기술적 대안으로서 관광명소화는 21세기 문화전쟁의 지역적 대안 중 하나다. 단양지역으로 볼 때 단양팔경을 중심으로 한 소백산, 남한강, 온달관련 유적지, 특산물 등의 활용이 최적이라 생각한다. 또한 이를 축제와 연계시켜야 할 것이다. 이들 관광명소화는 단양지역의 전통문화를 기반으로 이루어져야 더욱 바람직할 것이다. 이것이 지역민의 의식과 삶 속에 온당한 개념으로 자리잡혔을 때, 지역 공동체와 단양지역 관광명소화의 존재 의미를 살릴 수 있다.

단양지역 관광명소화는 단양지역의 자연과 지역문화를 총체적으로 보여주어야 한다. 단순히 보여주기식 관광화가 아니라 답사와 역사체험의 자리로 자리잡아야 한다. 단양지역 특성에 걸맞은 문화이미지를 정립하고 누구나 시간여행을 통해 문화유산에 대한 마음의 문을 여는 관광명소화가 되어야 한다. 단양지역 관광명소화의 미래는 단양팔경과 남한강, 소백산과 죽령, 온달관련 유적지, 수양개의 선사유적, 특산물, 구인사 불교유적, 동굴과 산간의 천혜의 자연자원을 연계하여 단양문화의 정체성正體性을 드러내는 관광명소화가 되어야 한다. 그리고 그 중심에는 단양팔경이 있음을 잊지 말아야 한다.

지역마다 개발하려고 하는 관광명소화는 해당 지역의 정체성 확립과 특수성 부각을 위한 수단이 되었다. 그리고 관광명소화를 위해 지역축제라는 명목으로 1990년대 이후 매년 30여 건씩 증가하는 지역축제의 개최가 이런 이유에서 해명된다.* 단양에는 소백산철쭉제, 단양팔경제, 온달문화축제, 민속놀이체험축제, 어상천수박축

* 유영대, 「지역축제의 현황 분석」, 『한국의 지역축제』, 문화체육부, 1996, 100쪽.

▼ 남한강 띠뱃놀이 (박정석 등 시연)

제, 두산감자축제, 감골단풍축제 등 단양의 역사·지리적 특성과 부합하는 지역축제가 풍성하다.* 이제 단양지역, 단양 사람들은 소백산 문화권의 전승문화를 바탕으로 농경시대의 축제적 요소를 계승하고, 지역문화를 단양 발전을 위한 자원으로 전환하는데 힘써야 한다. 단양다운 축제의 정착과 관광명소화를 위해서는 지역의 생활 문화적 정서와 밀접한 놀이 문화 또는 전통적 문화 예술의 항목을 특성화할 필요가 있다.**

단양지역 관광명소화는 경제적 기반의 극대화, 지역적 참여의 집중화, 세대간 전승의 극대화, 지속적 평가의 이행 등이 유기적으로 이루어질 때 전국적인 관광명소로 정립될 것이라고 믿는다. 특히 '소백산'이 내·외적으로 알려짐에 반해 축제적 마인드가 제한적이었기 때문에 지역문화유산인 단양 문화의 정통성을 바탕으로 21세기 취향문화趣向文化 시대에 지역 문화축제의 상징성을 보여주어야 할 것이다. 생태관광, 전통예술관광, 주제위주관광 등에 부합해야 한다.

단양 사람들은 문화의 경제화라는 기치 아래 누구나 문화 유산의 지킴이로써 단양 문화의 실상을 정확히 꿰고 축제를 통한 '활인산수活人山水의 축제화', '관광의 문화화', '역사 주제화', '생명사랑하기' 경향을 몸소 실천해야 한다. 단양축제의 미래를 위한 대안을 지역문화의 정체성과 관련하여 제시하고자 한다.

첫째, 단양문화의 정체성 확립과 그 확산에 뿌리내릴

* 이창식, 「충북지역의 축제」, 『한국축제의 이론과 현장』, 월인, 2000, 767~784쪽.

** 전국검도대회, 전국연날리기대회 등을 꾸준히 진행해야 한다.

수 있고 21세기형 축제가 정립되어야 한다. 단양은 사군四郡 문화지역으로 남한강 상류의 현재성과 역사성을 확보해야 한다. 단양팔경과 연계하되 축제나 관광항목에 반드시 전통적 법고성法古性을 살려야 한다.

둘째, 축제에는 단양의 전통문화가 풍부하게 내재되어야 한다. 이벤트성을 위한 이상적 역사 만들기도 좋지만 단양다운 항목, 단양적인 마인드, 단양 기질의 이미지 등이 연계되지 않으면 가짜 축제가 된다. 단양의 지역사를 거시적으로 보고 지역민 누구나 공감하는 역사의식을 전제로 행사를 발전시켜 가야 한다. 단양팔경 관련 인물을 선양할 수 있는 방안이 강구되어야 한다. 이를 위해서 단양지역의 문화재 또는 문화유산에 기초하여야 한다.

셋째, 단양축제가 새롭고 다양해지더라도 축제의 주도집단은 지역민 또는 군민郡民의 지지를 받아야 한다. 관 위주의 운동장 축제, 특정인을 위하여 축사하는 축제, 작년에도 했기에 올해도 하는 축제 등을 없애야 한다. 축제가 많은 게 중요한 것이 아니라 단양문화의 전통성을 연결하여 뿌리 있는 축제 항목을 추가해야 한다.

넷째, 단양팔경의 축제화는 먹을거리*, 볼거리, 즐길거리 등을 넘어서 느낄거리, 살거리, 보탤거리 등을 고려하여 사계절 순환식 지속적인 관광행사가 되도록 해야 한다. 겨울은 너무 제한적이다. 단양팔경을 활용하면

* 단양 읍내 장다리식당(043-423-3960)의 한쪽 벽에는 찾았던 사람들이 남겨놓은, 음식맛과 식당 아주머니들의 친절을 칭찬하는 메모들이 잔뜩 붙어있다. 대표음식은 온달마늘솥밥정식. 인삼·흑미·대추·호박씨 등 17가지(정성과 친절 포함) 재료를 넣고 지은 밥에 한우 육회 등 13가지 반찬이 딸려 있다. 이런 본 코스 전에 두부 산초구이, 부침개 등도 내놓는다.

겨울에는 그림 속의 진경산수화를 감상하고 감동을 느낄 수 있는 것이다. 겨울의 비수기를 극복할 수 있다.

이상에서 살펴본 지역축제 외에도 문화적 인식과 활용방안이 필요하다. 정보사회의 도래 및 세계화의 가속화로 인해 기존의 산업구조는 문화중심의 산업구조로 변화하고 있다. 이는 경제적 여유와 삶의 가치관에 대한 변화를 수반하여 관광산업의 발전이 가속화되는 것이다. 이로 인해 문화관광이 늘어 날 것이다. 문화관광이란 협의로는 연구여행, 예술문화여행, 축제 및 기타 문화행사 참여, 유적지 및 기념비 방문, 자연·민속·예술연구 여행, 성지순례 등 문화적 동기에 의한 사람들의 이동을 말하며, 광의로는 개인의 문화수준을 향상시키고 새로운 지식·경험·만남을 증가시키는 등 인간의 다양한 욕구를 충족시킨다는 의미에서 인간의 모든 행동을 포함하는 것을 말한다.

문화유산의 활용방안은 단양의 고대에서 근·현대에 이르는 각 시대별로 중첩된 문화를 동시에 감상할 수 있는 장점을 부각시켜야 한다. 그리고 문화관광벨트, 전통문화마을 등을 조성하여 관광자원화할 필요가 있다. 또한 단양 전통문화의 특색을 부각시키고 그 의미 및 가치를 인식시킴으로써 지역공동체 형성의 강화 및 계기로 활용해야 한다. 단양팔경을 포함하여 자연과 문화와 사람이 함께 하는 편안한 고장, 단양 만들기 그리고 단양경제의 활성화를 위해 전문성과 행정력, 봉사정신 등이 조화를 이루어야 한다. 아름다운 단양을 가꾸는데 학연, 지연, 특정계층이 중요하지 않다. 단양지역민들의 단합된 힘과 공동선共同善 추구를 보여야 한다.

단양팔경의 미학성과 활인성

여기는 물새의 영토
나도 오늘은 그네의 권속
날을 듯 뱃머리에 앉아
손으로 물 차는 소리
휘파람 제가 불면서
물샌가 여겨 돌아본다.

'**구**곡'이 학문적 승경지와 연결된다면 '팔경'은 심미적 유희지遊戱地로 각인되고 있다. 구분할 필요가 없겠으나 단양팔경은 놀이 공간의 상징이 되었다. 유산기遊山記마다 놀이의 측면이 녹아 있다. 그러나 어느 한 측면으로 풀 수 없다. 조선적 문사철文史哲의 세계관이 요구된다. 단양팔경은 조물주가 소백산과 남한강을 빚으며 안으로 공을 들인 걸작품이다.

산과 물이 적절히 어울려 이뤄진 숨결체다. 산의 흐름이 멈춰서 또는 깎여서 멋을 낸 모양이다. 물이 이것을 어루만지며 오랜 세월 감응하여 드러낸 모양이다. 산수의 절정이다. 게다가 사람이 어울려 문화와 예술의 질을 높였기에 더욱 값지다. 나를 씻듯이 활달한 자연에 빠지게 한다. 이곳에 살면 축복의 느낌이 있다. 그래서 단양 사람들은 순연하다. 산과 물을 닮아 순박하면서 자연 그대로의 멋을 지니고 있다. 단양팔경을 찾아가면 단양사람들의 인정人情과 인심까지 느낄 수 있다. 아름다운 단양팔경은 산수의 멋이 최고로 응축된 곳이다.

1
사람을 살리는 고향 단양팔경

단양팔경의 본질은 사람을 살리는 '전통성'과 '활인성活人性'에 있다. 곧 단양팔경은 사람을 기쁘게 하고, 즐거움을 지속적으로 준다. 이중환의 『택리지』 '산수론'에서 말하듯 좋은 땅 곧 산과 물이 어울리는 곳에 단양팔경이 있는 셈이다.* 골짜기의 바위와 시냇물은 품격을 높이는 경승지다. 바위 사이에 송이가 돋고, 산삼이 썩은 물이라고 한다. 시인과 묵객이 이러한 산수를 통해 예술의 경지를 높이고 새로운 미적 감수성을 더하는 것이다. '활인산수'라는 이름의 인식론은 단양팔경의 진수라고 할 수 있다.

단양은 백두대간 십승지十勝地의 본고장이다. 『정감록』과 『택리지』를 빌지 않더라도 소백산 자락 두 물길 사이가 온통 가거지可去地다.** 단양팔경의 질적인 비약이며 승화인 것이다. 왜냐하면 영산靈山의 생명이 조선적으로 풀린 곳이기 때문이다. 이러한 시선은 오늘날 물이 중시되고 친자연적 생태를 강조하는 시점에서 신선한 것이 아닌가. 선가仙家의 사유를 빌리지 않더라도

* 이중환의 『택리지』는 현장감과 실제감을 바탕으로 인성론 중심으로 땅을 논하고 산수를 통찰한 책이다.

** 윤수경, 김재호, 장신일, 이흥열 등 단양지역 향토사학자들이 십승지가 될 만한 곳을 답사하여 정리한 바 있다. 『단양의 고을 고을 그 역사 따라 향기 따라』, 1995 참조

피안처 이상의 의미가 있다.

단양팔경의 실체는 그곳에 그대로 있으나 찾아온 이나 이곳에 살았던 마을 사람들은 그들의 생각을 구전심수口傳心授로 이어왔다. 상층의 향락적인 시각만이 아닌 상층과 하층의 어울림 시각이 필요한 까닭도 여기에 있다. 사인암을 그린 화가가 여럿이 있다고 해도 똑같은 그림이 없듯이 단양팔경을 데리고 부딪힌 사람들마다 심안心眼이 달랐다. 그 안목과 수준은 묘하다 못해 본질

◀ 신라적성비

▲ 패러글라이딩대회
(2001년 철쭉제)

적인 차이를 가져온다.

　단양팔경의 역사성歷史性은 필경 그 자체만 바라봐서는 의미가 없다. 단양팔경의 통시적 접근은 이 지역의 역사적 축적과 맞물려 있다. 단양에는 신라 진흥왕이 백제, 고구려와 싸워 국토를 넓히고 직접 순시하면서 세웠다는 적성비가 남아 있다. 국보 제 198호로 지정되어 있는 적성비는 역사적으로 보면 이 곳이 고구려, 신라, 백제가 치열하게 서로 다투던 곳임을 알리는 것이지만, 비에 새겨진 글을 다시 읽어보면 또다른 의미를 찾을 수 있다.

　적성비의 돌은 밖에서 보기에는 검지만, 쪼면 밝다.

그래서 글씨가 무엇을 칠한 것도 아닌데 비교적 잘 보인다. 그런 돌은 단양 근처에서 나온다. 그 글씨를 놓고 명문서예가는 시원치 않은 것으로 보기도 한다. 좌우상하를 바둑판처럼 맞춘 글씨에서 활달함을 찾을 수 없는 것도 사실이다. 그러나, 왕희지를 닮는 것이 반드시 좋은 것만은 아니다. 오히려 어느 필체에서도 찾아볼 수 없는 소박, 단아함은 특별하다. 단양다움이 일찍 남아 있고, 돌은 지역성을 드러내는 것이다. 비문에 나오는 '야이차'라는 단양 사람은 일찍부터 '다자구할미'처럼 단양지킴이 구실을 하였다. 이러한 유산에는 활인산수 곧 자연이 사람을 살리는 매력과 진국이 숨어 있다.

2 마음을 씻어 주는 거울 단양팔경

중국의 옛 시인 굴원은 "물이 맑으면 갓끈을 씻고, 물이 더러우면 발을 씻으라"고 하였다. 그것에 착안했는지, 조선 명종 3년(1548) 퇴계 이황이 제15대 단양군수로 있을 때, 단양천변의 바위에다 '탁오대濯吾臺'라고 명명하고 각자한 것이 원위치에서 이전되어 남아 있다. 탁오대는 충주댐 수몰사 복원(단양수몰이주기념관)이 문화유산으로 새로운 명소가 되지 못해 아쉬운 대로 이주민 전시관 뜰에 있다. 예서체의 이 글씨는 잔뜩 멋을 부렸으면서도 단정함을 잃지 않았다. 이황의 일반적인 중후하고 고지식한 행서체 글씨와는 달라, 그의 글씨인지 의심이 갈 정도다. 그래서 단양의 산수는 인걸지령처럼 인물의 심안을 바꾸어 놓았다. 그는 공부를 마친 후 단양천을 거슬러 오르며 산책하다가 이 바위 아래 맑은 물에 손발을 씻고 쉬며 마음을 가다듬었다고 한다.

탁오대 옆 바위에는 '복도별업復道別業'이라는 이황의 행서가 새겨져 있어 그의 장중하면서도 엄격한 성품을

▲ 복도별업 탁본. 단선향토문화연구회 제공.

* 신춘문예당선작

엿볼 수 있게 한다. 복도별업이란 아름답고 깨끗한 자연 속에서 도를 회복한다는 것이다. 이황의 정신은 오늘날 이순희의 시*에도 남아 있다. 강선대 연인 두향의 사랑이 도산서원의 품격으로 승화된 느낌이다.

파르라니 타는 혼불 안개로 감싸안고
농묵(濃墨)의 시대사가 토담으로 둘러쳐진,
안동 땅 들어서면서 옷깃부터 여미었네.

완락재 앞마당엔 한 우주가 터지고 있었네
홀연히 몸을 날린 설매화 다시 이울고
부신 눈 지그시 감고 먼 훗날을 읽고 있었네.

적성산 한 자락이 북풍에 꺾여나가
문풍지 우는 소리에 저려오던 사무침도
한 마리 박새로 와서 세상의 잠을 깨우고

쉼 없이 솟는 사랑 빈배에 실어보내며
강선대에 홀로 앉아 뜯었다던 가야금소리

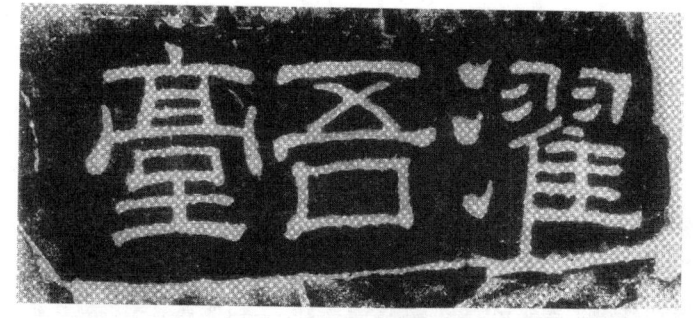

◀ 탁오대

그 소리 영원을 돌아와 댓잎 끝에 아리네.
— 이순희 「도산서원에서」

 그 두 암각자 사이에는 우화교羽化橋 기사비記事碑(영조 29년, 1753)가 옮겨져 있는데,* 예서체의 활달한 비문의 맛과 품격을 보게 해준다. 우화교는 1753년 돌로 다리를 단양천에다가 놓은 것인데 삼선암의 길목에 있었다. 신선으로 가는 다리가 아닌가. 글씨로만 본다면 기사비가 돋보인다. 복도소洑나 우화교도 모두 단양천에 있었던 것이지만, 이제는 충주댐으로 잠겨 버렸다. 현재의 탁오대에는 '나를 씻을' 만한 물은 어디서도 찾아볼 수 없고 왼쪽 위쪽으로 중앙고속도로—단양문화를 알릴 수 있는 좋은 장소임—가 지나가기에 이를 자원화해야 한다. 이황이라면 이러한 변화 속에 심신수련의 새 길을 제시했을 것이다. 이황의 글씨를 찾아보는 것은 결코 경치 때문이 아니고, 그의 마음으로 돌아가 취향문화 시대에 정신적 가치를 다시 깨닫는 데 있다. 수몰

* 수몰전시관은 활용되지 못하고 있다. 앞마당에 옮겨 놓은 유물마저 방치되어 있다. 중앙고속도로 휴게소와 연계시켜 인근 적성산성, 적성비 등과 홍보박물관으로 활용되어야 한다.

▲ 적성산성의 전경

의 아픔을 노래한 조남두 시인의 시를 옮겨 본다.

이 고장 수몰 옛터는
선사 옛적부터
우리들 목숨의 보금자리
어디 눈물이 아님이 있으리
훈훈한 사랑 상부조 천심이여
꽃다운 역사 가꾸어
하늘의 조상님네 빙긋 웃으심이
저 눈물 달램이어리
사랑의 형제 후손 단양 사람아

사인암이라고 불리는 까닭은 고려말 유학자인 단양 태생의 역동 우탁(禹卓 : 1263~1342)이 사인舍人이라는 벼슬에 있을 때 이곳에 자주 들렸기에 조선 성종 때의 단양군수였던 임제광林齊光이 붙인 말이다. 사인암의 우측에는 우탁의 신도비가 서 있다. 사인암은 가까이 다가서면 글씨 투성이다. 그 가운데는 낙서도 있지만 역사적 유적도 남아 있다. 사인암에는 현재 작은 절이 들어섰는데 심성각 벽면에 우탁의 친필 각자로 전해지는 글씨가 선명하게 남아 있다. "홀로 서서 두려워하지 않으며, 세상을 등져 걱정이 없네.〔獨立不懼 遯世無憫〕"가 그것이다.

효종의 당숙인 낭원군郎原君 이간李偘의 글씨가 유명하다. 30수의 시조를 남긴 낭원군의 글씨는 경북 영주의 부석사에도 남아있는데, 숙종 19년(1693) 겨울에 경북 봉화군 춘양면 태백산사고에 『준원록濬源錄』을 보관하기 위해 가던 길에 사인암과 부석사에 들러 글씨를 남긴 것이다.* 볼수록 너무나 좋다.

사인암 앞의 바위에는 장기판과 바둑판이 새겨져 있다. 이 유적은 놀이문화의 대표적인 것이다. 그곳 자연석에서 바둑과 장기를

* 단양팔경에 새겨진 글씨에 대한 금석학적 조사작업이 절실하다. 암각화 차원과 서예학적 차원도 동시에 진행되어야 한다.

▼ 사인암 바위글씨

두는 호사는 아무나 부릴 수 있는 것이 아니다. 장기가 선비놀이의 전형이라면 바둑은 세속인이 신선의 기풍을 담으려는 놀이라고 한다. 『현현기경』의 현장이다. 이곡李穀은 우탁보다 25살 아래인데 그에게 보낸 바둑시가 있다.

우탁 선생께서 마침 산수굴에 계실 때
나에게 새 시로써 화합하며 바둑도 두었네.
스물 여섯 살을 꿈같이 지냈으니
나의 머리카락 희어진 것 당연하지 않은가.

先生適在山水窟　和我新詩饒我棋.
二十六年如夢過　吾頭之白亦其宜.

상·중·하선암마다 노천 글씨박물관이다. 특히 하선암에는 명소단조明紹丹竈(전서), 우상대羽觴臺(해서)와 같은 몇몇 글씨가 남아 있다. 판각에 대한 이력을 조사할

♣ 이 곡(李穀 : 1298~1351)

본관은 한산(韓山), 호는 가정(稼亭). 이제현의 문인으로 1333년(충숙왕 복위 2) 원나라 제과(制科)에 급제, 정동행중서성 좌우사원외랑(征東行中書省左右司員外郞)이 되었고, 원제(元帝)에게 건의하여 고려에서의 처녀 징발을 중지하게 했다. 1344년 귀국, 이듬해 도첨의찬성사(都僉議贊成事)와 한산군(韓山君)에 봉해졌다. 문장에 뛰어나 원나라에서도 그를 외국인으로 보지 않았다. 이제현과 함께 『편년강목(編年綱目)』을 증수(增修), 충렬왕·충선왕·충숙왕 3조의 실록 편찬에 참여했다. 가전체 작품 「죽부인전(竹夫人傳)」이 『동문선(東文選)』에 전하며, 백이정·우탁·정몽주 등과 함께 경학의 대가로 꼽힌다. 한산의 문헌서원(文獻書院)에 배향되었다. 문집에 『가정집(稼亭集)』이 있다.

필요가 있다. 단조라 함은 신선이 되는 불사약(丹藥)을 끓이는 정지의 부뚜막을 말하는 것으로, 그곳에서 신선이 될 수 있음을 보여주는 발자취다.

단양팔경의 전통은 찾아온 이들이 남긴 시·서·화의 보고라는 점에서 인상적이다. 전통 시·서·화가 주인공인 신분과 관계없이 미적 감상뿐만 아니라 마음을 자유롭게 두는 자연의 생명성에 공감된 측면이다. 마음을 씻는 단양팔경이고 이황의 별업은 단양팔경의 별장이라는 것이다. 선비에게는 거경지居敬地처럼 느껴지는 곳이다. 삶 속에 자연을 사용하려는 훈련이다. 단양팔경의 전통적 미학성은 진경산수화의 정통성에다가, 단양지역 삶의 자취가 보태진 것에서 찾아야 한다. 단양팔경의 매력은 상상력을 불러일으키며 예술의 열정과 애정을 제공해준 '살아있는' 자연대상물로 인식한 양태가 두루 보인다.

▲ 하선암의 바위글씨

3
놀이의 현장 단양팔경

단양팔경의 유희적 장소성場所性은 신비함과 인간다움이 동시에 드러나 있다. 사인암의 바둑판은 신선풍과 풍류미를 드러내는 대상이고, 바위의 글씨는 바위그림의 주술성과 희구성을 드러낸 것이다. 자연표상에 대한 이러한 발상은 어디에든 찾아볼 수 있으나, 단양팔경에서 보이는 특징인 청정의 감동과 수련의 명상으로 수용한 점이다. 우탁, 정도전, 이황, 이지번, 김홍도 등이 그 대표적이다. 그래서 연단조양鍊丹朝陽이다. 풍토가 예술을 만든다. 단양팔경의 예술세계에는 단양적인 풍토성이 반영되어 있다. 신운神韻의 분위기가 있으면서 그것을 뒷받침한 그릇이 있다. 단산오옥丹山烏玉이 그것이다. 찾아온 이를 가슴 문지르게 한 느낌, 그것을 먹을 갈아 붓춤을 추게 하였다. 인근에는 한지 생산이 유명하였고 방곡 등지에서 도자기가 난 것도 무관하지 않다.* 더구나 『신증동국여지승람』과 『여지도서』의 단양 특산품인 먹, 칠, 지초, 질갱이, 누치, 쏘가리 등의 성질이 고스란히 멋으로 승화된 흔적을 찾을 수 있다.

* 방곡 일대의 도자기 가마터 발굴작업을 하고 있다.

풍류성과 생산성이 어울리는 곳 단양이 아닌가. 단양팔경의 진국이 이런 데서 눈을 돌려 읽어야 하고, 그 가치에 의미를 부여해야 할 것이다.

신광수의 「단산별곡」, 문인들의 각종 「산수기」 류가 이를 증명한다. 물과 산의 조화, 환상적인 명물은 단양팔경의 원초적인 얼굴이다. 산수의 본질을 찾은 이에게 근원적으로 탐구하게 하였고, 생명과 명상 그리고 생활의 활력을 누구나 요구하였다. 이러한 기氣를 모아갔던 단양, 인문학의 예술고장이다.* 물과 산이 갖는 그 자체의 생태, 무한한 가치 등 상생적 전통관이 집약된 곳이 단양팔경이다. 청풍명월의 이미지가 이것이 아닌가. 유엔에서 2002년을 산山의 해로 정했다고 한다. 코피 아난 유엔사무총장이 "산은 전세계 공동체와 중요한 문화전통의 고향이지만 벌채, 오염, 물자원 파괴, 토착전통 지역의 소멸 등으로 점점 위기에 처해 있다."고 지적한 것을 재음미해야 한다.

단양팔경의 축제화와 관광화도 이러한 본질적 전통

▲ 단양 단산먹

* 강전섭, 「단산별곡과 선루별곡의 작자고증」, 『한국가사문학연구』, 태학사, 1996.

을 헤아릴 때 그 가치의 고급화가 가능하다. 지역문화 중심으로 한 전략화의 지역개발은 이러한 시각이 반드시 전제되어야 한다. 남한강 관련 산수문화에 대한 테마개발이 요구된다. 단양의 지역개발은 반드시 단양팔경과 연계되어야 한다.

 진경산수는 낙원의 놀이공간이다. '풍경화론'의 대가 크라크의 말대로 낙원(paradise)은 우리 것임에도 불구하고 잃어버린 것이다. 단양팔경의 산수가 사람을 영원히 살리는 낙원의 상징임에는 틀림없다. 이 문제는 환경오염 문제와 이상사회 실현의 문제가 관련된다. 이처럼 단양팔경의 진수가 남아 있는 곳이 몇 군데 있는가. 이 단양팔경의 상생적인 물과 산에 대한 진실한 반성 없이 개발의 이름으로 자연을 깨운 죄 값을 너무 많이 치러야 한다.

4 신선이 사는 가거지의 상징 단양팔경

단양팔경과의 단전호흡丹田呼吸은 찾아온 기인이나 문인이 시도한 흔적이 있다. 이황의 활심법活心法도 그러하다. 구체적인 비법과 술법이 남아 있지 않았지만 명상의 시서화는 치유의 활인성이다. 단양팔경의 그림을 찬찬히 보라. 그림 속에는 고유의 기와 명상이라는 조선적 명상법이 있다.* 건강한 삶에 대한 잠재적 노력의 일단이라고 보여진다. 살아 있는 삶이 높게 나타난 모습이다.** 산수화에 대한 연구자마다 이런 정신사적 측면을 강조하고 있다. 여기서 잠시 오주석의 단양팔경 산수론을 긴 글이지만 옮겨 본다.

* 박은순, 『금강산도 연구』, 일지사, 1997, 방법론 참조할 것.

** 고연희, 『조선후기 산수기행예술 연구』, 일지사, 2001.

사인암·옥순봉·도담삼봉은 모두 남한강 상류 지역에 위치한 명승으로 깊은 두메 사이 강을 따라 형성된 석벽과 돌섬이다. 사인암은 시냇가에 솟은 암벽인데 맞은편에서 바라보면 수십 길의 석벽이 깎아질러 섰으며 시내를 따라 옆으로도 매우 넓게 뻗어 나갔다. 단칼로 두부모를 베어낸 듯한 형세가 기이하고 그 바위 결의 주름이 매우 볼 만하니, 첩첩이 쌓이고 층층이 겹쳐서 마치 책을 쌓아 질(秩)을 이룬 것도 같고, 붓을 묶어 필통에 꽂은 것과 같다고 한 것은 옛사람의 표현이다. '사인암'이란 고려말 성리학 수용 초기의 학자로, 민간 설화에서는 도인으로도 등장하는 우탁(禹卓, 1263~1342) 선생이 정4품 사인 벼슬을 했을 때 놀았던 곳이라서 지어진 이름이라 한다.

바위에는 아직도 선생의 시가 각자되어 있으며 그 외에도 수많은 명사들의 이름이 새겨져 있다.

옥순봉은 강 언덕의 석벽이 우뚝하게 반공 속으로 치솟아 높이가 가히 백 길이나 되는데, 솟구쳐 나란히 선 모양이 마치 죽순을 뽑아 모아 세운 것같이 떨기를 지었으므로 '옥으로 만든 죽순'이란 이름을 갖고 있다. 옛 사람은 옥순봉이 강가에 우뚝한 품을 일러 거인이 팔짱을 끼고 서 있는 것에 비하였다. 『택리지』의 저자 이중환이 배를 타고 이곳을 지나면서 지은 시구를 소개한다.

> 땅 위로 우뚝 솟은 모양 단정한 선비가 서 있는 듯
> 물결 복판 출렁이는 그림자는 늙은 용이 뒤치는 듯
> 정신은 빼어나서 강산의 경치를 펼쳐내고
> 기세는 높이 솟아 우주 만상을 버티었구나.

> 地上形高端士立波心影動老龍鱗,
> 精神秀發江山色氣勢高撑宇宙形.

원래 옥순봉 봉우리 아래는 아름다운 돌이 많아서 그 돌 위에 먹을 갈아 성명을 쓰는 일이 많았다고 한다. 이곳은 강 가운데에도 좋은 반석이 많아 물이 빠지면 드러났다가, 물이 깊어지면 다시 잠기는 곳이었지만 충주댐이 생긴 뒤로 상당 부분이 물아래 감추어지고 말았다.

도담삼봉은 강물이 휘돌면서 모여 깊고 넓은 곳에 세 개의 봉우리가 각각 떨어져 있으면서도 한 줄로 곧게 서 있는 가경이다. 쪼아서 새긴 듯 공교로워서 인가에서 일부러 쌓은 석가산(石假山) 같지만, 낮고 작아서 아담할 뿐 우뚝하고 깎아지른 듯한 모습은 적다. 바라보아 오른편 봉우리가 상대적으로 태(態)가 많으면서 중앙 봉우리에 가깝고, 왼편 것이 수수하면서 다소 멀리 떨어져 있으므로, 흔히 우측 봉우리를 첩봉(妾峯) 또는 딸봉이라 하고, 좌측 봉우리를 처봉(妻峯) 또는 아들봉이라 부르기도 한다. 조선 왕조 개창의 주역이었던 정도전(鄭道傳 : 1337~1398)이 이곳에서 출생하여 그 호를 '삼봉(三峯)'이라 하였다.

이상 사인암, 옥순봉, 도담삼봉 세 곳의 실제 경관을 살펴보았는데, 이를 토대로 작품에 보이는 내용을 비교 분석해 보기로 한다. 먼저 『단원절세보첩』의 제작 시기가 1796년 봄이고, 김홍도가 단양팔경을 찾은 것은 연풍 현감 때, 즉 1795년 1월 이전이니 최소한 사경여행 후 1년 이상 경과한 후에 옛 기억을 더듬어 그린 것을 알 수 있다. 작품이 실제의 모습과 서로 다른 점이 많은 것은 기본적으로 그 때문일 것이다. 하지만 위의 결과는 기억력의 부족 때문이라기보다는 실경을 작품화하는 과정에서 화면의 조형 효과를 살리기 위하여 인위적인 첨삭을 가한 것이 더 큰 원인이라고 판단된다.

「사인암도」의 경우 작품에 보이는 것과 같은 절벽의 형태는 실제 어느 각도에서도 볼 수 없다. 시냇물의 흐름을 기준으로 보면 개울 약간 위 편에서 엇비스듬히 바라본 것이라 생각되지만, 이 경우는 우반(右半)의 절벽이 뒤로 물러서야 한다. 실경은 또 제일 높은 봉우리 부분에서 안쪽으로 직각을 이루며 절벽이 꺾여 들어갔다가 한중간에서 다시 직각으로 펴져 나왔으니 이러한 특징도 가려진 채 모두 동일 평면상에 놓인 것처럼 되어 있다. 그리고 우반(右半)의 정상이 왼편만큼 높은데, 이 부분은 사실 높이가 현저히 낮다. 따라서 변형은 전체적으로 엄청나다.

더욱 주목되는 점은 작품에서 사인암 절벽만이 전면에 부각되어 있고, 좌측은 원경으로, 우측 경물은 아예 여백으로 처리한 점이다. 이 좌우 경물은 실제로는 절벽면과 같은 평면상에 연결되어 있다. 작품은 중심 주제를 떠오르게 하고 공간삼을 확보하기 위하여 과감한 왜곡을 무릅쓴 결과물인 것이다. 특히 수십 길이나 되는 암벽의 위용을 살리기 위하여 오른쪽 아래 부분을 여백으로 처리하였다. 앞서 본 한진호의 「사인암별기」에서 "홍도가 사인암에서 10여 일 동안 머물면서 노심초사하여 그렸건만 끝내 참 모습을 얻지 못했다."는 평가는 아마도 이러한 대담한 변형과 생략에 대한 조향적 이해를 함께 할 수 없었던 현지인들의 실망이 전해진 것이라 추측된다.

「옥순봉도」 역시 비슷한 처리 방식이 눈에 띈다. 작품에서는 옥순봉 다섯 봉우리만 전면에 부각되어 있고 좌측은 멀게, 우측 경물은 아주 멀게 아슴푸레하게 처리하였으나, 이 좌우 경물 역시 옥순봉과 거의 동일 평면상에 있는 것이다. 실경은 특히 작품에서처럼 암봉만 떨기를 이루어 선 것이 아니라 중간 중간 흙 언덕과 나무가 끼여 있어 다소 부드러운 인상이다. 단원이 화면에 층차를 둔 다섯 암봉만을 늘어 세운 것은 역시 "거인이 팔짱을 끼고 서 있는 듯하다."는 세인의 평어(評語)를 고려한 변형일 것이다. 그러나 좌측 세 봉우리 위에 놓인 작은 바위들을 잊지 않고 특정적으로 묘사하여 최소한의 사실성을 확보하였다. 현재 실경은 아래의 흙언덕이 완전 수몰되어 더욱 낮아졌는데, 원래의 모습은 훨씬 우뚝한 느낌이었다고 생각된다. 이런 점을 살리기 위하여 오른쪽 아래 구석에 유람선을 띄운 것은 매우 재치 있는 조형적 배려라 하겠다.

「도담삼봉」의 경우는 얼핏 상당히 사실적인 인상을 주지만 자세히 보면 변형은 더욱 교묘하고 작위적이다. 먼저 삼봉 뒤쪽의 강기슭을 비스듬하게 포착했으나, 이 경우 운치 있게 왼편으로 휘돌아가는 강의 흐름은 눈에 잡히지 않는다. 실제로는 오히려 작품과 반대쪽으로 비스듬하게 놓아야만 보이는 것이다. 또 삼봉 뒤쪽 강폭보다 앞쪽이 현격하게 넓은데 이것도 공간배분상 그림이 되라고 크게 과장한 것이다. 더욱 주목되는 것은 원산의 모습이다. 실경을 보면 좌우 원산의 형태 자체에는 실제 모습이 상당히 반영되어 있다. 그러

▼ 옥순봉(김홍도)

나 첫째로 맑은 날임에도 불구하고 원산은 하늘에 떠 있는 듯이 아지랑이 여백 위에 얹어 놓았다. 그래서 작품의 인상은 씻은 듯이 맑다. 둘째로 도담삼봉이 그림처럼 나란히 보이는 각도에서는 원산 자체가 보이지 않는다. 훨씬 좌측으로 이동했을 때만 또다른 모습의 삼봉 뒤로 나타난다. 그러나 우측에 있는 먼 산을 화면에 끌어들이지 않고서는 도무지 밍밍해서 재미있는 그림이 되지 않기 때문에 역시 화폭 속으로 끌어들였다. 또 작품은 드넓은 조망으로 내려다 본 풍경인데, 이때 도담삼봉은 그러지 않아도 아담해서 우뚝한 맛이 적은 터에 더욱 납작해 보인다. 그러나 김홍도는 섬 봉우리를 아래서 치켜다 본 듯 고원시(高遠視)로 잡아 그림으로써 주제인 도담삼봉이 두드러지게 부각되도록 한 것이다.

이제까지 살펴본 것처럼 『단원절세보첩』의 세 점 진경산수는 얼핏 지극히 안온하고 자연스러워 보이지만, 실제로는 모두 엄청난 변형과 생략, 그리고 과장으로 뒷받침되어 있다. 그리고 이러한 제반 조형상의 재조정은 오로지 주제의 부각이라는 핵심에 초점이 모아져 있었다. 심지어 『단월절세보첩』과 거의 같은 조형격을 보이고 있는 『을묘년화첩』 가운데 「총석정」 같은 경우는 실제로 존재하지도 않는 총석(叢石) 두 무더기를 중경(中景)에 아슴푸레하게 만들어 넣음으로써 작품의 회화미를 살리고 있는 것이다.

김홍도의 이러한 진경산수화법은 사실 겸재 정선 이래의 오랜 전통의 연장선상에 있는 것이며, 더 나아가서는 중국화의 유구한 산수화기법과 그 사상에 토대를 둔 것이다. 우리는 종종 뛰어난 산수의 아름다움에 감탄하여 사진을 찍어보곤 하지만, 인화된 화면 위에서는 그 좋았던 경치가 감쪽같이 사라져 버리고 평범한 풍경만이 남아 있는 예를 종종 경험한다. 사람의 눈은 대상의 성격에 따라 올려다보기도 하고 내려다

보기도 하며, 또 주욱 휘둘러보는가 하면 겹쳐진 봉우리 사이로 뒤쪽을 비껴보기도 한다. 이러한 여러 시각이 합쳐져서 종합된 하나의 인상을 형성하는 까닭에 절경 속에서 본 풍경이 우리를 경탄케 하는 것이다. 그러나 단일 초점을 가진 사진기나 투시도법에 근거한 서양화로서는 도저히 이와 같은 자연의 전모를 한 화폭에 담을 수 없다. 서양화의 이른바 과학적 원근법이란 것은 그 한복판에 관찰자 한 사람이 서 있어 기준점이 되는 것으로 매우 인간중심주의적인 사고의 산물이다. 자연이 작품의 주인공이 되어 그 다양한 자태와 기운조차 남김없이 드러나게 하는 우리 옛 그림의 장점이 여기서 확인된다.*

* 최완수 외, 『진경시대』2, 돌베개, 1998, 189~196쪽.

진경은 실학적이면서 지역적 자부심과 애정이 담겨 있다. 18세기가 회화의 절정이다. 단양팔경 관련 시서화도 예외가 아니다. 김홍도의 사인암은 장건한 화풍에 춤을 춘다. 19세기 추사 김정희金正喜도 시를 남긴 것으로 보아 또 다른 힘을 불어넣었다. 김홍도(1745~1816)의 옥순봉은 1796년에 종이에다가 옅은 채색(보물 782호, 호암예술관 소장)으로 그려 있다. 지금은 옥순봉을 충주호 유람선을 타고 가야 볼 수 있으나 남한강 물길에서 돋보이는 명승지다. 김홍도는 1791년(47세)부터 1795년(51세)까지 연풍延豊의 현감을 지냈는데 옥순봉은 현감에서 물러나 그린 것이다.

서정성과 음악성이 어울리는 작품이다. 남한강에 잠긴 강변의 여러 봉우리들을 뒤로하고 연거푸 이어진 옥순봉의 리듬은 청풍체의 궁상각치우의 음율을 느끼듯

강물과 조화를 이룬다. 각자 춤추지만 동시에 조화를 이루도록 그림 속의 운율성을 담아냈다. 청색과 적색을 감각적으로 엷게 처리하고 남한강의 청량한 분위기를 연출하고 있다. 필자는 이를 청풍체淸風體의 율동미라고 부르고 싶다.

5
그림, 글씨, 시가 생산되는 창작실 단양팔경

윤제홍尹濟弘의 18세기말 옥순봉 수묵(호암미술관 소장)은 폭포와 어울리도록 그렸다. 재미있는 것은 고루高樓의 정자가 있고 그 안에 선비가 절경을 바라보는 모습이 보인다는 것이다. 더구나 옥순봉 사이에 난 자리에 행장을 맨 사람이 정자를 향해 걸어오고 있다. 왼쪽에 글씨가 있는데, "나는 옥순봉 아래서 노닐 적마다 단점 하나 없는 것을 매우 아쉽게 생각해왔다. 그러나 그 옆에 이응호(능호관 이인상)의 한첩을 반할 수 있었는데 그것이 바로 이 그림이니 나는 홀연히 아쉬움을 떨칠 수 있게 하였다."라고 하였다.

이방운의 「사인암

▼ 사인암 이인상 글

◀ 이방운의 글(『사군화첩』 표지)

* 이방운의 그림은 국민대박물관에 소장되어 있다.

** 의취성은 법고(法古) 또는 상고(尙古)와 통한다.

도」(『단양사운첩』에서)는 정선의 영향을 받아 화강암질의 형세를 힘있게 표현하고 있다.* 오랜 풍상에 갈라지고 터진 바위의 질감을 드러내고 토산의 리듬감이 보인다. 연무에 잠긴 듯한 깊은 공간감을 살린 김홍도와 달리 공간의 역동성이 느껴진다. 투명하고 산뜻한 담채의 맛이 있다. 그의 단양팔경에도 고의古意가 있다. 고의는 고색 창연함을 말하고 우주 안에 생명체가 활발하게 움직이는 것을 말한다. 인간 내면에 존재하는 의취성意趣性**인 것이다. 단양팔경의 고의는 창의적인 문인일수록 이런 선호성이 강했다. 허허실실의 묘미와 원근감의 오묘함에 집중하였다. 김홍도나 이방원의 단양팔경도에는 기운생동氣韻生動이 있다. 물 흐름과 긴장감이 있다. 단양팔경의 시서화에는 살아가는 길이 있다. 길은 살아있는 사람들이 걸어다니는 통로이자 명의 세계에서 왔으며 또한 그곳으로 돌아가야 하는 길이다. 그림에는 그들의 인격이 결정체結晶體로 있다. 장자가 "새기고 깎고 하는 것은 소박함으로 되돌아가려는 직업이다.〔彫琢復樸〕"라고 한 것도 작품을 통해 삶의 순수함을 유지하고 그 속에 머물기를 원하는 길인 셈이다.

이러한 단양팔경의 탈속성脫俗性은 사람을 멀리하는 태도가 아니라 사람의 마음을 깨우는 화두다. 잡다하고 구질구질한데서 벗어나 형형색색의 순수성을 보이는 정신상태다. 그림에서 한결같이 어리석음의 속세를 꾸짖고 산수의 맑음과 투명함을 강조한다. 곧 진실함에서 떠나지 않는 지인至人의 도를 보이고 인간사의 이치를 깨우치는 의취가 내재되어 있다. 단양팔경의 청정심淸淨心은 산수의 깊이 드러내기이면서 인간사의 진상眞相을 보는 길이다. 묵객의 선비적 기상氣象은 속기를 떨치고 성정性情의 바로찾기인 것이다. 김창흡 등의 생각에서부터 2001년 소백산철쭉제에서 단양팔경전을 연 김순희에까지 보인다. 단양팔경의 예술적 의미는 이런 청순한 자세와 한강 그리고 황해로 가는 기상이 전해 있다는 상상력의' 시서화물이라는 인식이 요구된다.

단양팔경에는 속기를 씻을 수 있는 힘이 있다. 삶의 리듬, 긴장, 갈등, 불안, 초조 등을 조장하는 현실적 환경 자체가 단양팔경에 치명적인데 그림 속에 본래가 살아있고 그것을 찾으려고 애쓴 몸부림이 있어 아름답다. 창조정신의 보고답게 단양팔경의 감성형상感性形象에 대하여 오늘날 우리는 깊이 받아들여야 한다. 그렇지 않을 때는 문명의 편리주의자라는 이름으로 훼손하고 경건함은커녕 상처를 받는다. 무서운 일이다. 생각을 바꾸어야 한다.

박우찬은 『한국미술사 속에는 한국미술이 있다』(2001)에서 김홍도의 「옥순봉도」를 이렇게 말하고 있다. "김홍도는 말 그대로의 진경, 곧 자기의 눈앞에서 펼쳐지고 그대로의 모습으로 그려내려고 노력하고 있다. 서양의 원근법과 같이 수평선의 한 점으로 시점이 완벽하게 수렴되지는 않지만 정선의 그림과 비교하면 눈에 보이는 자연의 모습을 보이는 그대로 충실하게 화면에 담고 있다. 김홍도는 평원시각을 통해 현실감을 강조하였다."는 것이다. 그는 이처럼 김홍도가 보이는 대로 그려 답답하고 묘미가 떨어지고, 단아하지만 웅장하지 않다고 하였다. 잘못된 읽기다. 그림을 자세히 보라. 오히려 힘이 있으면서

▼ 도담삼봉(김순희)

율동의 생동감이 있다. 「사인암」, 「도담상봉」, 「옥순봉」 등이 『단원절세보첩』(1796)에 포함되어 있으나 현감 재직시에 그려 국왕에게 진상했다고 전하지 않는다. 필자의 단견으로 보아 단양팔경 그림을 다시 읽어야 한다고 생각한다.

　단양팔경의 산수미山水美는 찾아온 이들의 흥겨운 유람경험과 자신의 세계관으로 새롭게 형상화한 측면에서 찾아야 한다. 유람자의 흥겨운 마음이 놀이상상력과 어울려 창작의 묘미까지 확대하여 산수예술을 남겨 놓았고 이러한 전통적 발상은 오늘까지 이어지고 있다. 찾아온 이의 핍진성逼眞性은 여전히 지역문화 속에 살아 숨쉬고 있음을 확인하게 한다. 단양팔경과 관련된 시, 그림, 글씨, 사진 등은 시대를 초월한 독서거리이면서 삶을 더욱 신명나게 하는 볼거리인 동시에 마음을 치유하는 마지막 생태예술이 아닌가 한다.

6
조선적 진경문화眞景文化가 갈무리된 단양팔경

필자가 단양 일대를 답사하며 느낀 것은 잡아당기는 힘이 산수에 있음을 알았다. 그것은 단양팔경 관련 글씨나 그림에서 느꼈다. 성리학적 시각이지만 고유의 산수론을 개척한 시인묵객들이다. 새로운 창안과 심미만이 고스란히 남한강 물결처럼 넘실대고 있었다. 고인의 멋을 흠뻑 느낄 수 있었다. 눈이 부신 것이다.

3월 13일, 바람 불다. 충주목사와 더불어 배를 나란히 출발하여 앞서거니 뒤서거니 하면서 나아가니 물이 이리저리 흐르는 소리와 피리 소리가 섞여 일어난다. '학서암'을 지나 '화탄', '유탄'을 거슬러오르니 왼쪽으로 '도화촌', '능강촌' 등 여러 마을이 보인다. 그윽하여 아름다운 풍치가 있다. '칠송정'이 있는 데는 빽빽하고 울창하니 사랑스럽다. 장인이 사시는 곳이다. 약간을 지나면 '옥순봉'이 있는데 수려하게 솟아나 강을 떠받치고 있으니 여기서부터 단구의 동문이다. 두 산이 빙 둘러 합쳐 있는데 배가 그 푸른 산 사이로 들어가 달리니

▶ 옥순봉(김순희)

연달아 흥이 인다. 물길을 돌면 '귀담'이 된다. 오른쪽으로 귀봉이 있으니 특히 가파르다. 왼쪽으로는 '채운봉', '현학봉', '오로봉', '가은봉' 등이 벌려 서로 이어져 있어 높은데, 손으로 잡을 수 있을 것 같다.

— 김창흡의 『단구일기』에서

선인들의 유람은 산천경개를 즐기며 의미부여하는 데 있었다. 고유의 것인데 잃어버린 것, 선입감이 많았다. 단양팔경의 성쇠기멸盛衰起滅에 관계없이 뿜어나오는 힘, 그걸 읽어내는 데 8년이 걸렸다. 단성향토문화연구회 식구들과 함께 축제, 탁본전시회 등에 참가하면서 단양팔경의 진국이 다시 보였다. 진경의 정체도 있는 그대도 그리는 것이 아니라 마음으로 아주 깊이 보듬어 그리는 세계임을 알았다.

그 화법의 창안에 대한 논의보다 같은 단양팔경을 놓고 그 멋을 개성과 혁신으로 그려내는 진경의 힘이 중요하다는 것을 체험적으로 느꼈다. 필자는 그 세계에서 우리 것의 미학성과 자존심을 찾았다. 전공의 한계로 더 깊이 들어다 보지는 못했으나 진경성과 지역적 산수성은 뗄 수 없는 상관적 관계에 있었다. 단양팔경의 진면목을 단양지역으로 다시 환원시키는 일은 박물관이나 도록, 안내책자가 필요하겠지만 우선 문화 속에 다시 뿌리내려야 하기 때문에 디자인적 사고가 절실하게 요구된다.

오늘날 빨리빨리 사고에서 느림의 지혜도 필요하다. 지역문화의 고전성은 단양팔경과 같은 자연유산에 고스란히 녹아 있다. 그 사이 우리는 그것을 방치하거나 망각하였다. 다시 정신적 깊이를 더듬어 문화산업에까지 연계하여 지역을 활성화시키고 찾아오는 이에게 즐거움을 주도록 해야 한다. 단양팔경이 보이면 동양적 정신의 회귀성이 무엇을 뜻하는지 보인다. 마지막으로 이중환의 『택리지』 '두께 가운데 강을 낀 고을'을 옮기며 맺는다.

영춘, 단양, 청풍, 제천 네 고을은 비록 충청도 지역이, 실상은 한강 상류에 위치하였다. 두메 가운데이고, 강을 따라 석벽과 반석이 많다. 그 중에서도 단양이 첫째로서, 고을이 모두 만첩 산중에 있다. 10리 되는 들판도 없으나, 강과 시내에는 바위와 골짜기의 훌륭한 경치가 있다.

세상에서 2담3암(二潭三岩)이라 일컫는 바, 2담 중에 도담(島潭)은 영춘에 있다. 강물이 휘돌다가 다시 모여 깊고 넓다. 물 가운데에 세 개의 돌봉우리가 떨어져 있어 한 줄로 선 것이 활줄같이 곧으며, 마치 쪼아서 새긴 것같이 정묘하고 기이하여서 인가에서 쌓은 석가산과 같다. 다만 낮고 작아서 우뚝하고 깎아지른 듯한 모습이 없는 것이 흠이다.

다른 하나인 구담(龜潭)은 청풍 지역에 있다. 양편 언덕에 석벽이 하늘에 솟아 해를 가리었고, 강물은 그 사이를 쏟아져 내린다. 석벽이 겹겹으로 서로 막혀서 문과 같으며, 좌우에는 강선대, 채운봉, 옥순봉이 있다. 강선대에는 강을 끼고 있는 평퍼짐하고 높은 바위가 따로 서 있는데, 그 위에는 사람 백 명이 앉을 만하다. 두 봉우리는 거의 만 길이나 되는데, 사실은 하나의 바위다.

 참고문헌

강전섭,「단산별곡과 선루별곡의 작자고증」,『한국가사문학연구』, 태학사, 1996.
고연희,『조선후기 산수기행예술 연구』, 일지사, 2001.
고은 외,『한길역사기행』1, 한길사, 1986.
국립광주박물관,『진경산수화』, 1987.
국립청주박물관,『남한강문물』, 2001.
권경언,『이야기 현헌기경』상·하, 한국기원, 2000.
권섭,『옥소집』, 안동권씨문중.
김영진,『충북문화논고』, 향학사, 1997.
김욱동,『문학생태학을 위하여』, 민음사, 1998.
김운기,『소백산』, 충청일보사, 1994.
김의숙,『구인사의 달』, 북스힐, 1999.
김정희,『추사 김정희 시전집』, 풀빛, 1999.
김창협,『농암집』, 한국문집총간.
김창흡,『삼연집』, 한국문집총간.
김홍운 외,『민속관광론』, 백산출판사, 1995.
나승만,「현행 지역축제의 문제점과 과제」,『한국의 지역축제』, 문화체육부, 1996.
단성향토문화연구회,『탁본전시회』, 1996.
단양군,『단양의 향기 찾아』, 미래문화사, 2000.
ㅡㅡㅡ,『단양군지』, 1991.
ㅡㅡㅡ,『단양군읍지』, 규장각도서, 1899.
단양문화원,『단양문화재총람』, 1999.
단양향토문화연구회,『조선시대 단양의 역사와 문화』, 단양문화원, 1998.
단양향토문화연구회,『조선시대 단양의 이모저모』, 단양군, 1997.
문화부,『한국의 민속예술』, 문화부, 1992.
박선규,『산수화의 조경이론』, 신원, 1999.
박요순,『옥소 권섭의 시가연구』, 탐구당, 1987.
박종익,『금강산 사군유산기 역주·연구』, 민속원, 2001.
박형철,『상월조사와 천태종』, 총무원, 1981.
신경림 외,『한길역사기행』, 한길사, 1986.
안치운,『옛길』, 학고재, 1999.
안휘준,『한국회화사 연구』, 시공사, 2000.
유홍준,『화인열전』Ⅰ·Ⅱ, 역사비평사, 2001.
윤수경,『단양의 고을고을 그 역사 따라 향기 따라』, 향토문화연구회, 1995.
_____,『단양의 노래가락과 물박장단들』, 단양문화원, 2001.
오주석,『단원 김홍도』, 열화당, 1998.
이은상,『가을을 안고』, 아인각, 1966.
이중환,『택리지』, 슬기샘, 1994.
이창식,「온달축제에 대하여」,『아시아 지역의 축제』, 국제아시아 민속학회, 1997.
_____,「죽령산신제에 대하여」,『단양문화』제6호, 1999.
_____,「충북지역의 축제」,『한국 축제의 이론과 현장』, 월인, 2000.
_____,「충북지역의 민속 특성과 문화원 모색」,『충북학』제2집, 충북학 연구소, 2000.
_____,『온달과 단양』, 단양문화원, 2000.
_____,「단양축제의 정체성」,『단양문화』제7호, 2001.
_____ 외,『남한강 유역사 연구』, 전국향토사협의회, 2000.

이창식,『민속문화의 정체성 연구』, 집문당, 2001.
＿＿＿,『2001년 소백산철쭉제 평가보고서』, 단양군, 2001.
＿＿＿,『2001년 온달문화축제 평가보고서』, 단양군, 2001.
＿＿＿,『충북의 민속문화』, 충북학연구소, 2001.
이태호,『조선후기 회화의 사실정신』, 학고재, 1996.
이혜순 편,『조선 중기의 유산기문학』, 집문당, 1998.
임동철,「충북민속학의 성과」,『충북학』창간호, 충북학연구소, 1999.
임재해,『지역문화와 문화산업』, 지식산업사, 2000.
장회익,『삶과 온생명』, 솔, 1998.
정민 편,『한국역대산수기취편』, 민창출판사, 1996.
정재호 편,『한국가사문학연구』, 태학사, 1996.
조흥윤 외,『향토축제 활성화를 위한 모형개발연구』, 한국문화정책개발원, 1994.
진준현,『단원 김홍도 연구』, 일지사, 1999.
충북민예총,『지역문화의 해와 지역문화』, 2001.
충북학연구소,『충북의 석조예술』, 2000.
충북학연구소,『충북의 문학과 예술 그 숨결을 찾아서』, 1999.
충청북도,『민속지』, 1987.
충청북도지편찬위원회,「민속」,『충청북도지』하, 1992.
충청북도관광협회,『아름다운 충북의 명산』, 1997.
충청북도,『21세기, 문화가 충북을 바꾼다』, 1999.
최강현,『한국기행문학연구』, 일지사, 1982.
최완수 외,『진경시대』2, 돌베개, 1998.
최인학 외,『한국지역축제문화의 재조명』, 비교민속학회, 1995.
한진호,『도담행정기』(영인본), 일조각, 1993.
한국문화정책개발원,『충청북도 문화비전 21 중장기 계획 연구』, 1999.

부록

- 「단양산수속기후록(丹陽山水續記後錄)」
윤순거(尹純擧 : 1596~1668)의 『동토집(童土集)』 권지육(券之六)

- 「단구일기(丹丘日記)」
김창흡(金昌翕 : 1653~1722)의 『삼연집(三淵集)』 습유(拾遺)편

七日。朝過魔寺上清心樓歷見壽翁李子三。
湖行日記 壬午

二月十二日陰霏欲雨宿明村聞草廬阿史老翁多
少說話曾西有曰何其未同兩言乎草曰英甫識
見儘是高于吾輩君若不從英甫則後世小人之
名可畏云云。

十三日淸明料峭赫馬彌勒堂妓覽大學或問誠意
章袖有魚舜瑞所於我自歉兩解之間從鴯禁互
覽有未精透處毋目欺之云奈何只可責其知識之員也至於
俊來怒去者沒。

三淵集 八 拾遺卷二十七 日記

容著在這裏則欲遂其好惡之詐。便即征削硬坡。
此所謂毋自欺也見店溪兩窗相與窣擻以言語
責弄有所觸發於自歉之義。暮到水原奴家燈下
着或問誠意章氣甚不平未克研究。

十四日曉起或者或問誠意章。己時過耕集雜記云。
午株馬高院過弘慶碑怨思王峯千年洛日詩格之
高模院家一種意見笑此以為無味。大抵其固於
論詩如此又思其兄弟相較碑在水南北至於襄
燧走馬而來央見翰猶有餘言其執否如此何能
固活於譚詩乎。

暮到成懽村訪羅德儔寓處相接欣甚其教授驛堂
有一座草堂在驛前最勝寄宿得穩服童便氣頗
蘇甚或問誠意章一遍。

十五日曉起張燈着或問依如昨。午飯天至德坪略
赫無得路過邑底向全義路宿池人先容寄宿地。
內村德儔有附舍子湖南余則向全義路宿至水
而池邊有喪次遂急投民家兩霄見月色村前松
壇可步燈下着或問如昨。

十六日翰松時朝便赫岐邑底渡紫岩後華李杰奉家歇兩詞郎及孫龍成兄弟皆來集話到拾遺卷二十七日記

三淵集

鷄鳴余與庇仁公論安分循理之道以及罵風雪
雨之爲不敬天又稱不顧敗歉者其違誠可貴。

十七日朝過光成家墳山午至後谷哭於樞前退與
二赫人扼手推頂未通謁于霽月臺。

十八日留後谷撰思菴文。

十九日致奠伏川兄兩子來見戚仲雅別可與語。能
留志於延史實學問讀朱子卽要何如余對曰只
出其答岳文邊光載文甚府膽稱道亦壹壹可知
其人非俗士也大義其虐國來見。

三淵集

夜見捉魚得七言古。
十九日滄浪來至鶴棲巖觀捉魚得七言律。
二十日登寒碧樓得五言律。
二十一日得五言絶。
二十二日晴往波江谷與滄浪梨村詞客坐巖上賦詩兩上得佳處凡兩處磐石平圓無碌碌溪水溢溢可以欹弄聞其上有隱瀑尋之不得迫日暮出谷乘船而下得七絶。
二十四日雨渡汢津歷浦前章谷束暮歷多山舒

水縈甚恆居栖堤川境也中火於束幕越一嶺半日行荒峽中無一開眼處暮越脚根嶺有川自平昌瀉來輕于頗根可以行舟北有石㟝秀峭可觀此所謂石也旁有平阜幽矌者趁夕陽橫射立石彩翠萬狀渡頭有次網者行十里至窂峒照黒得五言古。
二十五日晴束北行上錦江亭蕭洒浪之延勝於寒碧兩所父老面勢不端吳適注日也綠砥兩北行幾十里至紫烔郞吏送一漁舡使之登覽而岩淸絶幽夐無一塵於造化之妙雖遜於島潭而

三淵集

啖柴網得小鮮膾之風味不必還至八松亭與主倅兄弟分路遂批得七言律。
二十八日雨誤批於宽淸問得七言律。
四月二日曾寂阁聽琴歌。
三日金上舍遠郞舟將向峽卷於少坐凰菉出
四日晴還船下峽仲氏延到虎灘送別梨村客亦会
五日晴發舡于白逢巷遡黃江北椎持平幕泊函岩灘得七絶。
六日遡可與荷潭木溪孔灘洞岩興元倉宿江天得五言古。

十二日大風且雨黃昏時人報忠原倅來到列火照江舟椑響灘中有笛聲嫋嫋彌漫(一作波)而來自此使一笛吏坐碧樓以應之既而船到相與坐于楼上偕來者李祥與沈季良李堅顏凡三家昆季而童子德壽亦隨焉余初將以是日作近遊遇風待日而諸君不約而會豈不寂寞亦可謂奇遇也得七言古詩一首。

十三日風與忠倅並船兩戲或先或後穿音笛聲迭奏間作歴鶴樓岩湖花灘榆灘左眠桃花凌江諸村幽曖有佳致有七松亭亦森蔚可愛昇氏所卜世無何王笛峰出爲筆秀捍江自此爲丹丘洞門兩山環合船入積翠間疊疊延與水轉而爲龜潭右有龜峰特爲崔牽左則彩雲玄鶴五老可隱雄列相接崒乎可把也泊舟中品而乃登降仙坮蒼宿奇篆紆砌磧在楓岳可居者也上長淮瀬南指罾馬洞址擅名津村舎去丹陽郡治無數里是日得詩五言古四者。

十四日風定少陰朝越北峴詞書院午後至島灘放舟度石門入隱舟岩徴雨遽衣暮宿洪家亭舎得

三渕集(拾遺卷二十七)

七言律十首。

十五日曉霧兩下霽日色矇曨李祥招與泛舟於三峰之間使笛人坐峰間奏數曲平明回舟至旅浦並騎向雲岩道左有石崫鈌空中有兩孔一則入水深一則可以道人匹一大村密木森列中多掉楔綠川而南十里上爲兩亦左出則窮於竹嶺道側沿右水石頗清屈夾路岩岸峯岩作洞門之勢轉過一曲開一野塘風氣明媚東過岭山人居祠密兩擁良田美畤駐馬眄睞緬延奎餘之思問其村名乃桃李坪也無何至雲岩川石頗清

三渕集(拾遺卷二十七)

幽曲水時一大岩側生松檜杜鵑方開透列並其下爲沼鶴由水之飲致可樂也西筆數百步有仝人岩不足搜覽有企大秋兄時同門也相逢敍次熊西越一岍出下仙岩之上有村甚佳泥溪而上岩壑極秀潔蠶壺沿尋岩後有舍勝廒而克未大奇至一處澉淪側佳岩石成童層層可坐著瓜岩師世陽郡少些阻狹楑是日得五言絶。

十六日舟下長淮靈舞馬洞回至龜潭少越逶遲郡祝風穴是日得五言絶。

十七日忠原船迭臮倅覺竁路得七言絶。

三淵集 八 拾遺卷二十七 一三

非然遠朝者龍門山也乘舟而東觀馬巖磧硯無他奇只捍水之切可述俛仰而東勒馬山爲東臺有白塔棘崍時媽影江心松檜十餘株雜以銀杏大可合抱依然抱翠軒詩中物也塞衣而上石崖管可坐俯臨龍湫凜不可唾塔北有碑記創寺本末法堂松林後有頑翁浮屠有碑在傍狀翁特軋碑石光瑩可鑑蓋貞珉也下船進過嘉巖石勢峭幸頑有古色下映沙渚明媚蜿蟻江北來會于其東過窈巖此爲忠州之域自此而溯鷲灘合苔艓樟軋捨船而占居爲暮過靑龍潭渫潭渫潭

做月俄巳映欖矣宿止岸是日行七十里得詩七言古十一首

初七日晴曉過木溪至荷潭烟攻霧斂朣景甚弆醭四山倩翠滴滴派江波光瑩如菱鏡霧棹而行風襟漉沾岸上林丘入望皆有其中金徽別業勝致備嫗近水有松林成叢倒影綠潭下以石瀺之可以垂釣就其奧丘置華屋棋擁以無歉亲枷伏烟甚柳仲長統樂志論其在是矣得此而卧者猶有軒晃之念千稱近爲王江所見一樣淸芙如之至月灘水中有巨石嶷岩人立古傳相

三淵集 八 拾遺卷二十七 一四

初八日陰歷畫岩浦雜烏機至黃江驛前入椎持平

思岩未辭其命意矣前有塔淵南邉平皐上有白塔高可數十丈歷金鷲坮至彈琴坮緯水自南而滙江衒濤怒喊喧蹴荳下水色亦沈黑此卽我國之陳濤也悼婉殤舟之寃滯歷無悟掃酒忠倅送言約宿于止倉辭以行忙至鳶巖灘錯峙嚴疊北倉龍萆瞑溯楡礦宿早芒是日行七十里得詩五言古五首

覺心寒歷歷北倉龍萆瞑溯楡礦宿早芒是日行
薄袈織俱不利曳夫一人漂濘熋絶懂得過貞
送言約宿于止倉辭以行忙至鳶巖灘中有巨石
錯峙嚴疊地可坐卧船由其中行左右礴拏

家忠州倅亦來會小話而起至眞木亭霧雨潨潒江風滿櫨順風掛帆駄若勞前水折而風回帆未及攻船垂覆者再駭浪濡船人貲黃失揩佳乃幹同載者始有人色桃余厨具汶沐淋滿入之遇快多頑盎如是吁可戒我過桃利灘風浪蓋壮遂下陸騎馬入郡得詩

初九日晴得詩五言絶

初十日雨夜啟突碧樓使笛人乘船泛月上下溯洄得詩五言律

十一日晴梨村詞客來相與賦詩得詩七絶

三淵集拾遺卷之二十七

日記

丹丘日記 戊辰

三月初四日陰寒食過事松楸午是出德浦解纜歷
一條亭邐迤爲方丈島名花灘南折而溯馬灘西
風方興乃令掛帆余乘船雖數而未嘗爲此瀧西
拕樓站貼有宗慈之風自船上內觀不覺甚疾而
晛西旁視閃閃奔軼之勢群馬西馳者斗尾諸山也
縣過至保安驛前有津焉風氣舒欷加以夕景
清樣抱泗如也牛川近村烟火暧然近江卉草芳
王荊集

意本墻搖至葰栢湍瀧甚悍不利進船有隣船來
舳相與呼張點念莊生塗舟之一哂入月溪
有嗚色洲渚微白晛見江裡長遷綠繞北岸而無
一行者漁歌犬吠時自茫昧中送響嗚江之南岸也是日行五十
到鹽丹呂家村捉宿此江之南岸也是日行五十
里得詩凡七首
初五日朝陰晚晴早明發船適呂家亭望之珠浦渺
而未者寬歠貼江岸映蔚頗可當目岸輧渇老温
瀨水道高帥瀧勢甚悍中多頑石石犬牙錯以礙
舺水怒騰怫寒沫吹人甚可怕也無何爲大灘險

三淵集

舺相斯止來諸山皆嬾姻若歈梨湖南有暮
雲陰鮮驅融成空翠水先練舖漲以和風朗日舟
楫人物皆鏡花中幻影也儞船多水鳥飲浴甚自
之定有瀕勢而未暇焉自此而上水益清益凍
北岸有松林蔚然下䑁塔長汀少止上鴇岱以
龍門下流求大川止未會江似是
日月木覺晛每進一桿望眼愈鈔雲沙烟樹縈
紆相軒此來諸山皆嬾姻若歈過梨湖南有暮
齋書院最占佳處帆上普通灘險不敢迤而平
淺易朓舟牽筏者甚病接以鷰子灘水淸潤望見
二陵松栢遙色明滅沙渚有吹䳒與櫂歌相雜篤
師言滑心楼如現西對照不可辨夜泊色內是日
行八十里得詩凡十餘首
初六日暗歷訪亭亭翁軒上淸心楼所捑似已早而
蓰之妻姪回朗不可名狀大觝眼界南止促之作
而求四民見見都荊寺投樹映庭延貝之
西闉烟水萃勢回抱二陵而去鷰淵梨湖之聲相聞

為俗也咸曰子言則然然子之始也貧賞不足而吟誦之
矣卒然絀之已甚何其舛耶曰余之記皆按故據實何嘗
有益口獨其詩云然向余之詩寓我之興今余之言破
子之感邊興辨惑呀不同也皆應曰諾諾因書以為續
記之實焉崇禎甲申首夏童土畸生識

再遊記

是歲九秋幾望余乃具舟於寒碧樓前携冠童四三且往
觀于龜之潭要以償首夏未盡之債也平朝起柂薄暮始
至其間里數三十而遠水落石出使船不易每至於灘石
丈牽江齊心一力然後得進焉倘心力少解失機而退箬

山清都矣及見之絀於東周之聞若天淵然所謂島峯直
是怪石之雄不可以山言也龜峯顏色率是黑昧黯蒼奚
取於玉哉儉其實而侈其名莫甚於龜島百聞不如一見
乃今益知名者實之賓也雖然物不自名由人而名則龜
島之名好事者為之也何處獨無曲水與斷岸因石軍蘸
子而蘭亭赤壁擅名千載由是可隱之峽微濯纓則安得
為丹丘長會之峯不退溪則焉得作王筍一經品題便成
鉅麗人到于今尚之有類周人之朴眩其名不究其實也
苟求其實則秀水佳山往往而在無其名特未遇其人四
郡之比豈可以量數龜島焉得為絕勝若此類雖十反不

難幷矣曰雖然舟中有二黑綬焉其心憧憧於簿書期會
之間刺促貪程一似射利之賈舶故使我不得恣意遴勝
為可恨也後當覔一輕舠得一寐能而携二三韻士跌宕
優游以盡一江之勝俟秋淸楓赤而圖之所時雖有俗子
欲同乘奚得焉或曰四郡絶勝之遊難可再也曰惡今夫
數名區必稱首四郡然四郡為得為絶勝我明告子今人
堤則猶存予逢艾間倚林為池特一堵丹淸二境寐於
四之中而所見如彼則永之北壁余雖未矚必無譏焉昔
余未見之也聞人談島則怳如起蓬瀛而上星漢語龜則
凜若軼霞標而行玉山也睠焉東顧坐馳神遊不翅若道

出亦云其奇彼之沿溯恢弘乃優於此石門隱舟又如其
壯則龜亦可以言奇島豈獨無其壯較斯二者未易伯仲
於其間惟當斷之以兩美可也爭者乃息有詩云又掣
花灘挾鶴栖橄欖浦則舜山夕照已映寒碧矣余乃迫众
東向而笑曰試繡前記而較言之濯纓得其中而失上下
林宰取其上而捨其下惟退老可謂兼之猶未能一懲徹
上下如禹之治水也獨余之觀先從上游窺石門攀栖鶻
蹈丹丘蕩龜潭而放之風巖正似鑿龍門決汝漢淪濟潔
排淮泗而注之海也然則今日之事亦足以自多矣有詩
云云遂登樓臨水酌而為別咸曰今日之遊樂矣四美二

登二樂樓溪流碧玉巖洞窈窕正合逸士之幽栖而官居
俗氣垢汙已盡主人之待對欵欵而不可留也帶徵兩返
江舟歷數灘而及於丹丘峽峽即古可隱城瞿纓公所稱
賞易嘉名者不須復說而峽束江盤峻阜遂谷乃其實相
也又一轉而八于龜潭如五老玄鶴彩雲玉筍諸峯皆退
溪先生命名而新之者即其記中狀龜之形勢極纖悉矣
以加矣然至其譬擬處與今所見多不侔乃知靡文減賓
雖賢者亦不免也酒半有爭龜島之優劣是非鋒起余乃
言曰奇稱島壯稱龜似矣而非何則島之名奇以三嶼也
龜之號壯有衆峯也然此之巖崖姸媚有加於彼玉筍秀

五三七

中飯訖即上小舟余及季在中漁子坐兩頭蕩槳去來於淪漣淑灧之中翻若驚鴻汎汎如鳧上下左右縱意而如對酌微酡發興鼓枻詠招隱之詞和孺子之歌一時適志之樂難以喻諸人也有詩云云亭午有上瀨船欸乃聲於極浦沙際俄而漸近余亦促棹相遇於三山下即是清風宰有一會期也其季若龍及任氏子存焉乃共客舟歡然暢叙復與之周旋移日捩拖而回順流而下舉樽相屬諧笑云云頗有與衆之樂而茹笛聒亂殊失向來吟嘯之雅致矣日晡已過十灘泊于赤城之移舟渚間有棲鶻玉女之韽而灘險水駃停橈無力有詩云夜宿鳳栖亭朝

之深繞三丈其淺者僅尺五渌淨渟泓宜鑑宜染而潭心
有石蒼然雖立象山字高其中而低其左右直矗矗若階庭
怪石安在坳堂水特有大小之辨誠造物小兒奕倮費巧
者矣且北岸之石洞天為門穹然如隮虹倚於半空者曰
門巖挿地為屛嶡然如騫鵬拖其長翮者曰隱舟巖此亦
潭上之異觀而林記不少槪見何歟潭西數步有精舍云
洪氏別業主人已去廬室生白夜宿其中魂骨俱淸睡覺
開戶則淡月朦朧長烟冉惹碧江空凝如鏡開凾而波痕
三自晻映於窓間怳然如對水墨障子眞妙觀也旭朝物
色轉覺分明登樓俯瞰瀟洒絕塵直欲留居而不去也遇